企业融资策略与商业思维

陈霞　朱新兰　王兮泽◎著

人民邮电出版社

北京

图书在版编目（CIP）数据

企业融资策略与商业思维 / 陈霞，朱新兰，王兮泽
著. -- 北京 ：人民邮电出版社，2023.9（2023.12 重印）
ISBN 978-7-115-61927-3

Ⅰ．①企… Ⅱ．①陈… ②朱… ③王… Ⅲ．①企业融
资②商业经营 Ⅳ．①F275.1②F713

中国国家版本馆CIP数据核字(2023)第121182号

内 容 提 要

　　企业发展过程中面临的严峻问题之一就是资金压力，所以企业如何融资、如何利用财务杠杆，是每一家企业必须要考虑的事情。而做这些事情需要专业的知识和技能，因此，企业管理者不能不学习和实践相关知识和技能。

　　本书用通俗易懂的语言、图文并茂的形式，向企业管理者、创业者介绍怎样去寻找适合自己的融资渠道，怎样用一份商业计划书去打动投资人，如何有效地利用融资，怎样和项目的投资人打交道，如何理性地看待融资，怎样防控融资风险等。

◆ 著　　　　　陈 霞　朱新兰　王兮泽
　　责任编辑　李士振
　　责任印制　周昇亮

◆ 人民邮电出版社出版发行　　北京市丰台区成寿寺路 11 号
　　邮编　100164　　电子邮件　315@ptpress.com.cn
　　网址　https://www.ptpress.com.cn
　　北京建宏印刷有限公司印刷

◆ 开本：720×960　1/16
　　印张：18.25　　　　　　　　　2023 年 9 月第 1 版
　　字数：298 千字　　　　　2023 年 12 月北京第 2 次印刷

定价：89.80 元

读者服务热线：(010)81055296　印装质量热线：(010)81055316
反盗版热线：(010)81055315
广告经营许可证：京东市监广登字 20170147 号

资金，是企业生存的命门，也是企业发展的脉搏。如果企业的资金链断裂，无论是人员管理、技术研发、新品开发，还是渠道维护、原材料购买、市场营销，都会变成无本之木、无源之水。没有资金维系的企业，就像一支断粮的军队，纵然曾经有令人艳羡的战绩，也会在饥饿感袭来的那一刻束手无策。

企业的成长壮大，离不开充分有效的资金支持。融资是企业获取大量资金的有效方式。融资有广义、狭义之分：广义的融资，包含企业对资金的获取，如借贷、获得投资、转让股权等，也包含对资金的运用；狭义的融资，仅包括企业对资金的筹集行为过程。

企业融资的直接目的多种多样，包括且不限于设立新公司、支持企业持续运营、偿还债务等。资金并非影响企业设立和发展的唯一因素，但资金始终是主要的影响因素。

然而，与那些大企业相比，中小企业的融资难度更高，资金链也更容易断裂。无论是银行贷款、民间融资还是股权融资，中小企业都面临着诸多困难。面对申请银行贷款的企业，银行需要审核企业现金流是否稳定、融资渠道是否广泛、财务制度是否规范，这一切都牵涉到银行对企业信用的预估、对企业实力的判断、对融资风险的把控。很多中小企业都因为这样或那样的原因，无法成功申请银行贷款。

银行贷款难，民间融资是否更容易呢？所谓民间融资，是指公民之间、公民与法人之间、公民与其他组织之间的借贷。从理论上看，只要双方愿意、利率合法合规，就能形成资金来源。但事实上，企业家稍有不慎，就可能从合法借贷滑向非法吸收公众存款的深渊。即便成功借贷，民间融资较高的利率，也大大提高了企业的融资成本。

不仅中小企业融资受限于"小"，大企业融资也有"大"的烦恼。采用项目融资、股权融资等融资举措，说明企业在越做越大，同时也考验着企业家的战略眼光、金融知识、管理能力。如果企业家只是埋头于产品、技术、营销中，很容易错过市场中蕴藏的融资机会。

因此，无论是中小企业，还是大企业，其领导者都应充分重视融资这件大事。在融资渠道狭窄的环境下，领导者更要积极加强企业内部管理和信用建设，开辟不同的融资渠道，只有获得充足的资金，企业才能有更好的发展空间。

写作本书的目的是帮助企业家更好地认识融资、做对融资。本书作者长期专注于企业融资咨询领域，先后为多家企业提供了专业融资方案，获得了良好效果。同时，作者潜心钻研国内外融资发展历史，谙熟融资之道，对企业发展与融资规律了如指掌。本书可谓其多年研究和实践的成果。通过阅读本书，无论是普通创业者，还是小有所成的企业家，都能更好地理解融资，清楚融资的工作重点。

目录

第4章 如何进行资金开源，做好企业融资

第 8 章　项目融资：企业如何"画饼赊账"获得融资

第 9 章　股权融资：企业如何通过股权融资获得资金

第 10 章　路演：如何快速打动投资人的心

第 11 章　预算估值：融资时如何做好企业财务预测和估值

第 12 章　风险思维：融资时企业如何做好风险防范

第 13 章　商业智慧：融资到底是在融什么

第 1 章
企业融资，你准备好了吗

李彦宏曾经说，要在企业不缺钱的时候找天使投资人或风险投资人要钱。天使投资和风险投资，就是两种典型的融资方式。

一直以来，融资都是企业快速抢占先机、实现自身发展战略的重要推动力。时至今日，科技和社会的发展推动了各类新型融资方式的出现、发展和使用，在越来越复杂的融资态势下，企业在面对风险的同时也能发现机遇。企业融资，你是否准备好了？

1.1 融资前，你需要知道这四件事

不同融资类型、融资和自有资金有什么不同？企业需要多大规模的融资？融资金额是越多越好吗？需要提前做好哪些准备？……这些问题，都是企业在融资前必须解决的。

1.1.1 不同融资类型、融资和自有资金有什么不同

杨先生通过自身努力，终于让投资人看到了初创公司的发展潜力，他用公司1.23%的股权获得了一大笔投资。随后，杨先生如法炮制，又获得了更多融资。

与此同时，杨先生的朋友李先生却为获得银行贷款跑断了腿。杨先生劝说李先生不如选择股权融资，只需要付出一点股权就能获得充沛资金。但李先生坚持认为，天上不会掉馅饼，股权融资会带来公司控制权被夺的风险，还是应选择银行贷款，有借有还心里才踏实。两人为此争执不休。

股权融资和债务融资有什么不同？融资和自有资金又有什么区别？

1. 股权融资和债务融资的区别

融资，即企业根据实际情况，通过不同途径、方式、渠道，筹集自身生产经营所需资金的行为与过程。

融资有两大基本类型，一种是股权融资，另一种是债务融资。图 1.1-1 所示为融资的基本类型。

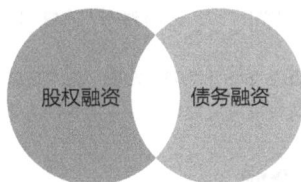

图 1.1-1　融资的基本类型

股权融资主要指企业通过发行股票或吸引投资者入股，从而取得永久性融资的融资方式，即企业能获得这部分资金的所有权。

债务融资，主要包括贷款和发行债券等形式，是一种暂时性融资，即企业只获得这部分资金的使用权，需要按期付息和到期还本。

不论是股权融资还是债务融资，资金都来自外部，是需要企业付出一定代价才能获得的。二者之间的区别主要表现在以下方面。

（1）对企业控制权的影响不同。股权融资的本质是对创业者所持股权的稀释，也可以看成对创业者控制权的稀释。因此，股权融资通常都对创业者控制权有消减作用，而债务融资则没有。

（2）风险不同。相较于一次性付出股权的股权融资，企业进行债务融资的风险更大。在债务融资过程中，企业需要按照双方合同约定定期付息和到期还本，企业会长期存在资金压力。

2. 融资和自有资金的区别

融资和企业自有资金二者之间存在区别，主要可以从资金来源和企业家态度进行分析。

（1）资金来源。企业通过融资活动获得的资金来源于外部，而企业自有资金除源于外部的经营收入外，还包括企业内部形成的资金，例如，企业公积金、折旧资金、闲置资产的变价收入等。

（2）企业家态度。对于融资，保守型的企业家往往不敢轻易动用，也很可能不知道如何去用；在激进型的企业家看来，融资获取资金的周期相对较短、数额大，付出的代价主要存在于概念中而没有被具体化，这些都会让激进型的企业家轻视风险，主要表现为缺乏规划地随意使用所获资金。企业自有资金的获取需要制定一系列规划，付出大量时间、人力和精力，且获取周期相对较长，企业家会本能地认为自有资金是血汗钱，获得的难度较大，因此在使用上也更为谨慎。

1.1.2　企业需要融资多少金额

近年，由于突发事件影响和政策调整，房地产行业遭到沉重的打击，除了刚需外，很多人都不愿意再把钱投入房地产市场中，行业热度大幅度下降。刘总面对低迷的房地产市场，感觉难以支撑，自己一手创办的"有家"房屋租赁公司也处于倒闭的边缘。

迫不得已，刘总决定开展融资活动，一方面能获取维持公司运转的资金，另一方面可以集大家之力，为公司找准未来的道路。为了明确"有家"需要融资多少金额才能继续运营，刘总在专家的指导下，通过对经营业绩、经营现状、市场形势、国家政策、经营前景等方面综合分析，得出"有家"至少需要融资340万元人民币才能渡过这次危机的结论，而"有家"的实际价值远远高于340万元人民币，这让刘总决心放手一搏。最终，他的融资活动获得成功，"有家"得以继续运转。

企业融资的金额并非多多益善。为了易于偿还债务，保证企业的相对独立性，很多学者和专家都鼓励企业"按需融资"。

企业在决定融资后，应从企业规模、盈利能力、可持续发展能力和企业发展状况等因素出发，进行全面、综合的分析，再结合不同资金来源形成的不同融资成本，评估企业究竟应融资多少金额。

1. 企业规模

企业通常是在资金短缺时才需要融资。通常，企业规模越大，资金缺口越大，需要的融资金额也就越多。

2. 盈利能力

对盈利能力较弱的企业来说，在融资时需要考虑企业的实际承受能力，根据企业实际经营情况确定融资金额，而不能单以企业的需要作为融资依据。对盈利能力较强的企业而言，在融资时也需要结合企业对未来成长的预测情况，根据自己业绩和规模的增长速度，综合判断融资目标。

3. 可持续发展能力

"不想当将军的士兵不是好士兵"，不想成为行业龙头的企业也不是好企业。宏观上看，企业要成长，必须具有强大的可持续发展能力。微观上看，企业要在扣除融资成本之后盈利，同样需要树立可持续发展意识，提升可持续发展能力。

4. 企业发展状况

企业面临资金短缺的危机时，不能一味通过融资活动来应对，而应根据企业发展状况，决定是否需要宣告破产或接受并购等。

此外，融资规模也并非企业可以随心所欲决定的，企业应考虑融资前一段时间内市场对企业的估值，估值的内容包括对企业过去、现在经营业绩的评估分析，也包括企业未来经营业绩预测、外部环境影响、内部财务状况、技术应用水平、创新能力等内容。

一般而言，企业在市场上的估值越高，企业的融资规模就越大。当然，融资都是需要付出代价的，无论是控制权分散还是定期付出高额的利息，都是企业必须承受的压力和风险。因此，企业在确定开展融资活动后，应根据企业实际情况，结合外部环境，制订完善、合理的融资计划，做到量力而行，即"需要多少，融资多少"。这也是融资活动的基本原则。

1.1.3　融资金额越多越好吗

Retool 是一家计算机软件应用公司。设立之初，Retool 就凭借"4 名员工营收数百万美元"获得资本关注，并开始了融资活动。

在 2019 年筹集到第一笔资金后，Retool 不减融资速度，在 2020 年又获得了由红杉树牵头的 2500 万美元的 A 轮融资和 5000 万美元的 B 轮融资。就在外界认为 Retool 将继续大量融资时，其 C 轮融资却减少了融资的金额，融资金额只有 2000 万美元，远远低于 Retool 1.9 亿美元的估值，这让很多人表示难以理解。

融资金额是不是越多越好呢？并不是。"欲戴王冠，必承其重"是对融资活动最好的诠释。融资活动本身属于风险行为，从现金流管理角度来看，虽然企业通过融资获得了一大笔钱，让现金流更充足，但融资并非企业的经营利润。因此，如果企业没有与之匹配的盈利能力，获得的融资反而会成为"金手铐"，让企业背负巨大的发展压力。

此外，以下几个风险点的存在，也能证明融资金额并非越多越好。

1. 融资金额的经营管理风险

企业融资金额越多，需要付出的管理成本越多，资金的使用难度也会越大，企业需要偿还的利息也越高，这可能对企业的经营管理产生负面影响。以股权融资为例，企业想要获得更多资金，就要拿出更多股权作为交换，这很容易对企业控制权的归属造成难以预料的影响。

2. 融资的信用风险

企业想获得融资，需要凭借自身优势获得资本关注。融资的过程，也可以理解为企业自我推销的过程。为此，企业会消耗信用资源、市场资源甚至企业家个人资源来完成推销。如果投资人最终没有从投资中获得预期回报，不仅会影响企业家的信用，对企业品牌的树立也会产生长远的负面影响。此外，对于债务融资而言，融资越多，还款越多，对应的难度越大，一旦企业无法如期还款，将会对企业的信誉产生负面影响。

3. 融资的财务风险

企业在每次融资前，会对未来一段时间内的收益做出预测，收益越高则利润越大。然而，由于收益受市场经济、消费水平、国家政策等外界因素的影响较大，往往存在较大的不确定性，因此融资的规模越大，财务风险也就越大。

4. 融资的心理风险

缺少现金流时，企业对每一笔钱的使用都会精打细算，但获得大额融资后，企业管理团队往往会变得"膨胀"，在资金使用上，谨慎性大幅降低，所做出的决策也可能存在较大的风险。

融资金额是否越多越好，会受到多方面的影响。如果创业者能坚守本心，科学决策，邀请专业人士或专业机构，做好预期收益的评估，形成融资计划，将风险限制在可控范围内，融资金额自然是多多益善。反之，企业就需要严控融资规模。

1.1.4　融资前需要做好哪些准备

社交软件 QQ 在风靡全国之前，遭遇过重大危机。当时，QQ 仅上线 9 个月，就获得了上百万的用户。但随之而来的不是利润，而是让服务器不堪重负的巨大压力，此时的腾讯团队还没有足够的资金对服务器进行升级。

在最困难的时刻，马化腾甚至产生了卖掉 QQ 的想法。好在天无绝人之路，当时兴起了风险投资这种新的融资方式，给了马化腾一丝希望。马化腾经过谨慎的思考和选择，决定采用风险投资"碰碰运气"。随后，马化腾在另一名合伙人曾李青的帮助下，积极寻求了专业风投机构的帮助，最终成功融资。

融资并非一蹴而就的博弈，而是任重道远的攀登。从企业最初产生融资的想法开始，到融资资金到位结束，有着复杂的操作流程，需要企业提前做好充足的准备。

1.　心理准备

不论是股权融资还是债务融资，外部资本的介入都会对企业产生不同程度的影响，对企业的发展模式和企业家的行为产生一定程度的限制。因此，在融资之前，企业家应当明确为什么要融资，是为了生存还是为了发展，融资是必要的还是不必要的，对必然到来的限制，企业家要做好心理准备。

2.　材料准备

企业应当准备真实有效的材料作为融资依据，确保融资依法依规。

（1）商业计划书。企业想成功融资，制定一份全面、真实、详细的商业计划书是非常必要的。为此，企业应明确愿景和使命，根据战略发展规划和发展现状，制定科学、合理的商业计划书。

对于大部分企业，尤其是名不见经传的小微企业，商业计划书是融资的敲门砖。小微企业在准备商业计划书时，可以通过互联网等各种途径获得模板，不论使用何种模板，企业都需要确保商业计划书的结构清晰、逻辑清晰、版面干净。

（2）其他相关材料，主要分为企业内部材料和法律性文件。企业内部材料的内容包括企业简介、历史沿革、主营业务范围、股东结构、主力产品、产品研发能力和水平、人才储备情况、市场情况、企业未来规划等。法律性文件则包括营业执照复印件、法定代表人身份证复印件、银行开户许可证、公司章程、验资报告等。

3. 融资渠道拓展

融资考验着企业整体竞争实力，也考验企业家的社会关系。无论是企业融资金额目标的实现，还是投资人能为企业发展提供的指导和帮助，都与企业家的社会关系密切相关。企业家应为此尽可能提前扩展自身社会关系，为企业发展积极助力。

4. 充分了解内外部环境

知己知彼方能百战百胜。融资不仅需要企业对自身情况有客观认识，还需要企业对投资者、竞争对手、市场环境、国家政策等外部因素有清晰明确的了解，尤其要对产生主要影响的因素加以重视和利用。

5. 备用融资方案

有备则无患。企业经营中，出现计划赶不上变化的情况很正常，而资本市场更是变化多端，为了确保融资活动能顺利有序进行，企业必须在制定主要融资方案时，积极制定备用融资方案。

1.2　企业获得融资的三个基础

大部分企业在融资过程中都是相对被动的，其选择也受到限制。企业想要顺利有序地开展融资活动，必须要构建融资的三大基础，即拥有说服能力的管理团队、企业本身的巨大发展潜力、能充分展现的产品优势，三者相辅相成，缺一不可。

1.2.1　有没有能说服投资人的管理团队

投资人的眼光总是苛刻的，企业项目再好，如果没有经验丰富的、执行度高的专业团队来管理，项目也很难撑到最后。因此，在投资人群体中，也流传着这样一句话："我们看项目主要是看行业、看模式、看团队。"企业拥有能说服投资人的管理团队，对融资成功的意义，甚至会大于项目本身。

一些企业，对于年龄大于 35 岁的员工都有所顾虑，但 A 公司却反其道而行之，招聘了不少年龄大于 35 岁的员工。

面对媒体提出的疑问，A 公司管理者王先生介绍："可能一些企业会认为员工年龄越大、精力越差，但是年龄并不能作为评判精力的唯一标准。"多年来，王先生始终坚持这一招聘原则，为 A 公司招来了一大批能力较强、经验丰富的员工，并组建了多个金牌管理团队，这些团队多次完美完成了其负责的项目，深受业界好评。

由于 A 公司有着强大的管理团队，很多投资人对其十分看好，因此 A 公司的融资通常很顺利，A 公司得以蒸蒸日上。

企业如产品，企业的管理团队也具有品牌效应。在开展融资活动时，管理团队成员的工作经历、教育背景和重要业绩，都会影响投资人的判断。那些金牌管理团队，不仅能作为融资时说服投资人的主力，还会吸引更多投资人主动寻求合作。

当然，对于小微企业而言，其团队成员的履历通常有所欠缺，这就需要企业做好对团队的培养。

1. 提升管理团队协同力

成功融资，是管理团队各个成员共同努力的结果，但"三个臭皮匠，顶个诸葛亮"的说法并非绝对正确，如果管理团队缺乏协同力，企业也无法借此吸引投资人。

2. 提升团队行动力

优秀的管理团队不一定总是雷厉风行的，但从不会懒散、拖延。大部分人都具有惰性思维，对于一件小事可能会不断拖延，到最后期限才行动。企业如果想通过融资来获取更大的成功，培养管理团队的行动意识，提升其执行能力是十分必要的。

3. 善用淘汰机制

企业组建优秀的管理团队并非易事，成员通过层层筛选、多轮考核才得以进入团队。即便如此，企业还是要善用淘汰机制，不断对管理团队成员进行淘汰，以确保团队整体能力的提升。例如，某企业管理团队的一名成员，工作能力优秀，但其本人不擅长或不愿意和团队其他成员协作，如果该成员不能积极改变，企业应该将其调整到适当位置，不能为所谓的团队完整或减少培训、选拔成本而将错就错。

4. 做好内部培训

管理团队和企业整体，是相互促进的。管理团队越优秀，企业的融资之路就能走得越顺利。企业融资成功，就拥有更多市场资源，就可邀请行业内知名专家对团队成员进行培训，进一步提升成员的技能和素质。

此外，企业在向融资对象介绍管理团队时，应该根据对方关注的重点，适当地对部分内容进行强化或弱化。

1.2.2　企业有没有巨大的发展潜力

在经典的投资理论中，投资人选择投资对象时，不能只关注企业短期内的经济效益，还需要关注企业有没有对产品和服务投入足够多的热情，企业信誉是否良好，值不值得信赖，由此最终评价企业是否具备巨大的发展潜力。

在实践中，投资人判断企业是否有巨大发展潜力，会从行业、产品、服务、团队实力和科技发展水平等多方面进行综合评估。

1. 行业

随着社会进步、经济发展和科技水平提高，传统行业顺势而起，现代行业也表现出强劲的发展势头。其中，下列行业是比较容易受到投资人欢迎的。

（1）大健康行业。非常受欢迎且持久不衰的行业，非大健康行业莫属，尤其是在当前的大环境下，社会对大健康行业的发展抱有极大的关注和热情，大健康产业链获得进一步发展，形成了以医疗、保健等多个细分领域为主的产业格局。因此，大健康行业是当之无愧的非常具有发展潜力的行业。

（2）信息行业。信息时代中，信息不仅普遍应用于人们日常生活的各方面，在军事、科研等领域也发挥着巨大的作用，电子信息的重要性不容小觑。例如，21 世纪不同国家之间的战争，是以电子信息为核心的信息战，其表现形式为计算机网络攻防对抗，占据优势的一方可以达到"不战而屈人之兵"的目标。可想而知，计算机软件开发等相关细分领域，在投资人眼中都具有重要投资价值。

（3）制造业。制造业是我国基础行业，也是国民经济的重要支柱。伴随科技的发展和应用，制造业进一步转型升级。除此之外，制造业与其他行业关联性强，为社会提供了大量的就业机会。目前，我国正由"制造大国"向"制造强国"和"智造大国"迈进。因此，制造业始终是资本市场不会忽视的阵地。

（4）食品行业。民以食为天，食品行业的经营内容，不仅是简单的食品生产制作，还包括休闲食品、调味品、乳制品、功能饮料等的研发和营销业务。在社会经济快速发展的背景下，人们已经不满足于简单地吃饱，而是追求更丰富的味觉感受。此外，食品行业与大健康行业的关联性也推进了两个行业的共同发展。

2. 产品

企业融资的落脚点是产品，如果企业能研发、制造和营销具有竞争力和发展潜力的产品，只需要进行适当的宣传，投资人就会自己找上门来请求投资，这也是企业掌握主动权的方法之一。

3. 服务

大部分企业都清楚服务的重要性，也会制定一系列制度，例如，采用将服务与薪酬挂钩、加大培训力度等方式提高员工服务水平，但不少企业还只是将服务作为提高产品附加价值的辅助性内容。在他们看来，提高服务水平，是为了获取更大的流量和经济效益。

实际上，服务比大多数企业想象得更为重要。尤其是在信息爆炸时代，总有几个企业、几个人因为服务水平高而突然"走红"，成为融资竞争中的佼佼者。

不论引发怎样的舆论，企业都在服务过程中收获了市场的关注和流量的支持。今天，服务已不再是附加值，而是产品的重要组成部分，对投资人判断企业是否有巨大发展潜力具有重大影响。

此外，团队实力和科技发展水平也是影响投资人判断企业是否具有巨大发展潜力的重要因素，值得所有企业加以重视。

1.2.3 企业产品优势体现在哪儿

当前，我国智能手机市场竞争激烈，华为、小米、苹果、三星、vivo 等品牌的赛跑进行得如火如荼，即便在这种情况下，华为依旧凭借其品牌和产品的质量优势在我国智能手机市场中站稳了脚跟，获得了一大批拥护者。

华为的成功，除其民族品牌形象引发了国人共鸣外，其手机产品更新迭代的速度、具有性能优势的先进芯片、严格的质量把控、强大的研发能力、独特的外观设计、个性化的配置等特性，都是其优势所在，也是品牌成功的重要因素。

产品是否具有竞争力，可以从产品质量、制造成本、可替代性强弱、研发能力和水平、个性化服务等几个方面进行分析。

（1）产品质量。"物美价廉"是大多数消费者在消费时的认购准则，但在价格相同或价格差距不大的情况下，消费者会优先选择质量最好的那一个。

（2）制造成本。制造成本包括人工成本和材料成本、损耗等。制造成本越低，与同类产品相比的竞争优势就越大。当然，企业也不能盲目控制成本，否则很可能对企业的长期竞争不利。

（3）可替代性强弱。产品的可替代性强弱程度是投资人考察企业产品后决定是否投资的重要因素。具体而言，可替代性强弱程度受产品用途、市场供需情况、消费者的消费习惯和社会经济形势等多个因素的影响。

一般而言，产品的可替代性越强，说明产品选择性越强、优势越小。例如饮料，消费者可以选择茶饮，也可以选择果汁、可乐、功能饮料或乳制品。产品的可替代性越弱，说明产品选择性越弱、优势越大。例如，在货物运输方面，对于大宗货物的运输来说，铁路运输比航空运输和公路运输更具有优势。因此，企业在吸引投资人投资时，要在商业计划书中对自身产品所具有的不可替代性优势进行详细且明确的阐述，还要对目标用户进行具体分析，以便投资人对产品有更清晰的认知。

（4）研发能力和水平。不论企业是否属于高新技术企业，其研发能力和水平都是决定其能否可持续发展、发展高度的重要因素。这是因为企业的研发能力和水平与产品功能特点直接挂钩，并最终体现为市场的销量和口碑。

（5）个性化服务。随着时代的进步，传统的规模经济已无法满足消费者多样化的消费需求。企业提供的服务越是多样化、个性化，其品牌就容易受到不同类型消费者的接受和喜爱，企业也将因此获得更大的竞争优势。比如华为推出多种不同配置、定价、外观的手机供消费者选择，这很好地满足了不同类型消费人群的个性化需求，其也因此获得了产品竞争力和品牌号召力。

1.3　企业融资前的准备与基础落地

商界流传着这样的说法："不包装的大都是次品，包一层的是产品，包两层的是商品，包三层的是礼品，包四层的是奢侈品，包五层的是危险品。"实际上，项目包装属于"造势"。做好项目融资前的包装，能有效引发投资人的兴趣。除此之外，推动融资活动的基础落地，也有利于融资的成功。

1.3.1　项目包装：企业和项目需要有想象空间

项目包装是指企业通过观察国家政策导向、行业发展前景、产品供需情况等来获取市场的运转规律，并在运转规律的基础上发现具有潜力的项目，然后对其进行巧妙的策划和包装，以此作为吸引投资人投资的手段来达成融资的目的。

一般来说，投资人对企业产生的第一印象是非常重要的，良好的第一印象不仅有利于融资活动的顺利推进，而且有利于企业拥有更多的筹码。

在"好客山东之夜"活动中，A公司经过半个多月的努力，查阅了山东省17个地级市中数百个重点项目的资料，制作了一本130多页的重点项目手册，并将其作为旅游目的地推广融资的载体。该手册以得体、清晰的表述载明了项目内容、建设规划、市场情况等多个方面的内容，A公司从推广形式上对该手册加以优化和包装，从H5网页、多媒体视频、网络专题等多个渠道进行招商融资，获得了良好效果。

项目包装是企业成功获取融资的关键，做好项目包装很重要。

1. 项目包装层次

项目包装主要分为 4 个层次。图 1.3-1 所示为项目包装的 4 个层次。

图 1.3-1　项目包装的 4 个层次

然而，也有部分企业为了获取融资，在进行项目包装时会选择夸大其词，将基础内容描述得天花乱坠，甚至会对项目内容进行伪装。这都是不可取的。

2. 项目的想象空间

企业要想做好项目包装，除如实、恰当、专业地描述项目内容、项目的优势、项目的价值等内容外，还需要从想象空间着手。

（1）从较浅的层面来说，想象空间是企业基于战略规划和发展现状产生的、对未来发展前景和项目的美好期盼。

（2）从更深的层面来看，想象空间实际上是明确企业和项目是否具有可持续发展能力和可持续发展能力强弱程度的形象展现。

所以，企业和项目需要具备可持续发展能力，不仅是自身需要，也是投资人的需要。而项目包装的重点，则在于通过对项目的包装将企业和项目的可持续发展能力进行充分展现。

3. 项目包装的发力方向

企业要想使自身和项目的可持续发展能力得到充分展现，需要从以下几个方面出发。

（1）拓宽思维。站得高，看得远。企业要拓宽思维，培养项目包装思维，才能比竞争对手想得更多、走得更快，获得更大的可持续发展空间。

（2）创新发展理念。创新是引领发展的第一动力，也是吸引投资人投资的关键。"问渠那得清如许，为有源头活水来"，创新发展理念是提升企业发展潜力、促使企业和项目可持续发展的关键。企业要以科技创新为重要支撑，增强员工创新意识，提升员工创新能力，使科技含量高的新产品快速更新迭代，提高市场占有率，并以此增强可持续发展能力。

（3）加大对企业的管理力度。企业需要加大对员工、设备、产品、服务的监管和整顿力度，提升企业的精益化水平，推动企业的可持续发展。

1.3.2　借风使力：把握融资的时机很重要

所谓顺应自然，无为而治，新经济形势下企业要做好融资工作，重要的便是要把握好融资时机。

时机，简而言之，是指时间中蕴含的机会和态势。时机是非常重要的概念，贯穿人们生活的方方面面。而融资时机是指有利于企业进行融资的环境和机会，包括国家政策、市场变化、经济态势、产品供需关系变化等要素。企业选择融资的过程，也可以理解为企业寻求内部环境、机会和外部环境、机会相互平衡的过程。

以 3W 咖啡为例，3W 咖啡的许单单出生于农村，他通过自身努力考上北京大学的研究生，毕业后又把握住时机 3 次跳槽，从互联网公司职员成为互联网分析师。随后，在人人都是"微博控"的年代，许单单又抓住时机创办了 3W 咖啡，并利用微博平台向公众发起了众筹。据了解，当时许单单不仅对每人购买的股份份额做出了限制，即规定每个人可购买 10 股，也对股东的身份做出了一定的规定，即要求投资者是互联网行业的人才和专家、知名创业者等。通过众筹，许单单不仅筹集到第一笔资金，也获得了一个庞大的团队，这推动了 3W 咖啡的发展。与此同时，许单单又以 3W 咖啡为契机，推动品牌向多个领域延伸。

由此案例可见，促使许单单成功融资和品牌成功延伸的主要因素，便是许单单借风使力，把握住了融资和发展的时机。

把握好融资时机是企业成功的关键，但是在把握融资时机时也需要重视以下两点。

1.　创业者做好时机的把控

大家有没有发现，在计算机、智能手机刚刚普及的年代，真正想到网络购物并将网络购物平台做起来的只有阿里巴巴，即便京东、拼多多等趁势而上，但阿里巴巴已经基本完成原始的客户积累，其地位也很难被撼动。

机会是留给有准备的人的，因此创业者需要及时掌握国内外市场的变化和技术的发展状况，及时了解国家颁布的相关政策，唯有如此，创业者才能把握住最佳融资时机，做出具有超前性的融资决策。

2.　适合自己的才是最好的

融资金额并非越多越好，但融资金额过少，也难以推动企业进步。我们可以将企业发展看成是长途运输，融资是路上的加油机会，只要遇到加油站，就尽量将油加满，避免出现半路没油的情况。当然，融资金额越多，企业承担的责任也将越大。一方面，为了创收，企业需要投入更多的资金用于技术研究、市场推广、添加设备和人手等。另一方面，融资的过程也可能是投资人拿出资金购买企业股份的过程，融资金额越多，企业需要拿出来作为交易的股份越多，这将对企业控制权的归属产生重要影响。因此，企业家需要审慎对待，选择适合企业的融资规模。

在融资方式的选择上，企业家也应选择适合企业自身和环境的方式。资本市场活跃时，可以考虑发行股票融资；国家信贷政策宽松时，则应该选择银行贷款融资。

1.3.3　设定目标：给企业融资设定阶段性目标

融资，可以从"融"和"资"两个方面进行阐述。

"融"并不只是融钱，而是将团队、投资人、企业和项目四者融为一体。"资"不仅有资金的意思，也包括资源，即一切资源和有资源的人。融资是集金钱、资源、智力等为一体的综合性活动。所以，融资并非一蹴而就的，而是需要企业根据融资的流程特点，设定阶段性的目标。图 1.3-2 所示为融资的 4 个阶段。

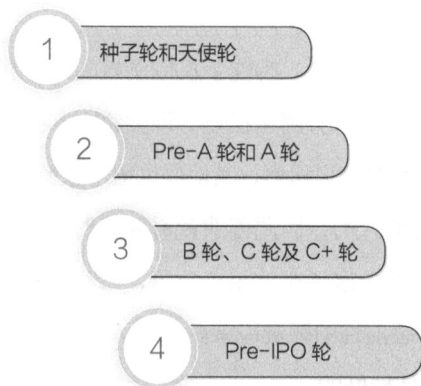

1	种子轮和天使轮
2	Pre-A 轮和 A 轮
3	B 轮、C 轮及 C+ 轮
4	Pre-IPO 轮

图 1.3-2　融资的阶段

融资可以分为种子轮和天使轮，Pre-A 轮和 A 轮，B 轮、C 轮及 C+ 轮，Pre-IPO 轮 4 个阶段。融资的每个阶段都有各自的侧重点和目标，需要企业具体情况具体分析。

1. 种子轮和天使轮

种子轮和天使轮是融资想法萌生和具体化的时期，企业主要需要思考以下两项内容。

（1）确定融资金额。通过对企业价值的综合评估，结合维护企业运营所需资金，确定融资金额。

（2）确定资金来源。企业需要根据自身实际情况，在对融资成本进行综合分析的基础上确定资金来源。

在这个阶段企业需要设定的阶段性目标是，对投资人做详细了解，并抓住其投资需求进行"营销"，实现在融资市场上竞争力的提升。

2. Pre-A 轮和 A 轮

在融资的 Pre-A 轮和 A 轮，企业已经基本明确融资的金额、来源和方式，对自身现状和未来一段时间内的发展方向有了较为明确的认知，迫切需要充足的现金流来打开市场，主要需要做好以下两点。

（1）编制商业计划书。商业计划书是吸引投资人投资的敲门砖，是开展融资活动的重要依据，企业必须以严谨态度编制商业计划书。

（2）将商业计划书寄给目标投资人。企业可以借助自身的社会关系寻找目标投资人，也可以依托专业的中介机构，由中介机构协助寻找目标投资人，或由中介机构将企业推荐给相关行业的专家。需要注意，投资人会对商业计划书内容的真实性进行调查，因此企业一定要保证商业计划书的真实性，不得弄虚作假。

在这个阶段企业需要设定的阶段性目标是，扩大产品竞争优势，提高产品和品牌的知名度，提高市场占有率。

3. B 轮、C 轮及 C+ 轮

在融资的 B 轮、C 轮及 C+ 轮，企业的产品、服务质量已经相对稳定并产生利润，然而，部分项目的持续实施和扩展需要更多资金的支持，企业也可能需要通过进一步融资推动商业模式的升级和完善。因此，在这一阶段，企业需要做好与投资人之间的深入沟通。如果投资人认为该项目可行，双方会对融资的细节进一步商讨和谈判。

在这一阶段企业需要设定的阶段性目标是，做好全局战略规划，提升自身项目变现能力。

4. Pre-IPO 轮

在融资的 Pre-IPO 轮，企业运营状况趋于成熟，距离上市只有一步之遥，为进一步拓宽市场渠道、开拓新业务，企业需要通过融资来实现商业闭环的目标，即帮助企业完成上市的目标。

1.3.4　融资节奏：融资也可以小步快跑，层层推进

李先生在回想起公司 2020 年融资的情形时，仍是心有余悸。他的公司位于 W 城，主要业务为人工智能机器人研发，就在李先生的公司拿到融资款后的两周，突如其来的变化打乱了这座城市的生活和工作节奏。事后，李先生感叹，幸亏自己加

班加点完成了流程，拿到了融资款。

当然，并非所有的企业家都如李先生这样幸运，如果不注意把握节奏，很多企业的融资进度就会停顿甚至被打乱，面临着资金链断裂的风险。

为了把握好融资节奏，企业领导者既要谨慎推动、层层递进，又要未雨绸缪、小步快跑。

对企业而言，"活下去"是其第一要务，是否能快速融资，决定企业能否在激烈的市场竞争中立足。因此，在大多数情况下，融资就是要讲究"以快打快"。

快速融资，但要慢思考。企业家在开始融资之前，应考虑清楚以下几个问题，包括：需要融多少钱、所需融资轮次、每次融资的目标是什么、企业能承受的融资额度是多少等。此外，企业家还要站在投资人的角度思考问题，即自己的项目是否具有价值、是否能给投资人带来利润空间等。

市场上不缺好的投资人，缺的永远是好项目。因此，企业家既要注重投资人的喜好，也要形成自己的融资原则。

A企业是一家从事高端电动车研发的企业，其对标的企业是特斯拉。经过2年的市场检验之后，A企业的创业者对自己的产品和企业非常有信心，他在选择投资人的时候，定下了几个原则：一是投资人必须能够带来好的资源；二是投资必须是长期的战略投资，投资人不能只注重短期利益；三是投资人绝对不能控股企业。

企业家需要以融资原则来管理融资节奏。融资时，企业家会面对控制权稀释的问题，想解决这一问题，在融资策略上就必须注重"小步快跑，分批推进"。

例如，创业企业初期估值100万元，那就先期融资100万元。当估值上升后，再继续融资，如此循环往复，可以把对企业家的控制权稀释影响降到最小。如果刚开始就融一大笔钱，很难保证投资人不会提出控股的要求。

对融资节奏的掌控还要注意以下几个方面。

（1）设定融资的阶段性目标。企业家进行每轮融资时，都要向投资人讲清楚此轮融资的目标是什么、在什么节点完成，最好设置量化的里程碑，以获取投资人的信任。

（2）掌握好提前量。企业家对每轮融资都要做好相应的预决算工作，切忌等到钱即将用完时才仓促着手准备下一轮融资。

（3）按阶段花钱。"好钢用在刀刃上"，对于不同阶段融到的钱主要用于企业发展的哪个方面，企业家一定要有计划。通常而言，不同轮次融资后，企业花钱的侧重点都不同。

①天使轮融资，组建团队、摸索商业模式。在天使轮就融到钱至关重要，很多投资人更看重创业团队的潜力，此时，创业企业要快速组建好团队，将精英人才集聚到团队内，并尽快建立合适的、有潜力的商业模式。只有确定了未来能赚钱的商业模式，才会吸引投资人投资。

②A 轮融资，磨合团队、确定商业模式。经过一段时间磨合后，团队配合更加默契，投资人已经建立起对创业团队的信任。此时，投资人更希望看到商业模式具有明确的可盈利性。因此，在 A 轮融资阶段，企业要确定好商业模式，赢得投资人的背书。

③B 轮融资，扩大团队，开始规模经营。到了 B 轮融资阶段，有了前期铺垫，企业的商业模式已经获得充分的论证。此时，企业的任务就是快速扩大企业规模，尽快实现连续盈利。初期的创业团队已难以满足企业快速发展的需要，在这一阶段企业需要扩大团队的规模，将业务向更大规模铺展。

经过几轮融资之后，企业走上正轨，很多企业甚至不需要后续的融资就能实现上市的梦想。如果企业选择继续融资，就要进一步弥补短板，快速占领核心市场，扩大企业规模、确保业绩增长，争做行业的领头羊。

1.3.5　商业计划书应介绍什么

编制商业计划书的目的在于获取投资者认可，让企业更顺利地完成融资。因此，其内容必须要全面描述企业发展，体现企业经营管理者的素质。商业计划书是否出色，能够决定企业是否能成功融资，同时，也能影响到企业的后续发展。

1. 介绍企业要有特色

商业计划书中，必不可缺的是对企业的概述，尤其应重点介绍企业的特点。其中，对企业的概述包括企业发展历史、现在情况和未来的规划。

（1）对企业特点的介绍，通常被安排在商业计划书的摘要部分。摘要部分可以选择提纲式也可以选择叙述式，但如果想要更加详细地展示企业特点，最好使用叙述式。

叙述式摘要，需要写作者对企业有必要的了解，同时也要求写作者有一定的文字功底，这样才能表现企业的特点，从而引起投资者关注，但又不会太过夸张，而是恰到好处。在叙述式摘要中，对企业特点进行介绍，是为了引起兴趣，因此，写作者应该准确找到重点，挑选一处或两处能够马上打动投资者的特点加以介绍，从而使投资者迅速建立起"这家企业会成功"的第一印象。

当然，如果缺乏写作技巧，那么还是应该选择提纲式摘要。在提纲式摘要中，尽量用闪光点来揭示企业特点，这同样可以取得很好的效果。

（2）了解投资者喜欢什么样的企业。商业计划书是一扇窗，投资者透过它看到的不光是项目特点，还有企业特点。在介绍企业时，写作者应该突出投资者喜欢的特点。

大多数风险投资者对小企业更加钟情，这是因为小企业有着较高的创新效率，也有更多的积极上进的动力和充沛的活力，还能够积极主动地适应市场变化。小企业规模较小，需要的资金也少，而投资者因此承受的风险就能得以控制。从收益率而言，小企业发展的空间更大，获得的收益就可能更多。

此外，风险投资者还喜欢有经验的初创企业，这样的兴趣看起来矛盾，其实相当合理。因为有经验的管理团队能够掌控方向，而初创企业又符合风险投资者对小企业的期待。因此，写作者应该在介绍企业特点时，提到企业是有成功管理经验的，或者提到企业已经聘请了若干有成功经验的管理者。

（3）需要规避的是，误以为介绍企业特点就等于宣称产品和技术的独一无二。

许多不成熟的写作者在写作商业计划书时多少有些添油加醋，以为将产品和技术描述得天花乱坠就会吸引投资者，其实这恰恰走错了方向。

对于投资者而言，产品和技术的特点，并没有多少意义，他们想要看到的是企业的特点，包括管理团队、市场和渠道有什么不同之处。这是因为即使产品和技术相当领先，但如果管理团队没有充分能力来管理运营，企业没有足够的市场空间和发展潜力，也没有能够表现出业绩提升希望的销售收入和成长特点，那么，企业就是没有特点的，也就很难获得投资。

2. 介绍产品要全面

在撰写商业计划书时，要详细而有重点地对企业主要产品或服务的功能和用途、技术含量、优势、发展方向等内容进行介绍，从而让投资者在短时间内了解项目能够为消费者带来怎样的产品体验、是否能够形成独特的竞争优势、是否能够帮助投资者获得回报。

具体来看，对产品或服务的介绍涉及如下内容。

（1）产品概念、性能和特征；主要产品功能介绍；产品市场竞争力；产品研究与开发；新产品计划和成本分析；产品市场竞争力预测；产品品牌和专利。

（2）更细致的介绍还可以有侧重地从下面内容中选取，包括：产品生产制造的方式（是自建生产还是委托生产），如是自建生产，包括生产面积、厂房地理位置、生产设备情况、生产能力等如果是委托生产，需要提供生产厂家的资质许可、规模情形、经营历史、生产流程等；简述产品生产制造过程、工艺流程、原材料及配件的进货渠道是否稳定可靠，生产过程中怎样确保产品的质量水平以及如何控制产品的生产成本；产品进入市场后，怎样制定和保证产品的销售价格，产品毛利润率和纯利润率分别是多少。

（3）产品或服务的介绍应具体。企业的商业计划书应该对产品或服务做出详细介绍和说明，语言要具体，同时也应该通俗易懂。通常来说，为了让产品或服务的介绍更加具体，应该附上产品的原型、照片或者其他文字介绍。

不要从专业角度介绍产品或服务。众多商业计划书中，对产品或服务的介绍经常有共同问题：过于专业和生僻、大量的术语充斥整个商业计划书、占据过多篇幅。之所以出现这种情况，是因为商业计划书的写作者通常都是创业者本人，这些创业者大多直接负责产品或服务的开发，对自己在产品或服务上取得的技术突破，有一种自然的亲切感和自豪感。

（4）介绍清楚产品的成本优势。

A产品是一种用于汽车工业的新型催化剂，这种产品有三项国家专利，能同时提高汽车生产制造过程中某些环节的生产效率，同时，它还具备其他同类产品所不具备的成本优势。

在上述特点中，你认为哪一项才是商业计划书的重点内容呢？实际操作中，老练的创业者会对前面的特点轻描淡写，反而着重描述成本优势。

不少创业项目的确具备技术的提高、工艺的改进，但投资者最关心的是产品能够带来多少利润，如果项目的产品能够在成本上具有充分优势，其价格策略的空间就更大，获取高利润的可能性就更大，能够让企业具备更大竞争力。对于投资者而言，这一点是相当具有说服力的。

3. 介绍员工要吸引人

商业计划书的可信度有多高，和管理团队的素质有直接关系。企业要想说服投资者投入资金，就要有一个能迅速吸引对方的管理团队。

投资者在阅读商业计划书时，会将管理团队介绍当成商业计划书的重点内容，并尤其注重考核评估，因此创业者要加以特别关注。

管理团队介绍应该包括对管理团队主要情况的介绍，包括企业主要股东、股权结构分配；董事、高级职员、关键雇员、企业管理人员职权分配和薪金情况。有时候，个人的职业经历和背景介绍也相当重要。

商业计划书可以将管理机构采取图表形式进行展示，其中包括股东、董事和各部门的情况。另外，在商业计划书中，还应该将管理机构作为一个整体，展示管理层的凝聚力、才华和特点，对职业道德的展示也不应忽略。

通过这样的展示，投资者应该能意识到企业具有合理、充实的管理团队，无论是产品或服务的设计和开发、财务、人事、行政，还是重要的市场营销部分，都有平衡而有力的工作力量。

（1）管理团队介绍。下面的管理团队介绍全面、准确而具有独特性，可以作为商业计划书中管理团队介绍的案例。

　　××董事长及法定代表人，男，35 岁，高级工程师，××大学 MBA 专业毕业，原任××制药厂厂长兼党委书记，曾任该厂主管销售副厂长、产品研发部主任。

　　×××首席执行官，男，25 岁，××大学 MBA 专业毕业，曾任××药品有限责任公司副总，主管市场营销、销售，管理经验丰富。

　　×××营销副总，女，35 岁，高级工程师，××大学 MBA 专业毕业，曾任××制药厂副厂长，从事医药营销工作十四年，熟悉供销渠道，有丰富的实践经验。

　　×××销售副总，女，28 岁，××大学 MBA 专业毕业，曾任××合资公司首席医药代表，有七年的医药品销售经验，与××直辖市及华中、华南各大医院、药店高层均保持良好合作关系。

　　××财务副总，男，30 岁，注册会计师，曾任××集团财务总监，长期协管并分管计划、财务、行政、后勤、审计等工作。

（2）正确介绍自己。作为创业团队的领头者，正是努力、才能和资源，让创业者获得目前的成就，无论创业者内心怎样评价自我现状，但在商业计划书中，创业者必须清晰、准确和工整地描述自己的成就，并让投资者从中看到创业者的能力和精神追求。当然，投资者还想知道创业者对未来的规划，因为他们希望确保注入资金之后，创业者依然能够掌管好整个管理团队，而不是因融资阶段的到来导致管理团队发生不利的变化。

（3）凸显管理团队特色。在商业计划书中，创业者应该像推销自身的产品、服务或者商业模式那样，对管理团队进行推销。为此，创业者可以突出管理成员的经验和既往成就，还可以加上对他们重要性的评价，强调他们的实力是企业发展不可或缺的因素。

对管理团队成员经历的介绍，应该侧重于他们曾在哪些大企业中任职并取得怎样的业绩，相比而言，他们的教育背景并非最重要、最闪光的，除非创业企业是以技术导向为主的。

此外，对企业中的顾问，如法律顾问、营销专家等，虽然他们并不一定是管理团队中的骨干成员，但他们也能指引企业发展，因此在写商业计划书时也可以将他们写进来，作为亮点。另外，这样的介绍也能显示创业者开拓和掌控社会关系的能力与经验。

（4）员工队伍介绍。对员工队伍的介绍，也可以成为商业计划书中相当鲜明的特色内容。创业者应该努力证明，企业拥有一支积极向上、富有动力、注重细节的基层员工队伍，能够推动业绩不断上升。

对员工队伍可以从下面的角度进行介绍，包括：他们有哪些具体工作技能；创业者通过何种渠道聘用他们；他们如何分成部门或小组；创业者怎样培训并监督他们。如果创业项目中有一些外包工作，也需要在商业计划书中提及，从而让投资者了解创业者在和怎样的员工队伍合作，同时，创业者还可以介绍有怎样的计划对人力资源进行补充。

总结而言，一份完整的商业计划书，应该是以下这样的。

1. 封面

封面是商业计划书的"脸面"，决定着投资人的第一印象。

通常，封面只需展示项目名称、公司名称、联系人等关键信息，整体版式设计要大方简洁，尽量不要添加太多内容，避免给投资人造成视觉上的压迫感，影响融资效果。

2. 知识产权声明

融资过程中，创业者往往会找到多个投资人和多家融资机构，为了保护商业计划书中涉及的商业机密，创业者可以在正文的第一页添加知识产权声明。一方面，可以保护自身利益；另一方面，可以凸显创业者的专业性，且严谨的做事风格也能令投资人更加放心。

3. 正文

正文主要是简要介绍项目亮点和核心优势，让投资人一目了然。在正文中，主要体现以下内容。

（1）一句话介绍项目定位。投资人第一时间关注的是项目所在的领域。创业者应用最简短的方式介绍产品或服务，描述其给人们生活或工作方式带来的改变，直接激发投资人的兴趣。

例如，某旅游电商的项目定位为基于大数据推荐的兴趣旅游电商，某 AR 智能设备的产品定位为基于手机等移动设备的虚拟现实技术等。

（2）产品概括。用一小段话清楚地介绍产品是什么，其作用是对项目定位进行解释与分析。

（3）项目的核心亮点。创业者背景、技术优势、资源优势以及产品优势都属于项目的核心亮点，也是项目能从诸多项目中脱颖而出的关键。

4. 团队介绍

投资人在投资项目时，一般都更关注创始团队的背景，因为创始团队成员的经验、能力、实力，在很大程度上决定了项目成败。因此，在该部分内容里，应重点介绍核心成员的年龄、教育背景、工作背景以及职业生涯所取得的成就等。

5. 介绍行业的前景和痛点

介绍行业的前景时，应精确细分到项目的具体行业，切忌大而泛。而在分析行业痛点时，则应着重分析行业内尚未被充分满足的需求，剖析这些需求没有被充分满足的原因，再将之同项目联系起来。

例如，某智能教学设备针对的是素质教育中小学阶段，因此应重点分析该设备在中小学教育阶段的发展前景，而不是分析整个教育行业的市场规模。

6. 产品介绍

该部分内容是整个商业计划书里最重要的内容。任何投资，最终还是会落实到产品质量上，因此创业者需要在商业计划书中详细介绍产品特点、目标群体、产品定位、产品种类、产品能解决的问题等核心要素。

7. 核心竞争力

如果是成熟产品，创业者需要清楚地介绍产品的相对优势，例如提高了效率、降低了成本。如果是创新型产品，创业者需要清楚地说明创新门槛所在，即为什么其他同行无法获得这样的核心竞争力。

8. 商业模式

投资人对项目产生兴趣后，最关注的便是项目所执行的商业模式，因为这决定了融资项目将通过什么方式赚钱、投资人能获得多少回报。

9. 运营数据

如果项目已开始运营并表现出良好的运营数据，就会更加容易打动投资人。如果有可能，创业者一定要在商业计划书中重点突出增长率、复购率、客单价、利润率等核心运营指标。

10. 未来发展计划

企业融资规划与未来收益联系紧密，创业者要做好融资规划，包括项目如何实现和落地、产品的发展规划、产品的迭代和升级路径等内容。

11. 营销规划

企业生产的产品再好，卖不出去也就无法获利。因此营销规划越具体越好，可以细致到产品将通过哪些渠道、哪些方式卖出去。

例如，某社交 APP 融资项目中，营销规划中就写到了已经与一千多个达人达成合作，只需选择合适的时间节点就能开始进行的品牌宣传。

12. 融资方案

融资方案里可以讲述上一轮的融资情况、本轮的融资准备情况以及下一轮的融资计划情况。无论哪一轮融资，商业计划书中都要写清楚融资的金额、估值、目的、时间节点以及股权架构的安排，凸显创业者对项目的规划，体现创业者丰富的融资经验，增强投资人投资信心。

13. 结尾

商业计划书的结尾内容主要是致谢和联系方式。部分投资人习惯用邮箱的方式沟通，因此在留联系方式时除了留手机号码外，还可留邮箱号码，方便投资人在对项目感兴趣时能第一时间联系上创业者。

第 2 章
企业融资的策略选择与方法

企业融资，不是把投资人的钱拿到手就万事大吉了。投资人的钱不会平白无故地投给企业，企业需要付出一定代价。因此，创业者在融资前要准确回答以下问题：有多少时间能用于融资？需要多少轮融资？能否接受投资人参与企业的管理？企业财务审计是否做好准备？采取什么样的融资策略？

2.1　企业融资前创业者的检查

正如在汽车上高速之前，驾驶员需要检查车况，在企业融资之前，创业者需要对自身和企业进行一番"体检"，这种体检是从内到外，从"思想"（创业者有无做好融资的准备）到"躯体"（企业股权架构是否合理、财务状况是否良好等）的。

2.1.1　创业者愿意花多少时间去融资

创业者愿意花多少时间、能花多少时间去融资，在很大程度上决定了融资的成功率。实际上，对于创业者来说，将再多的时间和精力投入融资都不过分。

1.　首轮融资非常重要

首轮融资又被称为天使轮融资、种子轮融资，从名称就能看出此轮融资的重要性，它就像让企业发展壮大的一粒种子。而万事开头难，在获取首轮融资之前，创业者要花费大量的时间去寻找合适的投资人、去制作商业计划书、去组建团队、去说服投资人……总之，事无巨细，且每一个细节都会决定融资的成败。所以，创业者在此阶段投入的每一秒都很重要。

2.　下一轮融资永远在路上

在完成首轮融资后，下一轮融资什么时候启动？是间隔半年、三个月，还是三天呢？不同的人会给出不同的答案，而我们给出的建议是第二天。

在完成首轮融资之后，就要立马开始下一轮融资的准备工作。这并不是夸张的说法，因为融资的过程中总会出现各种意想不到的问题。但对于创业者来说，尤其是具有技术和业务背景的创业者，其可能将更多的时间和精力花在做业务上，而忽略了融资。

通常来说，一轮融资从寻找投资人到最终签约打款，往往需要几个月的时间，在这几个月的时间内，什么情况都可能发生。比如，企业经营突然遭受黑天鹅事件影响，业绩大幅下滑，这时候，原本已经谈妥的投资人也可能转变态度进行观望。

B公司属于新能源开发企业，公司的发展前景被很多投资人看好，公司的首轮融资也很顺利，创业者对公司的融资前景持乐观态度，在拿到首轮融资款后立马开始了大规模的扩张。等到钱用得差不多的时候，创业者才急慌慌地开始第二轮融资，而这时候投资人都知道B公司账上的资金不多，急需"输血"。投资人针对B公司这个痛点，开出了很高的股权控制价码，B公司迫于无奈只能答应。

3. 创业者要花一半以上的时间去融资

创业者一定要事必躬亲吗？答案当然是否定的。试想一下，企业资金紧张时，创业者带领企业全体员工节流，经过一段时间的折腾，终于使企业的成本节省了100万元，创业者终于有时间去跟投资人谈融资了。此时，创业者惊讶地发现，在随后两个月内，因为时间充裕，多谈了几家投资机构，融资数额比原计划多出了1000万元。对此，我们不禁要问了，前面花那么多时间去节流还有意义吗？将这些时间和精力花费在融资上，是不是能收到更好的效果呢？

初创企业面临的困难很多，其中较大的困难就是融资难。但除此之外，创业千头万绪，难免占据创业者大量的时间和精力。但越是在这种情况下，创业者越要学会抓主要矛盾，把融资当作企业生存的头等大事，即至少要花费一半以上的时间去融资。

公开资料显示，很多的初创企业倒在了资金链断裂上。而雷军曾说过，他在创业的时候最主要的精力之一就放在找投资人上，每天都要花费大量的时间去见投资人，一天吃五六顿饭是常态。即便如雷军这样拥有大量资源的人士也要为了融资而奔波，更何况那些普普通通的创业者呢？

资金是初创企业的命门，创业者在融资之前一定要检视自己的融资时间战略，将更多的精力放在融资上。

2.1.2　创业者计划需要多少轮融资

企业融资的目的是找到钱，为下一步发展提供助力。从融资的方式来看，融资包括股东注资、银行借款、发行公司债券、股权融资等。狭义的企业融资，主要指股权融资和债务融资，这两种方式是较为常见、适用范围较广的融资方式。

从融资的次数来看，企业往往需要多轮融资。创业者准备花多长时间、通过多少轮融到多少资金呢？在弄清楚这些问题之前，创业者有必要对每轮融资的具体任务加以了解。

从企业创立到上市，一般包含种子轮、天使轮、A/B/C 轮、上市前等多轮融资。图 2.1-1 所示为企业融资的基本轮次。

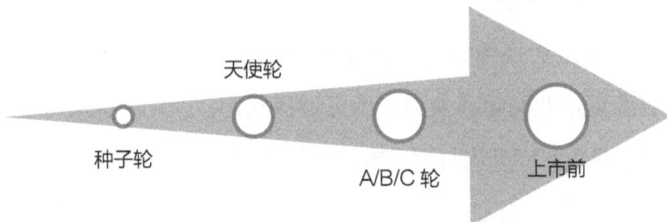

图 2.1-1　企业融资的基本轮次

企业在融资的时候需要根据自己的发展阶段确定不同的融资方案。

（1）种子轮。创业者进行种子轮融资之前，也可以通过其他方式为企业发展筹得资金，比如股东注资、银行贷款等。但这些方式只能解燃眉之急，毕竟股东的资金是有限的，银行贷款也需要有资产进行抵押担保，而此时的创业者对企业如何发展已经有了初步思路，急需资金进行启动，因此可进行种子轮融资，种子轮融资是不可或缺的融资步骤。当然，在融资实践中，除非创业者在业内具有很高的知名度，或者创业者的想法和能力确实被充分看好，否则只凭一些想法是很难融到种子轮资金的。

（2）天使轮。等企业初步成型的时候，上述融资方式已不能满足企业快速成长的需要，而此时的企业已有了基本的运营团队（3~5人），其商业模式已基本形成，产品快要上线，若天使投资人对其未来的盈利模式和盈利空间十分看好，则愿意在天使轮就投入资金，以期在未来获得高额回报。天使轮资金是企业发展的助推器，往往是决定企业能否生存的关键的融资。如果创业者把企业规模设定为小企业，则融资步伐基本到此为止。

（3）A/B/C轮。企业经过天使轮融资后，产品得以上线，业务开始走向正常化，而此时的企业需要快速使自己的业务定型，资金的缺口也非常大，需要进行A轮融资。A轮融资的额度根据企业所属行业的性质不同而不同，对于估值高的互联网企业，A轮融资的额度动辄千万元甚至过亿美元。

如果创业者对企业规模的设定只是中型企业，则融资步伐基本也就停止了。那些选择继续B轮融资的企业已在行业内具有一定地位和规模优势，开始稳定地盈利，但为了抢占市场，拉开与竞争者的差距，需要借助资本的力量。通常情况下，风险投资常在该阶段出现。

如果创业者将企业规模设定为大型企业，则C轮融资是必不可少的，此阶段，投资人更看重企业的盈利能力和财务健康状态。C轮融资后可能还需要更多轮的融资，但这些融资都可统归为上市前的融资动作。

（4）IPO上市前。企业上市以后，也就意味着企业有了基本的和主要的融资平台，即企业可通过股市来完成融资，创业者或者选择套现离场，或者选择将主要精力转移到提高产品质量和盈利水平上。很多创业者把上市当作融资的终极目标。

通过以上的介绍可以明确，创业者对融资轮次的选择，首先取决于其想要将企业做到多大，其次受不同融资轮次的任务、功能差异的影响。创业者在进行融资之前，需要对影响融资轮次的因素了然于胸。创业者必须在融资之前就要明白，自己需要将企业发展到什么样的阶段，以及能拿出何种利益同投资人进行交换。

2.1.3　创业者是否接受与投资人共同管理企业

当企业规模小的时候，也许创业者自己就能胜任企业的管理工作，但是当企业发展壮大至一定的规模后，创业者仅凭自己管理企业就是天方夜谭了，因为人的精力、经验等都是有限的。更何况，如果企业进行股权融资，投资人为了对自己的资金负责，会要求参与企业管理。因此，企业创业者要考虑清楚，自己能否接受与投资人共同管理企业。

一般情况下，面临共同管理难题的有两类创业者，一是联合创业者，二是投资人。不论是哪类主体，创业者都需要把握好自己在团队和企业中的角色。

（1）"家长"。在创业阶段，创业者的个人能力非常重要，创业者的角色就好比一家之长，事事都要亲力亲为，尽心呵护企业成长。创业是艰辛的，小到商业计划书的编写、地推，大到引进融资等，创业者都要做到面面俱到，这样才能带领团队和企业前进。

（2）"酋长"。随着企业慢慢成长，团队的成员数量开始增长，创业者需要管理一支人数不算多的员工队伍。此时，创业者就没有办法也没有精力自己做每件事，此时的角色好比部落的酋长，虽然仍负责一些具体事项，但中心任务转移到带领团队成员协作并提高工作效率上。例如，在互联网开发公司，创业者有可能是重要的技术人员，其编写的程序代码决定了产品的成败，成为"酋长"后的创业者，依然要坚持编写代码，同时，更要负责鼓励和引导其他员工，共同完成编写工作和开发新功能。

（3）"村长"。企业进一步成长，基本组织架构成型，开始进入正规化发展的阶段，唯独规模可能还不够大。此时，创业者要扮演好"村长"的角色。对于组织、员工和事务，创业者都要有所了解，尤其是骨干员工和企业发展的重大事项。同时，创业者不需要对每件事都关注。作为"村长"，应该多为"村子"的未来发展考虑，把精力放在如何扩大"村子"的规模、发展"村子"的经济（即提高市场占有率、提高盈利水平）上。

（4）"市长"。当企业规模足够大，创业者的角色顺理成章地就要转变为"市长"。创业者的主要工作任务就是决定重大战略决策：做出正确的决策，就可能给企业带来重大的发展机遇；反之，如果其决策失误，就可能招来毁灭性的打击。

创业者做出影响企业命运的正确决策并非易事，需要一定的战略眼光和魄力。某公司曾经是胶卷行业的龙头，但在数码摄影技术出现后，该公司的管理者没有带领公司及时转型，百年企业最终宣布破产。该公司的破产与公司管理者因循守旧、决策失误有很大关系。

从"家长"到"市长"的角色变化，是大多数创业者都要经历的。现代企业治理模式不断发展，尽管"一言堂"式的管理方式，在企业发展初期可能会凸显创业者能力，带领企业快速发展，但逐渐壮大的企业规模和瞬息万变的市场环境，让创业者无法一个人挑下所有担子。在融资的过程中，企业创业者、股东或者团队必须要以让渡部分管理权作为代价。对此，不论创业者是否接受，都是必须面对的现实。如何结合融资进度，成功扮演在企业各发展阶段的角色，是创业者在融资开始前就要做好的功课。

2.1.4 企业财务审计是否做好准备

几乎所有的投资人在投资时，为确保资金的安全和未来的收益，都会要求企业进行相应的财务审计。财务审计，相当于对企业财务的健康状况进行"体检"。那么，什么是财务审计？财务审计的意义和需要注意的地方有哪些呢？

1. 什么是财务审计

财务审计又叫财务报表审计，是审计机关按照《中华人民共和国审计法》及相关的会计准则，对企业的资产、负债以及损益等情况进行公允反映的活动，其目的是体现企业真实的财务状况，同时发现和查处企业财务运行中的违法违规行为。

财务审计是现代股份公司出现后的产物，目的是保护股东和投资人的权益。现代企业治理结构中，所有权与经营权分离的现象普遍存在，企业的股东不一定是企业的管理者，股东也可以通过聘请职业经理人等方式来治理企业。为加强对管理者的监督，防止管理者监守自盗，进行企业财务审计是有效的手段。

从现代企业审计的范围看，企业财务审计以反映企业核心盈利能力的损益表为主要依据，公允地反映企业的财务变动情况和经营成果，涉及和企业有财务联系的各个方面，是对企业财务状况最完备的审视。

一般来说，企业财务审计主要审计以下内容：

（1）企业的财务报表是否按照一贯的会计准则和公认的会计原则进行编制；

（2）企业的各项财务报表是否公允地反映财务的运行状态。

2. 财务审计的意义

进行企业财务审计不仅仅是为了监督管理者，它还有以下意义。

（1）辅助报表使用者做出正确决策。企业财务审计由独立的第三方审计机构做出，能保证财务审计的专业性和准确性，促使企业报表的使用者（包括但不限于企业管理者、所有者、投资人）做出正确决策。

（2）保护企业相关投资主体的合法权益。企业的投资人关心企业的盈利能力和投资风险，企业的债权人则关心企业的偿债能力，不同的相关利益主体对企业的关注点不同，但都要以企业的财务报表为基础。由于企业管理者有可能采取隐匿债务、虚构资产的方式来骗取投资，因此投资人更需要通过独立的财务审计来了解企业的真实状况。

（3）改善企业治理结构。企业财务报表涵盖了企业经营活动的方方面面，通过对财务审计报告的分析，能准确归纳出企业在经营上的不足和管理上的漏洞，从而对症下药，进一步改进和完善企业的治理。

3. 进行财务审计需要注意的地方

企业和审计机构在开展企业财务审计工作前后，需要注意以下事项。

（1）选定专业的审计机构，制定合理的审计方案。财务审计是一项很专业和复杂的工作，选择相对有实力的第三方审计机构，对财务审计工作的完成具有重要的意义。

审计机构在开展审计工作之前要制定合理的审计方案，突出审计重点，为后续审计工作的开展打下基础。

（2）有针对性地掌握企业整体运营状况。既然是对企业的"体检"，就有必要掌握企业的整体状况，包括企业的经营性质、经营范围、组织架构等，尤其要注意企业的财务会计特点和往年的相关审计情况。

（3）牢牢把握真实性。在审计过程中，审计机构要始终注意审查财务资料的真实性。函证是财务审计的一项重要手段，但函证也可能遇到被函证企业不配合或者银行函证手续烦琐等问题，这更需要审计机构秉持强烈的责任心和职业道德，合理地完成审计工作。

企业创业者在融资前，如能获得一份反映企业良好运行状态的财务审计报告，则不仅可以节省融资的时间，还可以提高融资的成功率。这是企业融资必不可少的功课，创业者必须对此做好心理和业务上的准备。

2.2　企业融资的九大创新策略

现代商品经济社会中，企业融资的渠道越来越多：可以从银行或金融机构等不同主体获得融资，也可以从民间获得融资；可以从国内市场获得融资，也可以从国外市场获得融资；可以用固定资产抵押等传统方式获得银行贷款，也可以通过风险投资等方式获得融资。

当下，企业融资的创新手段在不断拓展，其中主要有九大创新融资策略。

2.2.1　创新融资租赁

传统的融资租赁由来已久，属于典型的非银行融资模式。

融资租赁涉及三方主体：出租人、承租人和出卖人（供货人），并因此涉及多种法律关系。其中，出租人跟承租人之间是租赁合同关系，出租人与出卖人之间是买卖合同关系。

融资租赁通常适用于大型设备的承租人（即使用人）无资金实力自行购买设备的场景。承租人通过向出租人发出请求，由出租人出资向出卖人购买设备并指示交付于承租人，承租人定期向出租人支付租金。在融资租赁的模式中，出租人实际取得了设备的所有权，其出资获得了一定的保障，承租人获得了设备的使用权，解决了资金不足的难题。

图 2.2-1 所示为融资租赁的关系。

融资租赁

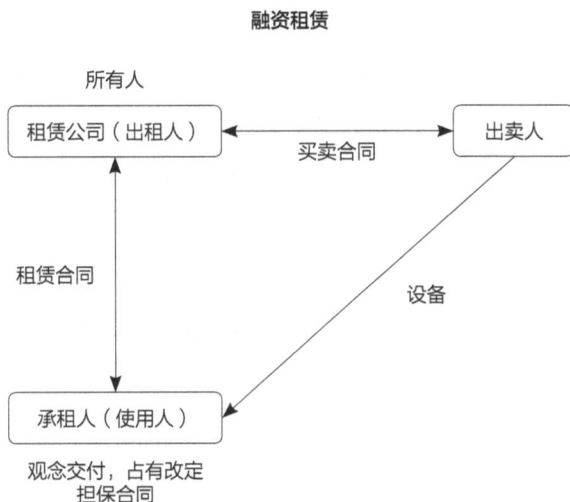

图 2.2-1　融资租赁关系

传统融资租赁模式在发展的过程中，产生了多种风险，其中最主要的就是金融风险。融资租赁带有很明显的金融属性，特别是承租人的资金实力和偿债能力，直接关系到出租人的存续和整个融资租赁关系的开展，此外，融资租赁还必须面对市场和贸易中的未知性，这都加大了其实际应对风险。

为了做好对风险的控制应对，创新融资租赁应运而生。所谓创新，是相对于传统融资租赁而言的，其基本性质和通行做法没有改变，但在具体的融资和租赁手段上有较大改变。

（1）风险租赁。出租人将自己对承租人的租赁债权，以投资的方式入股承租人企业，成为承租人企业股东，出租人所获得的租金收益和股权收益，作为出资购买设备的对价。这种模式，实际上是将承租人企业的部分股东权益转化成租金的新型融资租赁形式，满足了租赁双方对风险投资的不同偏好。

（2）"三三制"融资租赁。即承租人支付给出租人的首付不低于租赁物款项的三分之一。出卖人在将租赁物交付给承租人时，也并非得到全部价款，而是获得不低于总价款三分之一的款项，余下部分由出租人在不长于一半租赁期的时间内分期支付。

在这种模式下，出租人、承租人、出卖人各承担三分之一的风险，所以被称为"三三制"融资租赁。

（3）销售模式融资租赁。出卖人作为生产商，通过其控制的融资租赁公司将自己的产品通过融资租赁方式销售。

从法律上看，出卖人与出租人虽是两个独立的法人，但从控制关系分析其实都受出卖人控制。这种模式在汽车、挖掘机等行业里被广泛采用。融资租赁公司依托母公司的资源优势，能为客户提供车辆的维修、保养服务等。

在销售模式融资租赁中，租赁公司作为单独的金融中介和服务机构，不但承担了回收租金的风险，也能配合生产部门将相应的商品销售出去，确保获得更大收益，还减少了生产企业的应收账款，有利于促进商品流通。

此外，创新融资租赁方式还包括融资性经营租赁、项目融资租赁等，不论如何创新，总的思路还是减小融资租赁过程中所产生的各种风险，保护出租人、承租人、出卖人三方的权益，促进商品的流通和保障交易的安全。

2.2.2 无形资产抵质押

银行为保证贷款资金安全，在发放贷款前都会要求贷款人提供一定比例的资产进行抵押，这类资产多为房屋、设备等有形资产。在"轻资产"类型企业，如互联网企业、服务型企业中，往往难以找到价值足够高的有形资产做抵押，但其商标、知识产权等无形资产，也可能具有相当高的价值，此时，无形资产抵质押的融资模式，能为这类企业解决融资难的困扰。

1. 无形资产抵质押的含义

无形资产抵质押，是指融资人将其可依法转让的商标、特许经营权、知识产权等具有资产属性的无形财产，抵押或者质押给投资人，作为融资的担保，保障投资人将来债权的实现。

无形资产抵质押与有形资产抵质押的担保作用是一样的，即将来债务人无法偿还债务时，可以将无形资产变卖、拍卖后所得的价款优先用来偿还债务。

2. 无形资产抵质押的必要条件

随着现代工业经济的发展，无形资产的外延越来越丰富，种类也越来越繁多且特性各异。根据不完全统计，被人类社会普遍认同的无形资产多达几十种。然而，并不是所有的无形资产都可被用作抵质押，只有符合一定条件的无形资产，才能被用作抵质押。

（1）无形资产具备权利抵质押的属性。不同于有形资产具备一定的物理形态，可以被转移占有，无形资产的抵质押属于权利抵质押，抵质押者必须能将除所有权之外的可用于转让的财产权利交由债权人占有，以此充当债务的担保物权。

（2）无形资产必须具备财产属性。这是无形资产能被用作担保的根本原因。因为债权本就具有一定的价值，所以被用作担保的无形资产也要具备相应的价值属性，这样才能被债权人接受用作对债务的担保。

（3）无形资产的权利必须能被转让。抵质押的目的在于为债权提供担保，将来债务人不能履行偿还债务的义务时，能将无形资产拍卖、变卖后所得的价款优先用来偿还债务。如果无形资产的权利不能转让，变卖、拍卖，自然也就无法将无形资产进行变现，这样的无形资产没有担保的可能性。

3. 无形资产如何估价

无形资产不具备传统的物理形态，性质分类也比较复杂，对其价值的确定也就比较困难，市场上大都通过以下三种方式来确定其价值。

（1）成本法，计算无形资产被重新构建所需要的成本，或者该类无形资产使生产成本下降、生产效率提高所带来的效益。

（2）收益法，根据无形资产所能带来的现在或者未来的经济收益来计算其价值。

（3）市场价值法，比照同类无形资产在市场交易中的价值来确定，一般适用于专利、商标等市场发展比较成熟的无形资产。

在目前的条件下，不论采取什么样的估值方法，都无法完全准确、公允地界定所有无形资产的价值，特别是一些无法剥离的无形资产，很难单独对其价值进行估算。采用以上方法，也只能尽可能准确地估算出无形资产的价值。

2.2.3　动产托管

动产托管适用于生产型或者贸易型的企业，这些企业往往占有很多的商品（动产），但苦于缺乏足够的固定资产用于对外抵押或者质押来获得融资。例如，很多生产制造企业，其厂房是租来的，设备是融资租赁来的，其能用于抵押融资的大宗财产只有商品，动产托管这种新型融资方式，恰好解决了这类企业的融资难题。

现实中，一些大型的资产管理公司都可以办理相应的动产托管业务。资产管理公司对企业的商品进行财产评估后，以此为基础，向企业提供融资或者为企业提供担保向银行申请贷款。

动产托管解决了生产型、贸易型企业的融资难题，为企业的发展提供了更多的融资渠道。当然，其弊端也很明显：一是资产管理公司无法实现对动产的完全占有，存在动产脱离监管的风险；二是动产变现难，债务企业在商品难以销售变现的时候，甚至存在故意违约，将商品交给资产管理公司抵债的可能。

2.2.4　互助担保联盟

互助担保又被称为"同业互保"，是中小企业为了解决融资难的问题而自发互相担保的创新融资模式。我国最早的互助担保模式诞生在近代商品经济起步较早的广州，广东洋行的商人为了增强抗风险能力，而对彼此间的债务进行互相担保。

现代意义上的互助担保联盟，是指中小企业在互相信任的基础上，以自愿和互利为原则，按照一定的比例缴纳会费或者保证金等方式筹集资金，并以一定规则对资金进行共管的担保形式。当会员企业有融资需要时，由联盟或者联盟指定的会员企业对融资企业进行担保，承担相应的连带责任。一旦融资企业的担保业务出现问题，可先由联盟承担责任分担风险。

互助担保联盟有效解决了中小企业在融资过程中的担保和反担保难题，增强了中小企业的融资能力。互助担保联盟通过对企业的信用评估，形成了一定的规模优势，节省了担保成本和费用，在现实中应用广泛。

互助担保为中小企业融资提供了新的思路和渠道，中小企业信用担保又是其中比较成熟的方式。针对中小企业信用担保机构在我国的发展问题，企业领导者应该积极利用市场化的方式引进资金，采取现代企业治理结构规范企业的发展。

2.2.5　生产用设备按揭贷款

制造企业所使用的设备，一般都具有价值高、折旧率低等特点。价值高意味着企业为购买或者更新设备所要投入的资金比较多，折旧率低意味着设备的保值率高、设备的残值大。正是因为生产用设备的上述两个特点，按揭贷款这一融资方式才有了用武之地。

按揭贷款，在生产生活中十分常见，个人在购买商品房等高价值的不动产或者汽车等动产时，常常采取按揭贷款的方式，即由购买者预付一定比例的首付，余款以商品为抵押担保，分期偿还。

按揭贷款的好处就是，购买者无须一次性投入大额资金，就能获得商品的所有权，银行等金融机构以商品作为抵押担保，也无须担心放款资金的安全。

企业通过生产用设备按揭贷款，自筹少量资金就能提前拥有所需设备，能尽快取得经济效益，提高资金利用效率，加速设备更新。利用这一融资方式，企业只需每月支付固定、较低的本息，即可在保持财务稳定的基础上，获得银行全面的融资产品支持，能专注于提升自身核心竞争力。

图 2.2-2 所示为生产用设备按揭贷款的办理流程。

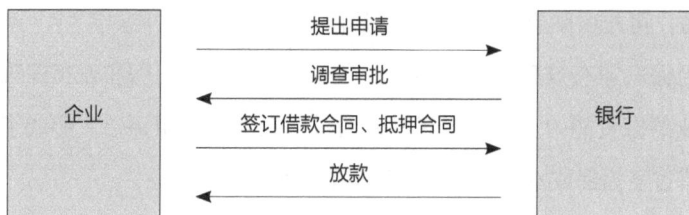

图 2.2-2　生产用设备按揭贷款的办理流程

生产用设备按揭贷款，即企业以生产设备为抵押物向银行进行贷款，其后再分期慢慢归还余款，与生活中的按揭贷款买房在本质上相同。

尽管生产用设备按揭贷款便于企业融资，但也存在着一定的金融风险。例如，生产用设备在法律上属于动产，不同于房屋等不动产，在办理抵押登记时存在一定的障碍，并且银行等金融机构对该类抵押物的监管力度也相对较小，其实际控制力度的不足，导致银行对融资的审批很谨慎。此外，对一些特种生产设备，因为其市场的普适性较差，变现难度较大，一旦企业无力偿还贷款，银行很可能因为生产用设备无法变现而产生坏账。因此，企业对生产用设备按揭贷款这一融资方式，应加以审慎选择。

2.2.6　国家创新基金

中小企业融资难，中小型科技企业融资则更难。在中小型科技企业的发展过程中，人才和技术是关键的因素，这些企业普遍具有轻资产的特点。尤其是在创业初期，这些企业可能除了几台计算机、几位程序员、一两名行政人员，就再无其他资产。然而，中小型科技企业的未来价值很可能会倍增，甚至改变全社会的工作和生活方式。如何加大对中小型科技企业在创业初期的融资扶持力度，一直是从中央到地方各级政府和金融机构希望破解的难题。在此背景下诞生的国家创新基金，作为非营利性的专项资金扶持基金，在推动中小型科技企业的发展上，发挥着越来越重要的作用。

科技型中小企业技术创新基金，又被誉为"种子基金"。顾名思义，该基金在扶持中小型科技企业的成长、引导社会资本投入高新技术产业、促进科技成果的转化等方面，具备较强的杠杆能力，有效增强了我国整体科技创新实力。

目前，经中华人民共和国国务院批准设立的科技型中小企业技术创新基金，主要采取贷款贴息、无偿资助和资本金投入三种方式，支持中小型科技企业的科技创新活动。

（1）贷款贴息。该方式针对已发展到一定阶段的中小型科技企业。企业在银行成功贷款之后，基金全额或部分负担该笔贷款利息，以此减轻企业的资金负担，鼓励企业扩大经营规模。通常来说，基金会给予贷款年利息 50%—100% 的补贴，总额不超过 100 万元，个别重点项目不超过 200 万元。

（2）无偿资助。该方式的资助对象，主要是正在研发创新科技产品的中小型科技企业，以及打算创办企业转化科研成果的科研人员。由于企业或者科研人员在这两大阶段中，对资金投入的需求比较大，研发的科技创新产品亟待转化为商品，因此更适合采用无偿资助方式。

（3）资本金投入。对于科技创新门槛较高、后续创新潜力较大、可能形成新产业或带动其他关联产业发展的项目，国家创新基金会采取资本金投入的方式进行投资，这种方式的好处是投资时限较长、企业资金压力能被有效缓解，而且基金在后期的收益更高，能有效增强基金的实力，促进基金的有效循环。

2.2.7　中小企业国际市场开拓资金

外贸出口作为拉动我国经济发展的"三驾马车"之一，在容纳就业、改善民生、增强国际竞争力等方面有着重要地位。我国外贸出口企业数量众多，中小出口企业的比例甚高，为鼓励中小企业积极参与国际竞争，促进中小企业的健康发展，国家设立了中小企业国际市场开拓资金。

国际市场开拓资金，作为我国扶持企业发展的重要财政资金，通常由中央政府的政府性预算资金和地方政府的专项资金两部分组成。相关的财政部门负责对资金进行拨付和监管。

2001 年，国家正式设立中小企业国际市场开拓资金，并颁布了相应的管理办法。2010 年，中华人民共和国财政部、商务部正式发布《中小企业国际市场开拓资金管理办法》，将中小企业申请资金的门槛调整为上年度"进出口额 4500 万美元以下"。

国际市场开拓资金依申请取得，凡是符合条件的中小企业每年可依法依规向主管部门进行申请，申请时需要提交相应的材料。在资金的使用和拨付上，有无偿资助和风险支持两种。

2.2.8 典当融资

典当是一种古老的融资方式，在古装影视剧中经常出现，有人需要急用钱时，便拿着具有一定价值的物件去典当行抵押以换取钱财。现代意义上的典当行，则属于特殊的类金融机构，经国家特许后从事放款业务。不同于银行等金融机构，典当行的主要放贷业务面向中小企业，目的是为中小企业解决短期内的融资需求。

典当融资的特点是以实物作为抵押，并将实物的所有权进行转移，便于企业从典当行获得临时性的资金支持。"快捷、灵活、简单"是典当融资的优势。

（1）快捷。快速融资是典当行自成立以来能够生存至今的法宝，也是典当行相较于其他金融机构的独特竞争优势。由于典当行以其自有资金对外放贷，所以中小企业只需要准备好相关的材料，带上相应的抵押物，典当行对其评估合格后就能立即放款。

（2）灵活。典当行主要解决中小企业短期的、临时性的、小额的融资需求，因此不但在放款手续上相对灵活，对抵押物的接受度也很高（抵押物可以是动产，也可以是不动产）。此外，典当行对还款形式的要求也较灵活，可以随借随还、分次分批还等，从而有效减轻中小企业的利息负担。

（3）简单。典当行无须对中小企业的信用进行审查，因为基本采用"一手交货，一手放款"的交易模式，只需对抵押物的真实性和价值进行审查即可，大大方便了中小企业进行融资。

银行等金融机构，会对绝大多数专项放贷的使用过程进行严格监管，而典当融资则不存在这些问题。实际上，典当行基本不干预企业的经营管理，也不询问和调查企业的资金用途（当然，企业依然不能用融资金额去从事违法犯罪活动）。这样，企业就有了很大的资金使用自由。

典当行对放贷额度的确定过程非常简单，主要是看抵押物的价值，低到百元，高到百万元甚至更高，典当行主要是凭"价"放款。

当然，典当融资也有其不足之处。首先，典当融资一定需要抵押物，这实际上将很多资产较少的中小企业拒之门外了。其次，典当融资除按照法律规定收取资金使用利息外，还要收取一定的综合费用，因此，典当融资的综合利率实际上必然高于银行贷款等融资方式。

图 2.2-3 所示为典当融资的优缺点。

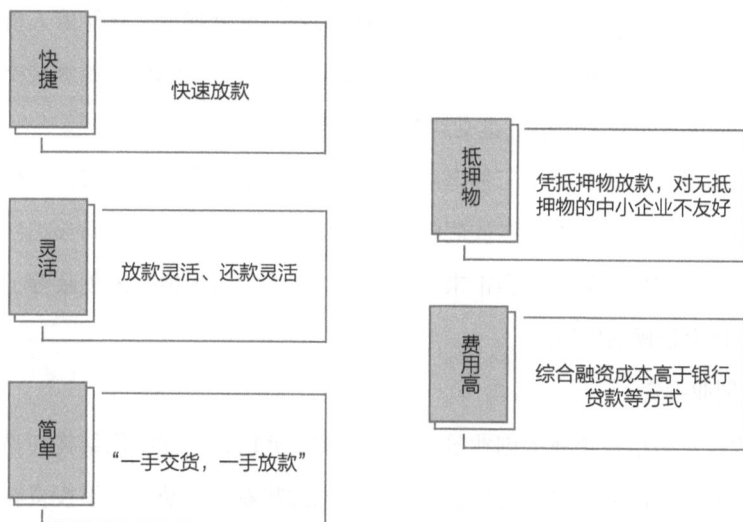

图 2.2-3　典当融资的优缺点

典当融资具有明显的优势，也有相应的缺点。在典当融资的发展过程中，国家一方面要加大对典当行的政策支持力度，另一方面也要加大立法规制和日常监管力度，力促典当行合法合规经营。

2.2.9　私募股权投资和创业投资

改革开放以来，多种投资方式在我国投资界表现非常活跃，许多知名的国际风投机构，如红杉资本、IDG 资本等，纷纷涌入中国市场，并在投资互联网企业领域获得了巨大收益。

1. 私募股权投资

私募股权投资是对非上市企业的一种权益性投资。私募股权投资者选择一些具有高成长性的非上市企业，对其进行投资以获取一定份额的股权，随后推动企业上市，待企业上市后，再高价出售其已获得的股权从而获利。由此可见，私募股权投资者在一开始就准备了相应的退出机制。

私募股权投资者通常偏好具有一定规模和稳定现金流的企业，投资的时间较长，一般为 3—5 年。私募股权投资多是权益性投资，较少涉及债权性投资。

私募股权投资者非常广泛，包括战略投资者、风险基金、高净值人群等，但资金流动性较差。在企业未上市之前，并没有直接的市场供投资者直接交易其投资份额，即便在企业上市后，也受到相应的股权出售限制的约束。

私募股权投资者有如下三种退出方式：一是推动企业发行上市；二是企业兼并或出售；三是企业资本结构性调整。私募股权投资者为了获取高额的回报，除了会给企业带来资金外，还会带来管理经验、技术和销售模式的创新等，对于企业迅速发展有积极的作用。

2. 创业投资

创业投资是指在企业的创业阶段予以投资。此时，企业组织结构初具雏形，未来是否能产生高回报尚未可知。但高风险也意味着高收益，如果投资者在企业初创时期就押对宝，其未来的收益将是非常可观的。例如，软银的孙正义投资创业期的阿里巴巴，获得了高回报。当然，也有创业投资者折戟沉沙的案例，譬如 ofo 小黄车的创业投资者就很可能无法收回成本。因此，创业投资者的眼光很重要。

即便如此，创业投资市场中也有"哪怕只投资对一次也足以赚得盆满钵满"的说法。因此，创业投资者更喜欢投资高新技术企业或者互联网企业、平台企业。近年来市场中的成功案例（如投资京东、美团等），也证明了创业投资的确可以带来高回报。

综合来看，创业投资对被投资企业快速占领市场、扩大企业规模是有极大的好处的。但资本的逐利性又决定了该方式存在急功近利的弊端，加之创业投资者对企业的经营参与较少，无法有效约束企业经营者，导致很多企业经营者在拿到风险投资资金后，迅速铺开摊子，最终却因资金链断裂而导致项目下马。因此，企业经营者必须综合看待创业投资的利弊。

3. 私募股权投资和创业投资

私募股权投资和创业投资都属于风险投资，两者之间的主要差异为创业投资的投入时间常为企业正处于初创阶段，而私募股权投资的投入时间常为企业正处于具有一定发展优势的阶段。

图 2.2-4 所示为创业投资、私募股权投资的投入时间。

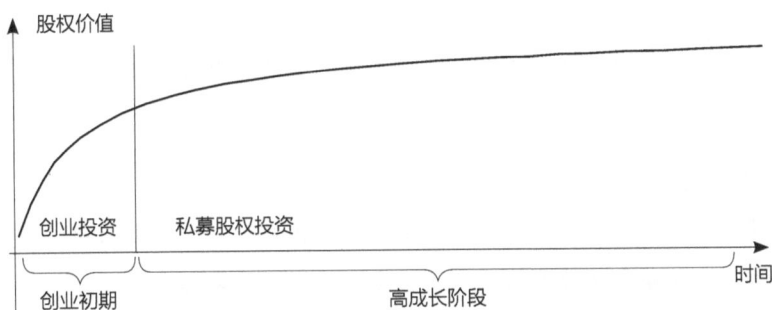

图 2.2-4　创业投资、私募股权投资的投入时间

创业投资投入的时间早，赚取的是企业度过风险后估值增加的钱，私募股权投资投入时间较晚，赚取的是企业稳定增长的收益。因此，创业投资者会尽可能寻找那些后期成长性高、估值高，但是在现阶段竞争对手较少或者竞争壁垒较大的项目。

事实上，与其说创业投资者投资的是项目，倒不如说其投资的是人，因为好的创业团队带来的收益，要大于项目本身的收益。如果把项目比作鸡蛋，那么创业投资者就是在不知道未来是否会孵出小鸡的情况下，尽可能多地将鸡蛋放到篮子里。与创业投资者相比，私募股权投资者关注的是那些已经孵化了一段时间的鸡蛋，他们更喜欢反复观察鸡蛋的状况，判断未来能否孵出小鸡，尽可能避免投资失误。了解这样的差异，对希望获得投资的企业大有裨益。

第 3 章
初创企业如何做好融资规划与运营

    风险投资市场流传着一句话——"天使轮融资看的是'人'",虽然这看似调侃,但有一定的借鉴意义。除了专注于某个领域的投资人,大部分投资人事先对所投项目所处的领域并未深入了解,加之初创企业在业务上普遍并未成熟,投资人也不会过多看重企业目前的业绩。因此,如果企业创业者能做好创业者的工作,能做好融资规划与未来的运营计划,就能在很大程度上吸引投资人的关注。

3.1　企业如何获得天使投资

风险投资市场曾涌现出不少商业奇迹，让创业者对天使投资充满了信心。然而，真正能拿到天使投资资金的创业者只占非常小的比例，大多数创业者最终都未能成功融资。

随着风险投资流程越来越标准化，企业创业者需要不断丰富融资经验，才能脱颖而出。

3.1.1　天使投资人去哪找

当创业者有了不错的技术、方法，却苦于没有机会和资金去创业，那么找到天使投资人不失为好方法。

天使投资人有不同的背景，例如风险投资家、企业投资者、富有的个人和天使基金会的领导成员。他们通常富有商业经营经验，不仅能投资，还能为所投资的初创企业担任顾问，这对于首次创业者来说，可能是除资金外的更大的帮助。

创业者应如何找到这些天使投资人呢？

1.　寻找校友

对于在校期间的创业，校友无疑是非常好的天使投资人，有些高校甚至成立了专门针对学生创业的天使投资基金，创业者可以多关注类似信息。由于校友与创业者有相似的教育背景，在同校标签的加持下，天使投资人可能更加容易认可创业者的创业想法。

2.　加入创业社群

准备创业之前，创业者对如何将创业想法整合为好的商业模式、如何撰写商业计划书、如何和投资人洽谈、如何准备接受尽职调查等细节，大都不甚了解。

此时，加入创业社群是学习创业知识的良机。加入创业社群，除了能了解创业前期工作，创业者还能直接和投资人进行沟通。

一些天使投资人会"化身"为创业社群的指导老师，既传授知识和经验，也寻找"璞玉"，从而大大降低他们的工作成本和投资风险。因此，创业者有必要深入创业社群寻获自己的伯乐。

3. 向专业投资机构自荐

向专业投资机构进行自荐，也是寻找天使投资人的有效方式。国内天使投资人前30名榜单，在业内具有相当高的认可度，创业者可以通过互联网了解榜单具体信息，并在榜单内挑选可能对你感兴趣的投资机构。

确定对象后，创业者有两种方式可以和投资机构进行沟通，第一种方式是直接上门面见投资人，这种方式较为直截了当，优势就是可以直接和投资人进行面对面沟通，是较为高效的沟通方式。创业者只需要在投资机构的官网上寻找联系方式进行预约即可。其缺点则是，由于知名的投资人工作非常繁忙，创业者见到的可能是非决策人员，例如投资助理、办公文员等人员，他们在投资领域的见地、眼光和投资人有一定差距，如果他们没能发现投资项目的真正亮点，那么即使是好的投资项目也会被束之高阁。

第二种方式则是通过邮件，将商业计划书发给投资机构。邮件方式的优点是时间成本很低，创业者可以同时以"海投"的方式，将商业计划书发给多个投资机构。缺点则是，投资机构的邮箱每天都会收到大量的商业计划书，除非商业计划书开头就吸引人，否则投资人很难有精力和耐心看完商业计划书，很容易错过良好机会。

4. 参加各类社交活动

很多天使投资人会经常组织各类分享会、投资峰会、路演、派对等活动，创业者需要多多参加类似活动，主动和天使投资人攀谈，形成印象、加深了解，并争取在最短时间内抛出自身项目的市场亮点，从而获得和天使投资人进一步沟通的机会。

无论哪一种方法，都需要创业者大胆尝试，持之以恒，只要是真正的好项目，最终都会遇到伯乐。

3.1.2 天使投资人的类型

说到天使投资人，你联想到的画面，可能是那些穿着笔挺西装，在写字楼里叱咤风云的成功人士。其实不是的，天使投资人的身份多种多样，而且不同类型的天使投资人的投资风格、投资理念、收益要求有很大的差别。以下为常见的几种天使投资人类型。

1. 金融投资者

常见的金融投资者组织形式，包括私募股权投资基金和天使投资机构。无论是何种形式，大都是将个人或机构的资金募集起来，再进行投资。因此，金融投资者自身并没有大量资金，而是通过募集资金后交由基金经理进行投资，所以其普遍活跃在二级市场。

金融投资者的工作意义，是将投资项目运作上市或并购后获得管理分红。由于上市或并购的要求和难度都很高，因此金融投资者对投资项目具有明确的发展预期和规划。如果企业未来发展的规模不够大，达不到上市或并购的标准，金融投资者基本不会对此类企业产生兴趣。

金融投资者的市场嗅觉非常敏锐，不仅善于抓住市场机会，而且可以在不利情况出现时全身而退。因此，金融投资者并非投资企业发展的整个生命周期，而是会选择预期收益最高的发展阶段进行投资，例如只投资前期或只投资中后期。

2. 产业投资者

产业投资者一般属于大型企业或实业集团，这些企业处于行业领先地位且规模较大、实力较强，往往会拿出一部分资金成立投资公司或基金。

大部分产业投资者对外投资是为了服务原有产业。例如，一些大型建筑工程公司为控制成本和质量，往往会投资相关的制造企业，以达成"1+1 > 2"的效果。因此，产业投资者投资方向性很强，通常只找和自己原有产业有协同效应的企业。

还有一类产业投资者，他们投资不仅是为了和原有产业产生协同效应，还希望利用投资获得可观收益。该类产业投资者的资金普遍来源于本身经营的企业，其投资风格则直接体现创业者的经营理念或其企业的战略规划目标。

以国内互联网巨头腾讯为例，为进军电影产业，扩大"互联网＋娱乐"的商业版图，腾讯成立了企鹅影业和腾讯影业两家公司，并且投资了多部电影和多家知名电影制造公司。随着我国影视产业的蓬勃发展，在市场竞争激烈的情况下，腾讯公司的电影板块依然能保持每年20%的增速。

3. 个人投资者

个人投资并不单指一个人投资，还可以是多人合伙投资。个人投资者的资金大多来自早期的财富积累，但由于缺乏专业的投资知识，对投资项目的选择、评估、风险、财务、法务等都知之甚少，所以这部分投资者的投资风险容纳度很低，并不是抗风险能力强的投资者。当个人投资者对需要融资的项目感兴趣时，个人投资者可以将融资项目与理财产品进行对比，当融资项目的收益比市面上大多数理财产品高时，个人投资者可进行投资。

A公司是当地较大的亚麻籽油制造工厂，由于油品质量出众，A公司管理者李先生决定扩大规模，引入四条先进的国外生产线提高制油速度。但由于A公司去年原材料和其他固定资产投入巨大，公司内部资金不足以支撑扩大规模。为了抢占市场份额，李先生决定以融资的方式获得所需资金。李先生先后找了多个个人投资者，但都没有谈拢。后来李先生发现，个人投资者的投资理念大多很保守，他们选择项目的要求并不高，但都希望获得较为理想的收益，至少要保证不能亏损。

李先生在了解到个人投资者的想法后，以亚麻籽油的市场前景为切入点，分析A公司的预期收益，结果很快就融到了资金。

3.1.3　如何找到适合自己的天使投资人

有了创业项目和产品后，创业团队需要大量资金来完成项目体系的搭建。然而，初创企业普遍存在规模小、知名度低、抗风险能力弱等弱点，因此很难被天使投资人发现。创业者需主动出击，寻找和自己匹配的天使投资人。

创业前，不少人认为拥有一份精美的商业计划书，进行几场优质的路演就能找到天使投资人。当市场上的创业项目还不是很丰富时，投资人的确热情高涨，这种情况确实可能会发生。但在投资日趋机构化和专业化的今天，天使投资人看到、听到的项目数不胜数，初创企业想轻松获得天使投资的难度可以说是巨大的。

因此，如果你的产品和项目足够好，不妨采取直接出击的方式，这样能更快地找到合适的天使投资人。

（1）转介绍。转介绍是很传统的方式，但却是最有效的推介方式。如果你身边有获得过天使投资的创业者，那么你可以让他们帮忙介绍天使投资人。由于获得过天使投资的创业者已经和天使投资人建立了信任关系，因此让他们转介绍可以提高融资的成功率。

当然，即使是转介绍，也不可能保证融资成功。但天使投资人的资源一般都比较丰富，因此在被天使投资人拒绝的时候，创业者可以顺带问问是否能推荐其他天使投资人或投资机构。如此一来，即使原先的天使投资人不感兴趣，初创企业也能获得更多的天使投资人资源。

（2）借助互联网渠道了解。在信息化时代，投资机构早已实现了线上宣传、运营，因此，很多投资机构会在多种传播媒介上留下联系方式，例如官网、微博、公众号等渠道。初创企业可以多联系与自身项目有关的投资机构，提高项目的精准曝光率，争取早日获得融资。

（3）自我宣传。人们常说"是金子总会发光的"，如果创业者对自身项目有十足的信心，可通过常见媒体渠道进行自我宣传。

以前，由于初创企业的资金不太充裕，很多创业者觉得通过宣传媒体进行曝光，支出太多，便不敢尝试。但在互联网自媒体时代，每个人都有主动发声的机会，很多宣传平台都是免费宣传的。只要你的项目足够吸引人，产品足够好，便可以吸引专业人士的关注，其中不乏对项目感兴趣的天使投资人。

（4）联系创投平台。为帮助创业者获得天使投资人的融资，投资市场诞生了很多创投平台。一些大型创投平台不仅拥有丰富的融资渠道，也和很多天使投资人建立了坚实的信任基础，因此有能力帮助初创企业快速找到合适的天使投资人。

李先生大学毕业后成立了一家文化创意公司，由于看好国内潮玩和动漫周边市场，李先生想借鉴国外火热的"盲盒"形式进行销售，但由于资金有限，无法进行规模化生产，也无力购买热门动漫人物的版权。于是李先生找到了创投平台A，想通过融资的方式来获得资金。创投平台A对李先生的项目进行诊断后，认为国内潮玩文娱领域还有大片市场空白，此时是进军的大好时机。创投平台A在帮助李先生制作商业计划书和可行性分析后，精准地对接到了天使投资人王先生。王先生对该项目非常感兴趣，在与李先生深入长谈后，决定投资500万元支持李先生。

李先生拿到资金后，购买了多个热门动漫人物的版权，然后迅速投入生产。产品面世后，"盲盒"概念深受年轻人喜欢，李先生的公司因此迅速发展，王先生也因此获得了丰厚的收益。

每个天使投资人都有熟悉的领域和方向，而且对融资项目的专业性要求会很高，除了天使投资人的要求以外，创投平台为提高融资的成功率和项目的质量，也会对融资项目进行严格的审核和诊断，以此根据融资项目特点和天使投资人需求进行匹配。因此，初创企业不妨根据项目性质，寻找适合的创投平台，这样可以加大融资成功的概率。

3.1.4　如何处理好与天使投资人的关系

创投市场内，企业创业者和天使投资人的关系情况，会直接影响融资走向，并影响企业从中获得的收益。因此，企业的发展势头，不仅取决于创业团队的管理能力，也受创业者与天使投资人关系的影响。

很多创业者误认为，在确认天使投资人后便无须维护双方关系，只要努力经营，让天使投资人能拿到对应收益即可。其实，这样的理解是片面的，天使投资人不仅是投入资金而赚钱的"外人"，也应被看作企业的联合创业者，属于企业的重要成员。

一般来说，天使投资人投资一个项目，不单单是看好该项目的前景，往往还因为其掌握该项目急缺的资源。因此，创业者处理好与天使投资人的关系，有利于发现和获得更多发展机会。

以下为创业者在与天使投资人合作时需要注意的几个关键点。

（1）随时保持联系。很多创业者在天使投资人投资之后，就全身心地投入工作，不再联系天使投资人，这样的做法会让天使投资人感觉自己被疏远了。实际上，创业者应与天使投资人随时保持联系，多与天使投资人交流企业或业务的状况。

（2）管理天使投资人的期望值。投资前，天使投资人会考虑企业未来价值，所以会带着较高的期望值看待企业。但在合作后，天使投资人的观察范围会开始扩大，不仅会看到好的一面，还会看到不足的一面，随之而来的则是期望值降低。

创业者需要随时关注并适当管理天使投资人的期望值，让天使投资人确信企业前景广阔的同时，也接受不可避免地遇到困难的情况，让天使投资人相信所有人都会努力攻克难关，共同达成目标。

（3）共同管理预期目标。创业者融资的目的，在于借助资本快速发展，而投资人关注的是企业的估值或收入，两者的共同点在于着手推动企业的成长。因此，创业者要善于与天使投资人沟通，及时反馈导致企业发展受限的因素，让天使投资人积极参与和协助管理企业。

（4）诚信。创投市场中存在着难以回避的事实，即大部分项目早期都是"百孔千疮"的。某些创业者为了快速获得融资，常常会做出过高的承诺，这种做法虽然增大了获得融资的概率，但当企业到期无法实现承诺的收益时，创业者的信用也会随之崩塌。

2018 年，曾在国内互联网大厂担任技术总监的李先生创办了一家游戏公司，并找到了投资机构的董事长王先生寻求投资。当时，王先生对李先生公司的主营业务——社交游戏的概念并不了解，但经过两次交谈后，王先生决定投资 50 万元。这是王先生在游戏领域的第一笔投资。四年后，李先生的公司被一家投资机构以 18 亿元收购，王先生因此获得 5 亿元回报。

后来有人问王先生为何当时如此看重李先生的游戏公司，王先生说："其实我当时并不了解游戏领域，但在和李先生交谈时我发现他跟其他创业者很不一样。他真诚地告诉我公司遇到的问题，并且较准确地估算未来几年可能实现的收益。而很多创业者在交谈时常常高谈阔论。在我投资后，李先生仍然与我保持密切的联系，虽然我没有直接参与公司管理，但我却对公司状况了如指掌，所以在遇到问题时，我都力所能及地帮助他。李先生是一个善于维护与投资人关系的人。他能有今天的成功，我觉得很大一部分源于他的诚信和善于沟通。"

诚信是企业的生存之本，如果创业者不讲诚信，企业必定难以实现长远发展。正确的做法是"说到做到"，创业者如实反映企业的发展状况和预期业绩，天使投资人会觉得创业者真诚可靠，值得合作。

3.1.5　创业者应该提防的四类天使投资人

天使投资人不仅能为创业者带来资金，还能带来很多丰富的资源，然而，每个行业都有"负能量"，作为离金钱和梦想最近的行业，创投市场在帮助很多创业者实现事业梦的同时，也存在很多"负能量"，很容易导致创业者上当受骗。

创业者在遇到以下四类天使投资人时，一定要多加提防。

（1）空口白牙型投资人。大众创业风潮席卷而来，市场上涌现了数以万计的创业者。一些"投资机构"，实质上只是空壳公司，抓住创业者急需资金的心理，借考察、诊断融资项目的名义，指出项目中的问题，并要求创业者做出修改后再考虑融资。由于创业者缺乏经验，往往会采纳这些"投资机构"的建议。此时，"投资机构"会介绍相关"资深"律师、会计师给创业者，创业者不得不因此缴纳高额的费用。

另一种空口说白话的投资人，会假意全方位地衡量融资项目，在评估后告诉创业者这个项目前景广阔，但是由于融资金额较大，目前无法承担。在创业者失望之余，他们会"热心"表示，可以将创业者介绍给大型投资机构。转介绍到所谓的大型投资机构后，创业者会被诱导签署高额的收费协议。实际上，这些所谓的投资机构根本没有意向投资项目，其往往是通过坑蒙拐骗来获取"介绍费"。

创业者融资时，应尽量找专业的天使投资机构或知名的天使投资人，同时通过各种渠道了解天使投资人的过往经历。这样不仅能避免上当受骗，还能充分了解天使投资人的投资喜好。

（2）恶意压价型投资人。这类投资人在看中项目后，不会对创业者提出过多的要求，最多只是象征性地议价，因此双方很容易达成一致。为了充分展示自己对项目的重视，投资人还要求创业者签订"独家协议"，也就是该项目不再接受其他投资人投资。创业者为了快速获得融资，往往会同意投资人的要求。但到了项目正式启动时，投资人又可能以"账期未到""周转不开"等理由拖延资金到账时间，创业者因为无法再接受他人的投资，只能硬着头皮运营企业。

而当资金问题较为严重时，投资人会再以企业估值下降的名义拒绝出资或者借此机会签署一系列不平等协议。

这类投资人的恶意压价行为，对创业者的损伤极其严重。创业者在签署投资协议时，必须邀请熟悉资金、法务、税务等领域的专业律师进行把关，避免不法投资人乘虚而入。

（3）鸠占鹊巢型投资人。投资人在创投市场的经验相对丰富，而创业者在金融、法律、财务等方面都处于弱势地位，在签订投资协议时，很容易因缺乏经验陷入投资人的文字陷阱，导致签署影响自己权益甚至丢失控制权的协议。

在签署协议后，这类投资人会按约定进行投资，但当企业发展到一定阶段后，投资人会找出当初签署的协议条款，将创业者扫地出门，成为真正的掌权人。

鸠占鹊巢型投资人和恶意压价型投资人相比，恶意压价型投资人要的是"钱"，而鸠占鹊巢型投资人更多的是为了"权"。

（4）盗取项目型投资人。这类投资人会表现得对项目充满兴趣，经常和创业者深入探讨，这实际上是打着考察的名义盗取创业者的核心技术和商业模式。在充分获取项目的信息后，投资人或者转手倒卖，或者自立门户。无论这类投资人做出何种选择，创业者都很难与他们抗衡，最终导致项目竞争失利。

多年来，融资市场上不乏此类投资人。对于创业者来说，此类投资人较难分辨，这是因为投资人在融资前对项目深入了解是合情合理的。为了避免掉进此类陷阱，创业者需要时刻保持警惕。

3.2　风险融资的规划与运营策略

目前，我国资本市场体系尚未完善。而大部分风险投资的需求者，又是一些刚刚起步的中小企业，严重缺乏风险投资的经验，在融资的过程中会遇到很多问题。为了增大风险融资成功的概率，创业者需要提前了解融资过程中可能遇见的问题，并加以积极规避。

3.2.1　面对投资人，创业者该要多少钱

在见到投资人之前，很多创业者并未弄清楚自己需要多少融资，以至于投资人询问具体金额时，创业者的答复居然是 1000 万元到 5000 万元都可以。可想而知，这样的回答，很大概率会使投资人失去投资的兴趣。

面对企业未来一到三年的发展，甚至是到达下一个里程碑之前的路径，创业团队都应形成清晰的资金使用规划，这是因为不同阶段的发展规划所需要的资金是不一样的。

以融资金额 1000 万元和 5000 万元为例，二者相差 4000 万元，融资规模会有很大差距，这意味着创业者对资金使用计划、企业的股权估值、资产评估、股权架构、董事会的结构安排、公司决策权的安排等各方面工作的设计，都会存在很大的不同。

创业者融资金额的多少，和所需资金直接相关，即创业者要完成下一阶段的目标需要多少钱。如果创业者说不清楚具体的资金量，实际上就是对项目缺乏清晰的规划、准确的描述，这甚至意味着创业者抱有"投资人给多少钱，就干多少事"的态度，这样去和投资人谈合作，很难走得通。

此外，企业估值也和融资金额紧密相关，企业估值并非创业者拍脑门决定的，而是根据项目所在行业的公允价值决定的。根据融资项目所处阶段的不同，企业估值对融资金额的影响的差异也很大。

1. 种子轮金额

此时，项目通常还只是停留在思路阶段，缺乏成熟团队与具体产品，种子轮的投资人基本上也只是创业者身边的亲朋好友，或者少数职业种子轮投资人。

种子轮的融资金额在 100 万元与 200 万元之间，不会超过 300 万元。种子轮融得的资金一般作为企业的启动资金，是用来帮助创业者启动项目的。

2. 天使轮金额

在天使轮，创业团队已经初步建立，企业商业规划初具雏形，项目随之运转且有一定数量的核心客户。同时，由于商业模式尚未完全建立，天使轮的融资金额，除个别具有创新性的项目外，很少能达到千万元，普遍在 300 万元到 500 万元之间。

3. Pre-A 轮金额

Pre-A 轮介于天使轮与 A 轮之间。此时，融资项目已经具有一定的规模且运营数据良好，但项目发展水平仍未到达行业前列。投资人为了帮助项目更快地走到行业前列，会在前期续投一部分资金，金额大概在 500 万元到 1000 万元之间。

4. A 轮金额

A 轮融资又称第一轮融资。此时，产品已经定型，经过一段时间的运作，商业模式已经建立，并且企业在业内具有一定的地位和口碑。投资人对 A 轮融资参考的指标非常广泛，常见的参考指标有复购率、利润率、日活、月活、利润率等。A 轮融资的难度比较高，往往只会发生在具有一定地位的企业中，融资金额也比较大，一般在 1000 万元到 6000 万元之间。

5. B 轮金额

经过市场验证，项目未来发展前景良好，但由于 A 轮期间一直处于"烧钱"阶段，企业需要通过拓展新的业务链实现更快盈利，此时仍需要大量的资金来支持项目的发展。因此 B 轮融资的金额往往非常大，一般在 6000 万元以上。

6. C 轮金额

此时，项目运营成熟，并且已在细分领域接近龙头地位，企业的目标是上市。但由于上市的各项审核较为严格，企业需要大量资金来完成商业闭环，因此融资金额往往是数亿元，甚至是数十亿元。

7. C+ 轮金额

C 轮之后的融资大多属于战略级投资，投资人投资的目的是获得更多的股权与行业话语权，此时的融资金额往往在数十亿元以上。

3.2.2 什么是对赌协议

对赌协议是投资协议里的常见规定。在融资过程中，投资人与融资方存在信息不对称，为了保护自己的权益，投资人会要求融资方签订对赌协议。

根据对赌的条件不同，对赌协议可以分为以下六大类。

1. 股权调整型

股权调整型是投资协议里常见的一种对赌形式，其主要内容是假设融资方到期没有实现对赌协议里规定的业绩指标，融资方的创业者或创始团队将无偿或者以较低的价格将一定的股权转让给投资人。

相反，如果创业者或创始团队到期能达成约定的业绩指标，投资人同样需要无偿或者以较低的价格将股权转让给创业者或创始团队。

国内著名的餐饮连锁品牌俏江南成立之初异常火爆，七年时间便创造了年营收 10 亿元的成绩，张兰也因此登上著名餐饮富豪榜。但张兰不满于现状，一心想要俏江南上市。

为融得资金，让俏江南快速上市，张兰不惜和鼎晖资本签订了对赌协议。协议规定，鼎晖资本将向俏江南投资共 2 亿元，但俏江南必须在四年内上市，否则俏江南将归鼎晖资本所有。张兰若想赎回俏江南，就得以 4 亿元回购股份。

张兰当时一心想着上市，没有权衡得失，为此付出了惨重的代价。四年后，俏江南没有上市成功，张兰被迫卖出自己所持股份。之后，鼎晖资本将张兰的股份出售给 CVC。在后来经营中，由于张兰与 CVC 经常产生分歧，张兰逐渐被孤立，直至完全丧失话语权。到了 2015 年，张兰甚至被自己一手创立的俏江南告上法庭，这也代表着俏江南完全不属于张兰了。

在这个案例中，张兰使用的对赌方式是股权调整型，但因张兰缺乏融资经验，最终导致将一手创立的俏江南拱手让人。创业者在与投资人签订对赌协议时，一定要对企业未来的发展做好规划，避免出现"赔了夫人又折兵"的事件。

2. 现金补偿型

现金补偿型指如融资方在约定时限内无法实现对赌协议规定的目标，创业者或创始团队需要支付投资人一定的现金补偿。反之，如果规定的目标达成了，投资人则需要向创业者或创始团队支付一定的现金补偿。

3. 股权稀释型

股权稀释型是通过增发股份的方式进行对赌。当创业者或创始团队在规定的时间内无法达成规定的业绩指标时，目标公司将以极低的价格向投资人增发一部分股份。这种方式会导致创业者或创始团队的持股比例被稀释，投资人的持股比例相应增大。一旦股权稀释比例过大，创业者或创始团队将失去对企业的控制权，因此企业采取这种方式进行融资时应十分谨慎。

4. 股权回购型

股权回购型指当创业者或创始团队没有完成业绩指标时，目标公司的实控人需回购投资人手里的全部或部分股份。回购的金额一般是投资人投资时的金额再加上年化收益。

这种对赌方式对于创业者来说并不友好，因为其他的对赌方式都是以股权或者现金进行补偿，而股权回购型条款一旦触发，则需要创业者用真金白银对投资人进行补偿，这往往会给创业者带来巨大的资金压力。

5. 股权激励型

股权激励型的对赌方式重在激励。当目标公司无法完成规定的业绩指标时，创业者或创始团队需要以无偿或极低的价格拿出部分股份来激励管理层。当目标公司能够完成规定的业绩指标时，则需要投资人拿出股份来激励管理层。

6. 股权优先型

股权优先型指的是当对赌失败时，投资人可以获得股权的优先分配权或者增加相应的股东权利，例如一票否决权等。

3.2.3 如果被投资人拒绝了该怎么办

对大部分创业者来说，融资并不是一件容易的事，被投资人拒绝是常态。创业者在融资时可能经常会遇到这样的情况：好不容易找到了投资人的电话联系方式，打算通过电话的方式商讨融资，但投资人的回复往往是"正在忙""稍后再说"，之后便杳无音讯。创业者每轮融资都需要见大量的投资机构或投资人，大部分情况下都会被拒绝。这是因为投资人了解项目时，需要综合考虑创业者或创始团队的背景、资历等各方面的因素，即使项目本身很好，投资人也不一定会投。但创业者不能因此怀疑自己的能力或项目，而是要总结被拒绝的经验，争取在下次谈判中提高融资的成功率。

一般来说，被投资人拒绝有以下几种原因。

1.　投资人不看好创业者或创始团队

投资人在了解项目时，会先关注创业者或创始团队的经验、背景、实力、能力等要素。如果创业者或创始团队没有体现一定的专业性，投资人大概率是不会投资的。当投资人不看好创业者或创始团队时，创业者或创始团队需要竭尽一切力量展示个人魅力或团队的实力，争取让投资人产生兴趣。

2.　投资人不看好融资项目

每个投资人都有自己的投资偏好，当投资人对项目所在领域不够了解时，一般不会有投资的兴趣。此时创业者或创始团队应该将项目概况、发展前景以通俗易懂的方式传达给投资人，并以企业即将要对接资本市场作为洽谈筹码，提高融资的可能性。

3.　投资人对企业的财务制度不放心

财务制度是否规范，会影响企业是否能顺利融资。如果企业的财务制度不够规范，投资人会认为创业者或创始团队缺乏融资经验与资本运作经验，自然会对项目失去信心。因此，创业者或创始团队要聘请专业的机构或人员，梳理企业的财务状况，规范企业的财务制度。

例如，很多创业者在创业之初都会发生一个错误，就是没有将企业的收入与个人的收入实质分开，这样的做法不仅会导致企业财产归属权混乱，还存在着涉税风险，影响企业信誉。

4.　投资人对企业赚钱后怎么分没有底气

一般来说，企业赚的钱，投资人可以按照入股比例拿到相应的分红。如果企业的股东较多，分红体系比较成熟，投资人一般不会有赚钱之后怎么分的疑问。但一般创业型企业的股东只有两三个人，大家在分红时很容易产生分歧，导致投资人产生担心心理。为此，创业者或创始团队对于投资人投资后的分红比例以及各项权益，一定要做出十足保障。

5.　投资人不清楚如果企业赔钱了该怎么办

创业存在风险。投资人因为看好企业的前景而进行投资，但如果企业经营不善，最终亏损或破产，投资人也会因此受到不小的损失。为了降低投资人的投资风险，给予投资人相应的权益保障，创业者应通过协议进一步承诺，当企业赔钱导致亏损或倒闭时，企业账上的钱会优先赔付给投资人。

6. 投资人没有钱

投资人常常会同时投资多个项目，当投资人对项目感兴趣但是资金不足时，创业者不应就此作罢，而是应该通过与投资人深度沟通，建立良好的合作关系，询问投资人身边是否有其他朋友对此项目感兴趣。优秀的投资人在投资市场普遍比较活跃，或多或少会与其他投资人打交道，因此创业者完全可以借此机会帮助企业找到更多的投资人或融资机会。

3.2.4　如何与投资人做好融资谈判

商业计划书是项目融资的敲门砖，融资谈判的结果，不仅能直接决定创业者融资的成败，也影响其能融到多少资金。

2015 年，正值创业高峰期，曾在国内著名网络科技公司担任技术总监的李先生打算离职创业，李先生联合几个合伙人凑够了 500 万元启动资金，但不到半年就花光了所有钱。

为了维持公司的生存，李先生和创始团队只能一边接外包业务一边寻找投资人。李先生一直想打造一个颠覆性的知识付费平台，于是李先生和团队前后共花了两个月的时间推翻重构平台系统。

2016 年年底，国内排名前三的知识付费平台纷纷找到了李先生，于是李先生在天使轮便获得了 300 万元人民币的投资，随后在 A 轮融得资金 3000 万元人民币，李先生的公司估值上升，在 D 轮时，融资金额已达到 1 亿美元。

短短两年时间，该公司成为知识付费行业的奇迹。但李先生也被投资人拒绝过上百次。

李先生说："被拒绝是正常的，因为投资机构是没时间听你的情怀的，他们要的是增长空间。因此你需要在每次被拒绝后总结经验，为下一次谈判做好准备，这样你才有成功的可能。"

正是因为李先生在多次的融资谈判中积累了丰富的经验，李先生在后来的融资过程中更加顺利，屡次创造行业奇迹。

创业者在和投资机构谈融资时，首先应清楚地知道，和机构达成合作前，双方还不是合作伙伴，而是谈判对手。面对对手，在融资谈判中，创业者就应积极准备，做好以下工作。

1. 前期准备

知己知彼，百战不殆。创业者在进行融资谈判前要做好收集和研判工作，才能有针对性地准备谈判策略。其中具体需要了解的内容包括投资机构的风格、特点、规模、资金来源、资金期限、投资偏好、投资历史等。在与一些大型投资机构谈判时，还需充分了解投资人在机构内部的职位、推动项目的能力以及投资倾向程度等相关信息。

总而言之，前期准备得越充分，投资人就越能认同创业者的专业性，从而提高融资的成功率。

2. 谈判预演和模拟

预演和模拟是对融资谈判时可能出现的问题进行提前演练，例如投资人可能会问到项目的技术路线是如何实现的、当前产品与竞品的区别、项目的发展趋势、项目的优缺点、上下游产业链完善程度、宏观环境影响等细节问题。如果创业者没有进行预演和模拟，仅靠临场发挥是很难说服投资人的。相反，如果提前准备了，当投资人问到时，创业者可以非常详尽地分析，那么投资人对此项目的印象会更深刻。

3. 陈述重点时要突出差异化

当创业者与投资人正式谈判时，为了突出项目的核心亮点，创业者的表述应主次分明。对于能吸引投资人的要素，例如创始团队成员的背景信息、企业目前所处的竞争格局以及项目自身的亮点等信息要重点表述。在谈判过程中，要让投资人清晰地知道企业是做什么的、项目解决了哪些问题，以及明确产品的规划与目标。

需要注意，创业者在表述的过程中，切忌泛泛谈论行业局面、未来规模，而是应有理有据，给出具体的数据来源，这样才能充分说服投资人。

4. 谈判时要摆正位置

技术型的创业者的市场经验虽然不及投资人丰富，但技术型创业者在技术领域有优势。市场型的创业者则容易抬高投资人，导致自己在谈判时心理地位处于劣势。因此，企业创业者一定摆正位置，不卑不亢，尊重投资人，把融资谈判当作一次探求合作的过程。

5. 回访和跟进

当前，创投市场的融资项目多如牛毛，投资人每天都要见许多的创业者。如果在沟通后创业者未能及时跟进，很容易导致项目被遗忘。为此，创业者要做到当天感谢、次日跟进、次周讨论。除此之外，创业者还可以从不同渠道跟进反馈，从不同层面了解投资人对项目的态度，这样有利于随时了解项目所获得的评价，便于创业者改进谈判策略。

6. 端正态度，客观看待成败

创业者为了融到资金，常常需要和数十家甚至上百家投资机构谈判。当谈判失败时，创业者无须气馁，因为每个投资人都有自己的投资偏好，谈判失败可能只是因为投资人刚好对当前项目所在领域不感兴趣，切忌为了迎合投资人而随意改变项目规划，否则会导致项目成为"四不像"。正确的做法是及时反思在谈判过程中出现的问题，总结经验，为下一次谈判做足准备。

3.3 投资条款清单（TS）

投资条款清单（Term Sheet，TS），是创业者和投资人就未来的投资合作所达成的原则性约定。目前，在风险投资市场中，投资人为了保护自己的权益，都会要求将投资条款清单作为纲要来起草正式的投资合同。

投资条款清单的具体内容由双方议定，因此投资条款清单的内容标准，在法律上具有相当高的自由度。

3.3.1　估值条款

当创业者与投资人在谈及风险投资时，常常会谈到"企业目前估值"这一敏感话题。相对地，估值条款也非常重要。

估值，指企业整体的内在市场价值。估值是投资人投资的重要依据，不仅代表着企业的价值，还很大程度上意味着投资人今后能分到多大的蛋糕，因此估值条款是投资协议里的核心条款。

估值条款分为投前估值和投后估值两种类型。投前估值指的是投资前企业的估值，投后估值指的是投资额与企业估值的总和。

例如某公司投前估值 800 万元，投资人本轮增资 200 万元，那么投资后该公司的总估值变为 1000 万元，按照出资比例与股权比例完全转化的基础，投资人本轮投资后将获得 20% 的股权比例。

如果某公司投后估值为 800 万元，投资人本轮增资 200 万元，投资人本轮投资后可获得 25% 的股权比例。

由于投资人与融资方存在信息不对称，且投资人在信息的获取上处于弱势地位。为了保护投资人的权益，投资人可以要求与融资方签订估值条款。一般来说，估值条款的签订有以下两种情形。

1. 投资人信服融资方的估值

融资方在和投资人进行融资谈判时，常常会更加乐观地看待企业未来能达到的高度、影响、排名等，对企业估值也比较高。但在投资人看来，只有在协议规定的期限内，融资方能完成相应的指标，估值才能实现。如果融资方无法完成相应的指标，那么企业的估值就会大打折扣，投资人的利益也会因此遭受损失。

虽然双方各有立场，但市场竞争激烈，谁也无法百分百保证企业在未来会有怎样的变化。为了保障自己的权益，投资人在签订投资协议时会以融资方的估值为基础，设立相应的指标，并以指标作为交割的依据。根据协议规定，融资方如果在未来能够完成相应的指标，投资人则保持现有的股权比例；反之，如果到期融资方未能完成相应的指标，融资方则需要以现金补偿或股权转让的方式弥补投资人的损失。

王先生一手创立的家电连锁公司已占据该省 35% 的市场份额。为了实现快速扩张，打通资本渠道。王先生找到了投资机构 A，以 50 亿元的估值进行融资谈判，双方经过多次的洽谈后决定正式合作，并由机构 A 投资 4200 万美元。

投资机构 A 为了保障自己的合法权益，要求签订估值条款。条款的内容主要是：自协议签订之日起五年内，如果王先生的公司到期未能实现 6 亿元的净利润指标，王先生将需要出售或转让部分股权弥补机构 A 的损失。

机构 A 认为以目前的增长速度，王先生的公司在第五年完全可以完成规定的利润指标。但随着扩张速度加快，家电连锁公司的单位销售额不断降低，导致公司总体利润率也在下降，于是到了第五年的时候，王先生的公司仅仅完成了 4 亿元的净利润。

按照当时的估值条款，王先生不得不出售自己 15% 的股权用于补偿机构 A，股权转让后，王先生的股权比例仅仅为 8%，而机构 A 的股权比例达到了 35%，这也代表着王先生完全失去了对公司的控制权，王先生为此后悔不已。

2. 投资人未完全信服融资方的估值

当投资人认为融资方对企业的估值过于理想，而融资方又急需资金实现下一阶段的发展目标时，融资方通常应该选择让步，根据投资人的估值进行融资。但为了保障双方利益，融资方可以要求投资人对将来超出指标的部分进行调整，调整的方式是退回部分股权或者追加相应的投资款。

此外，还有一种特殊的情况：投资人为了确保投资安全，会主动设定业绩指标，当融资方完成指标时，投资人会给予创始团队或管理层相应的股权激励。

3.3.2　清算优先权条款

清算优先权条款是投资协议里的常规条款，其具体内容是当企业发生清算事件或视同清算事件时，投资人享有先于其他股东分配的权利。

签订清算优先权条款的目的是将投资人在退出时的损失降到最低。根据投资人参与权的程度不同，清算优先权可以分为以下三类。

（1）无参与权的清算优先权。即投资人在行使清算优先权时，只享受清算时的优先分配，不再参与后续的分配。

李先生为了公司能够快速扩张，找到了投资人王先生，王先生决定投资 200 万元，获得 10% 股权。双方在签订投资协议时，还签订了清算优先权条款。条款约定回报率为 100%。

第二年，李先生的公司由于经营不善，进入清算环节。经过清算，公司的价值仅有 90 万元，王先生最终只能拿回 90 万元的投资额。

在这个案例中，王先生因为签订了清算优先权条款，所以享有优先拿回投资额的权利，但由于公司清算价值低于投资额，王先生最终只能获得所有清算价值。由于双方签署的是无参与权的清算优先权条款，在公司的清算价值高于王先生的投资额的情况下，王先生只能拿回 200 万元的投资额。

（2）有参与权的清算优先权。即投资人在行使清算优先权后，除了拿回投资的金额，还可以根据持股比例参与后续的分配。

假如李先生的公司最终清算价值为 2200 万元，而王先生与李先生签订的是有参与权的清算优先权条款。王先生不仅可以优先拿回 200 万元的投资额，还能参与 2000 万元的后续分配，根据 10% 的持股比例，王先生还能通过后续的分配获得 200 万元，合计获得 400 万元的清算收入。

（3）有限参与权的清算优先权。即投资人在行使清算优先权后，除了拿回投资的金额，还可以根据持股比例参与后续的分配，但是分配有上限，一般是投资额的 2 到 4 倍。

例如，李先生的公司最终清算价值是 2400 万元，签订的清算优先权条款规定回报上限为 2 倍。王先生可以优先拿回 200 万元投资额，但是在分配剩余的 2200 万元时，王先生最多获得 200 万元，因为根据有限参与权的清算优先权条款，王先生的总回报上限为 400 万元。

3.3.3 领售权条款

领售权条款，又称拖售权条款或强制出售权条款。随着风险投资市场越来越火爆，融资项目鱼龙混杂，为了保护自身权益，大部分风险投资人在签订投资协议时都会要求附加领售权条款。

领售权条款的具体内容是当满足规定的触发条件时，天使投资人有权强制要求企业原有股东以和自己协商好的转让价格向第三方转让股权。一般来说，投资人会要求创业者及管理团队优先出售股权。

1. 领售权的作用

领售权更倾向于保障大股东的利益，帮助大股东更顺畅地退出企业。当大股东准备退出企业时，善意第三方买家希望能购买到更大比例的股权，实现对目标企业的绝对控股。当大股东同意向第三方买家出售全部股权时，如果小股东不随同出售，第三方买家可能会因无法获得全部股权，而直接放弃购买大股东的股权，导致大股东退出失败。因此领售权的实质是帮助大股东扫除退出障碍，提高第三方买家的收购成功率，从而让大股东在股权被收购后获得可观的出售收益。

领售权是投资人安全退出的保障，为了让股权出售，还需平衡小股东的利益。因此小股东在随同出售股权时，出售的价格必须与大股东的出售价格保持一致。一般来说，小股东的议价能力有限，所以随同出售的股权价格往往会比单独出售的股权价格更高，这在一定程度上也保障了小股东的利益。

2. 领售权的限制方式

领售权为风险投资人提供了重要的保护，也能确保天使投资人在合适的时机可以全盘退出。不过，从创业者或创始团队的角度来看，领售权会给企业带来较大的风险，因此在设计领售权条款时，还需要对触发条件和行权范围做出具体的限制。

以下为常见的领售权限制方式。

（1）限制触发条件。领售权的触发条件常常与对赌协议挂钩，即当企业在约定的期限内（一般是五年以上）仍未上市或是企业在经营的过程中出现重大困难，只有出售股权才能保证最低回报率时触发领售权。为保障各股东利益，还可设置出售条件触发后的股票最低价格。

（2）限制恶意行权。为防止投资人恶意行权或与恶意第三方联手收购企业，领售权的行权程序要合法合规，并且进行充分披露。

（3）限制行权时机。只有当出售股权才能保障投资人的利益时，才可以行使领售权。

（4）限制转让对象。为避免第三方公司收购全部股权后形成行业垄断，对市场造成较大影响，企业可以规定禁止将本企业股权转让给竞争公司。

3.3.4　董事会席位

股东会和董事会都是企业重要的决策机构。股东会是企业的真正控制者，但企业的日常经营活动则是由董事会进行具体管理的，因此董事会有更多的机会影响企业的发展。

众所周知，控制权体现为控制企业日常经营的权力，而想要掌握企业的管理权、财务权，首先需要抓住人事权。董事会能直接任命高管团队，董事会席位也就成了各个股东和投资人的必争之地。

大多数投资人都希望融资方给予董事会席位，而在企业经营管理实践中，围绕董事会席位的明争暗斗也非常激烈。这是因为董事会不仅掌握企业控制权，也控制企业融资规划的命脉。

2015 年，万科和宝能系的"万宝大战"成为整个资本市场的焦点。万科自从股份制改革后，股权非常分散，让很多意图控制万科的人看到了机会，宝能系就是从中异军突起的"野蛮人"。

宝能系之所以斥巨资不断收购万科股权，不是为了进行简单的财务投资，而是觊觎万科的董事会席位，虽然宝能系随着持股比例的增大，今后很有可能在董事会中占有一席之地，但并没有达到能影响董事会决策的地步。为了掌握对万科的控制权，宝能系成为万科的第一大股东后做的第一件事便是提出召开股东大会，并审议罢免全体董事，虽然最终万科董事会召开会议，表示反对召开股东大会，但仍能从中看出宝能系对万科的董事会席位觊觎已久。

当时，宝能系在万科的持股比例达到 23.52%，稳坐第一大股东的位置并意图控制万科。但万科董事会在"万宝大战"中一直占据主动位置，即使股东大会和董事会之间前后斗争了两年，但最终还是以董事会的胜利作为结束。

该案例中，万科的胜出，取决于万科的股权顶层设计和公司章程的设计。完善的设计，使得万科在遭遇股权大战时，以王石为代表的万科董事依然能够对公司进行战略管理和决策安排。相反，如果董事会席位设计存在缺陷，万科很有可能在这次"万宝大战"中落入宝能系手中。

3.3.5 一票否决权条款

一票否决权是指小股东为了牵制大股东，保护自身利益而设置的权利保护机制，多于董事会和股东会中行使。一些小股东，例如投资机构，在融资谈判时往往会要求具有这个权利，便于对其认为不利于企业发展和不利于自身利益的决策实行一票否决。一票否决权的权利范围非常大，只要握有一票否决权的股东不同意，即使是持股比例最大的股东也无法干扰这个决议，因此创业者在与投资方签订一票否决权条款时一定要十分谨慎。

1. 如何获取一票否决权

一票否决权的获得和行使，分为股东会和董事会两个层面。在股东会中，公司法规定，一些重大的股东会决议必须要三分之二以上的股东同意方可通过。如果一个股东拥有 33.34% 的股权比例，相当于就拥有了一票否决权。除了通过绝对控股比例拥有一票否决权外，企业还可以通过公司章程给予某个股东一票否决权，但给予时需所有股东同意。

董事会层面的一票否决权与股东会的类似，区别在于股东会的决策以股权比例为准，而董事会的决策则是按人论票。每个董事都有表决权且权利相等，只要股东在董事会中拥有三分之一以上的席位，即可自动获得一票否决权。例如，董事会总共有 5 个席位，某个股东有 2 个席位，就相当于拥有了一票否决权。

与股东会类似，董事会也可通过公司章程直接指定某个董事拥有一票否决权。

2. 一票否决权的适用范围

一票否决权并不适用于企业内所有事务。在股东会中，一票否决权适用的事项分为法定事项与非法定事项。法定事项指的是公司法里明确规定的必须经三分之二以上的股东表决通过的事项，例如修改公司章程、变更注册资本、变更企业形式。除了法定事项，其余的都可默认为非法定事项，企业可以在公司章程里自主约定具体的事项需要多少表决权才能通过。而对于董事会，公司法没有明确规定一票否决权的适用范围，因此具体事项可以在公司章程中约定。

3. 使用一票否决权时的注意事项

一票否决权可以保障投资人的利益，但同时也会给企业带来风险，因此创业者在使用时要注意以下事项。

（1）企业性质。有限责任公司公司章程的自治空间比较大，公司可以在法律允许的范围内自主规定股东会和董事会的一票否决权。而股份制公司普遍遵循少数服从多数的决策原则，一票否决权会影响决策公平，因此一票否决权在股份制公司中很少使用。

（2）权限范围。《中华人民共和国公司法》对股东会和董事会的权限范围进行了明确的规定，有限责任公司可以在公司章程中约定具体事项的一票否决权，但不能逾越《中华人民共和国公司法》的规定，否则即使公司内部通过，一票否决权依然无效。

（3）防止投资人滥用一票否决权。为防止投资人滥用一票否决权，恶意促成对赌事件，导致企业遭受损失，创业者在投资协议中一定要加入防止投资人滥用一票否决权的条款，尤其是正在谋求上市的企业。一票否决权可能会对企业控制权造成影响，导致上市周期重新计算，从而给企业带来严重的后果。

3.3.6　增资权条款

投资人投入资金的方式，包括股权转让和增资扩股两种，二者虽然都能让投资人成为企业股东，但方式和后果有很大差异。其中，股权转让是常规的投资方式，其实质是股权所有人的更换，企业并没有受益，获益者为出售股权的股东。股权转让这一投资方式有利于股东变现，适合比较成熟的企业。

对于初创企业而言，创业者一般都会选择增资扩股的方式。这种方式下，企业通过新增注册资本，让投资人认购新增资本，再将资金以投资款的形式注入企业中，这部分资金用于企业的日常管理和经营开支。

例如某公司的注册资本是 200 万元，投资人估值是 2000 万元。当投资人投资 400 万元时，可持有 20% 的股权比例。在原股东不需要再另行增加注册资本的情况下，投资人可以把公司的注册资本提高到 250 万元，投资人拥有 20% 的股权，所以需要实缴出资 50 万元。投资人总计投入的 400 万元当中，50 万元计入实收资本，350 万元计入资本公积，全部由公司自行支配。

通过以上案例可知，采用增资扩股的方式进行融资，能使企业在短时间内获得大量的运营资金，有利于初创企业的发展，因此大部分企业创业者都会选择增资扩股的方式进行融资。

增资扩股的方式虽然能给企业带来更多的运营资金，但会稀释原有股东的股份。因此，如果投资人希望在投资协议里加入增资权条款，按照法律规定，必须由股东会、股东大会按照一定的议事方式和表决程序进行表决。对于有限责任公司的增资，需由股东会三分之二以上的表决权通过才有效；而股份有限公司，同样是需要由出席股东大会的股东所持表决权的三分之二以上通过才有效。

增资扩股可以为企业带来更多的现金流，有利于资金运转，但同时企业所承担的风险也变大了。为了保障企业持续稳定发展，融资方在与投资人签订增资权条款时，必须要充分考虑运营状况，避免投资人对原股东造成威胁。

3.3.7 赎回权条款

赎回权本质上属于对赌条款，其具体内容是如果融资方未能在约定的年限内实现上市，投资人有权要求融资方赎回全部或部分股份，一般会由创业者或创始团队优先收购股票，赎回的价格为投资金额与规定的年化收益的总和。

在风险投资市场中，几乎所有的投资人都会要求拥有赎回权，这是因为投资机构募集资金都是有时间限制和成本的。当募集的资金到期时，所融资的公司又无法上市，赎回权能够保证投资人顺畅地退出。

在标准的赎回权条款中，重要的三个指标为赎回年限、赎回价格与触发机制。

（1）赎回年限。赎回年限即投资人与融资人约定的上市时间。根据近年市场行情，大部分投资人会选择 5 年作为赎回年限。另外，赎回年限还与公司所处的融资阶段有关，大部分公司在种子轮、Pre-A 轮、A 轮之间发展速度较慢，而 A 轮以后，公司在融得资金后会迎来快速发展。

（2）赎回价格。赎回价格为投资金额与约定年化收益的总和。年化利率不是普遍意义上的银行年化利率，而是内部谈判后约定的回报率，一般在 8% 到 20% 之间。如果在赎回年限内，创业环境与宏观政策有利好消息，年化利率也会相应提高。

（3）触发机制。投资人会通过企业市值来定义上市是否合格，如果不合格，投资人便可以行使赎回权来保障利益。如果企业市值低于上市的平均水平，则企业无论在哪个股市上市，都很难有足够的交易量令投资人顺利退出。

李先生在 5 年前投资了一家手机公司，投资金额为 500 万元。在签订投资协议的时候，李先生还要求与对方签订赎回权条款，内容为如果该公司 5 年后仍未成功上市，该公司将赎回李先生的所有股份。

到了今年三月份，5 年期限已经到了，该公司仍未上市，李先生要求该公司赎回全部股份。但由于近几年来市场竞争激烈，该公司市场份额不断被同行挤压，公司财务出现严重的亏损情况，无力偿还李先生的投资金额及利息。李先生对此感到非常懊恼，认为既然签订了赎回权条款，自己的利益就应该得到保障，但实际上赎回权条款并不是万能的补救措施。

在这个案例中，可以看出赎回权虽然能保障投资人的利益，但也存在着实质矛盾。当企业发展效益好，能成功上市时，投资人肯定没有行使赎回权的想法；而当企业经营出现问题导致亏损时，融资方也就根本无力支付赎回的款项。因此，赎回权条款其实非常尴尬，在实际情况中并不能充分保障投资人的利益，这导致很多投资机构已经开始废弃赎回权条款，而是采取其他更加有保障的措施。

第 4 章
如何进行资金开源，做好企业融资

　　资金一直被称为企业的血液，一家产品和内部机制再优秀的企业，没有了资金，也难逃倒闭的惨痛结局。除了企业自身造血外，如何取得外部投资几乎是所有企业面临的难题。本章向大家讲述什么是私募股权融资、企业如何向外部投资人融资，以及外部投资人非常关心的问题——企业如何上市等内容。

4.1 如何进行私募股权融资

企业创立的初期，自身造血能力不足，创始团队也没有足够的资金支撑企业的发展，私募股权融资成为解决问题的重要方法。本节将介绍私募股权融资的概念、私募股权投资的分类、私募股权融资的步骤和知名的私募股权投资机构。

4.1.1 什么是私募股权融资

私募股权融资指非上市公司与特定对象通过谈判、磋商等方法出售企业股权以募集资金的行为。如果从企业自身发展角度去划分，私募股权融资涵盖企业上市前的所有融资阶段——种子期、初创期、发展期、扩展期、成熟期和Pre-IPO。

与公募相比，私募具有独特之处，即禁止以向大众公开宣传的方式募集资金，且对投资人的要求更为严格。

私募股权还有以下特点。

1. 高风险、高回报

对于投资人而言，私募股权投资意味着高风险和高回报。企业需向银行提供资产抵押才能获取贷款，但私募股权投资人直接以资金交换企业股权。如果企业顺利发展，营业收入稳步增长，净利润持续拔高，那么投资人手中的股权的价值就会以倍数的形式升高，这笔投资就能带来高额回报。

目前，私募股权中的融资方一般正处于种子期、初创期或是发展期，投资人必须面对市场未知的风险、产品开发的风险和核心团队是否稳定的风险等。由于我国经济发展较快，同时环境变化较大，竞争愈发激烈，能从种子期走到上市的企业可以说是凤毛麟角，这也表明私募股权融资有较高的投资风险。

2. 牺牲控制权

当创业者不向外界要一分钱的时候，他对企业的掌控权是 100%。当创业者抵押资产向银行贷款的时候，他对企业的掌控权还是 100%。当创业者用手中的股份向投资人募集资金的时候，他对企业的掌控权可以是 90%、80% 也可以是 50%，但绝不是 100%。

创业者用私募股权融资方法募集资金的时候，一定要与投资人审慎沟通，以保障企业现金流和掌控权的平衡，必要时做出取舍。

3. 投资期限长

私募股权投资需要投资人有足够的耐心等待企业成长，短则三五年，长则十年，实属中长期投资。从创业者的角度而言，在选择投资人、股东时，也应多方考虑，因为投资人几乎会陪伴企业走过长久的岁月，很可能会在企业董事会占据一席之地。

4. 资金来源广泛

私募股权融资不能面向社会大众，只能向特定的对象私下募集，但特定的对象的范围也是非常广泛的，包括：达到要求的个人、基金、战略投资者、保险公司和其他公司、组织等。

5. 流动性差

从投资人的角度出发，私募股权投资的存续期限一般为 3—10 年，时间跨度非常大。不同于公开市场上买卖的股票，未上市企业的股权交易频率低，买卖双方数量少、难对接，故私募股权投资的流动性差。

6. 退出渠道多样化

对投资人而言，私募股权投资有四种主流退出方法——企业上市、并购重组、回购和破产清算。较优方法当属私募股权投资人以上市形式退出。当然，个别投资人看好企业未来的长期发展，上市之后仍会持有企业的股票。

以并购重组的方式退出也会给投资人带来丰厚的利润。当被投企业被另外一家企业或是私募股权投资机构看上了，对方愿意溢价买被投企业，投资人自然可以从中获利。

有时创业者为了企业控制权或其他原因会自愿从投资人手中溢价回购企业股权，这也有上述效果。当然，如果投资人与创业者签署对赌协议，企业没有在规定时间内完成协议的内容会触发回购条款。

最差的结果，自然是企业破产清算，这意味着投资人血本无归。

随着时机的成熟，投资人会适时地出售企业股份，退出股东行列，但这对企业本身而言未必是坏事，企业也需要引入更多的资金和提供不同力量的股东，让企业往更好的方向发展。

4.1.2　私募股权投资的分类

私募股权投资根据投资策略的不同，可以分为六大类。图 4.1-1 所示为私募股权投资的六大分类。

图 4.1-1　私募股权投资的六大分类

1. 创业投资

创业投资基金也称风险投资基金，常投资于处于种子期和初创期的企业。一般来说，处于上述时期的企业甚至还没有生产出完整的产品，投资人与创业者交流的内容也仅限于理念、规划和从业经验。因此，创业投资总是要面临很多的不确定性，也是私募股权投资里面风险最高的投资类型。

2000 年日本软银投资阿里巴巴 2000 万美元，持股比例为 34%。2014 年 9 月阿里巴巴于纽约证券交易所上市，IPO 当天软银持有的阿里巴巴股份市值超过 600 亿美元。

把目光放回 2000 年，那时马云和孙正义第一次会面，阿里巴巴还没有商业模式，更别提收入了。当时日本和美国正在经历的互联网浪潮让孙正义相信互联网对中国潜在的冲击，他在 20 位互联网企业家中更看好马云。马云有一次在采访中谈到那次会面，当时，他们没有谈阿里巴巴赚了多少钱，没有谈阿里巴巴的商业模式是什么，只表达了共同的愿景。后来，孙正义也在其他采访里说他是靠"嗅觉"投资的。

从软银和阿里巴巴的合作案例来看，创业投资机构与其说是投资于企业，不如说是投资于创业者本身。

2. 发展资本

发展资本也称成长资本，顾名思义就是投资于处于发展、扩张时期的企业的资本。这类企业已经完成研发到市场阶段的过渡，开始生产产品并有了营业收入。为了扩大生产规模、抢占市场，企业仍需向投资人募集资金。发展资本面临的主要风险是产品市场风险和企业内部的管理风险。

3. 并购基金

并购基金的投资方式和前面提到的两种资本相比更直接，以并购目标企业为出发点，购买目标企业的股权，以达到控制目标企业的初步目的，随后，并购基金会再对企业进行改造，如替换管理团队，再持有、经营一段时间后出售企业，获取超额收益。

并购基金的猎物通常并不是创业初期的企业，反而是那些已经发展成熟且有能力创造稳定现金流的企业。并购基金通常以杠杆收购、MBO（管理层收购）和MBI（管理层换购）的形式开展投资。

并购基金的鼻祖当属美国 KKR。1987 年，劲霸电池的总裁向 KKR 询问 MBO的可能性，因为尽管公司业绩不错，管理层也很优秀，但劲霸电池只是当时食品加工巨头——克拉福特的一个微不足道的事业部。那时，克拉福特正好打算把劲霸电池卖给其他公司,而劲霸电池的总裁不愿意看到这样的局面。经过几个月的角逐,1988 年 5 月,KKR 以 18 亿美元溢价入手了劲霸电池,此时劲霸电池估值不到 12 亿美元。公司管理层在这次 MBO 中共出资 630 万美元,占股 9.85%。收购完成后的第一年,公司业绩就蒸蒸日上,现金流同比增长 50%。1991 年,劲霸电池 IPO,KKR 出售部分股份。1996 年,KKR 将剩余股份置换给吉列公司。截至 2000 年,KKR 以及其他投资人从劲霸电池交易里获取 23 亿美元的现金和价值 15 亿美元的股票。

劲霸电池的案例说明,当企业的管理团队与董事会或股东有分歧时,并购基金可能是管理团队的救命稻草。

4. 夹层资本

夹层资本兼顾债权投资和股权投资,具有双重性质,既含有权益认购的权利,又是一种无担保的长期债权。简单来说,投资人可以根据事先约定的触发条件和期限,以合同规定的价格购买企业股权,或把持有的债权转换为股权。

夹层资本的投资收益低于纯股权投资收益,但安全性略高一筹。夹层资本也不追求时间长久,这类资本一般倾向于快进快出。

5. 重振资本

一些企业处于传统行业,从长期来看能在市场上生存,但它们眼前的财务危机,需要新鲜资金来帮忙度过。重振资本便是为此而生的。重振资本既投资未上市企业,又投资已上市企业。

重振资本的投资手段并不固定,但大都具备以下四个共同点。

(1)多方面确认被投资企业并未丧失核心业务经营能力。

(2)重点向被投资企业提供丰富的重振策略、方法和经验。

(3)给予被投资企业财力支持。

(4)帮助被投资企业完善经营管理。

6. Pre-IPO 投资

在上市之前,企业仍需要资金来维持运营,或者为了优化股权结构,也会引入实力强劲的基金或战略型投资基金,这就是 Pre-IPO 投资。Pre-IPO 投资主要投资于企业上市前的阶段，其退出方式通常为投资人在企业上市成功后出售企业股票，具有投资风险小、收益实现快的特点。

4.1.3　私募股权融资的全过程

初创企业只有一路过关斩将才能成为一家具备长期、稳定、强大盈利能力的企业。当自身造血能力还不足以支撑企业发展的时候，私募股权融资，不失为良好方法。为此，企业也需要充分熟悉其融资过程。

和府捞面是一家以面食为核心产品的连锁餐饮店。2012 年成立，2013 年第一家店开业，2021 年 6 月全国门店数已经突破 340 家。如此高速的发展除了得益于公司自身经营外，还得益于合理地运用私募股权融资为公司运营提供资金保障。

2015—2017 年，公司完成 A、B、C 轮融资。

2020 年，公司完成 D 轮融资，金额 4.5 亿元，由腾讯、Longfor Capital 领头。

2021 年，公司完成 E 轮融资，金额 8 亿元，由 CMC 资本领头。

CMC 合伙人兼 CIO 陈弦表示经过创业者和主要团队成员的努力，和府捞面成长为中餐连锁头部企业，布局全产业链。产品研发、供应能力可圈可点，门店运营水平越来越高，且团队趋向年轻化。在融资的大力扶持下，和府捞面以消费者需求为出发点，积极进行产品改良、升级。人们相信，和府捞面一定会在未来餐饮界占据一席之地。

和府捞面已经驻扎于我国一、二线城市的快餐市场，成为不可小觑的竞争力量，但回想当初，它仅仅是一家初创公司。该公司是如何脱颖而出，一步一步获得资本的青睐的呢？可能是因为在私募股权融资的过程中，通过优秀的文书、有效的沟通，向投资人展示公司的潜力。

私募股权融资是一个复杂的过程，根据企业实际情况，可能耗时一到六个月，整个流程分为六个步骤。

1. 准备融资商业计划书

融资商业计划书是企业的第一张"脸"，潜在投资机构通过这张"脸"对创业者的产品、团队以及发展目标形成第一印象，从而决定是否对企业进行深入了解。因此，融资商业计划书就像求职者的简历一样，为此煞费苦心也不为过。

2. 寻找并与投资机构洽谈

企业通过自荐和引荐的方式将融资商业计划书传递给投资机构，安排路演让投资机构更好地了解产品、经营状况、未来规划和创业者的领导才能。

3. 投资机构确定投资意向，签订投资条款清单

企业和投资机构彼此确定投资意向后就可以签订投资条款清单，双方在这份清单中约定企业的估值、计划投资的资金、股权比例等义务和权利。投资条款清单虽不构成法律约束，但从契约精神角度而言，双方都应遵守。实际生活中，双方有时会跳过这一步骤，直接进行尽职调查和合同谈判。

4. 投资机构开展尽职调查

投资机构亲自或聘请专业机构从被投资企业的商业组织结构、财务状况、技术及法律等方面进行深入、全面的尽职调查，调查结束后，将结果汇报给投资机构的投资决策委员会，由投资决策委员会根据尽职调查结果投票表决是否推进该项投资。如果是初创企业，由于成立时间短，可以调查的内容少，投资机构会更加关注创业者的素质和能力。当然，为了避免企业信息泄露，建议创业者在尽职调查前与投资机构签署保密协议。

5. 谈判并签署投资交易文件

投资机构的投资决策委员会通过投资项目后，就会与企业签署具有法律效力的投资交易文件，包括企业估值、投资额、投资款发放流程、董事会席位、优先权等重要条款。通常，一轮投资有一个领头投资机构和多个跟投投资机构，交易文件谈判非常复杂且耗时长，所以很多投资机构会同步进行尽职调查和交易文件谈判。

6. 完成交割打款

签署正式投资交易文件，并且企业与投资机构达成的交割条件已完全满足的

情况下，才能进行投资交易交割，即投资机构将投资款打入企业账户，企业将股权转让给投资机构。

4.1.4　十大私募股权投资机构

私募股权基金在中国发展了三十余年，为个人财富增值和中国实体经济的发展不断添砖加瓦。普华永道的研究报告显示，到 2021 年 7 月，我国私募股权基金管理的总金额达到 12.6 万亿元人民币，就管理规模而言排世界第二。

业绩越是好的私募基金就越容易吸引投资者，久而久之，就形成了马太效应，资金集中到了私募股权基金的头部。2022 年，投资界官网披露了 2021 年国内私募股权投资机构前十名，分别是高瓴投资、腾讯投资、中金资本、CPE 源峰、招银国际资本、正心谷资本、招商资本、华平投资、鼎晖投资和国新基金。

1. 高瓴投资

2005 年 6 月，张磊创立高瓴投资，名称含有"高屋建瓴"之意。高瓴投资的第一笔 2000 万美元的投资来自张磊的恩师——大卫·史文森。张磊推崇沃伦·巴菲特的投资哲学，决定做时间的朋友，对目标企业做长期投资，给企业时间去发展、成长，最后获取回报。

如今，高瓴投资已经长成参天大树，实力闻名遐迩，其投资领域涵盖互联网、能源、生活消费和制造业等，投资的企业包括京东、蔚来、蓝月亮、大润发以及良品铺子等。

高瓴投资曾走过艰难的融资道路。张磊在他撰写的《价值》一书中提到创建高瓴投资时遇到的困难：初始团队都是他"求"来的，没有投资人看好高瓴投资的发展。他走投无路下只能回到耶鲁大学，找他的恩师——大卫·史文森募集到第一笔资金，也就是 2000 万美元。

如今的高瓴投资如同中国股权融资界的参天大树，但它起初也只是一棵小树苗。

2. 腾讯投资

腾讯投资成立于 2008 年，是国内著名的创业投资伯乐，涉足领域广泛，从种子期企业到成熟期企业均有涉及。与高瓴投资不同的是，腾讯投资的使命是寻找腾讯产业链上的公司，主要涉及网络游戏、社交、电商以及新媒体领域。在过去的 2003—2021 年，腾讯投资投资了快看漫画、快手、梦求游戏和喜茶等。

3. 中金资本

中金资本成立于 1997 年，由中金公司全资控股，管理中金公司国内和国外的私募股权投资业务。投资团队关注养老、医疗、消费和金融等板块。中金资本投资过的公司包括爱宠医生、乐恩教育等。

4. CPE 源峰

CPE 源峰于 2008 年建立，投资团队将目光放在医疗健康、企业软件服务、科技工业以及消费互联网这些领域中处于初创期和扩张期的企业。自成立以来，CPE 源峰共计投资了 200 多家创业企业，包括集创北方和深信生物等，在这个过程中，CPE 源峰也构建了广阔的关系网。

5. 招银国际资本

招银国际资本建立于 1993 年，由招商银行全资控股。与其他私募股权投资机构相比，招银国际资本更加低调，鲜少出现在新闻头条，但这并不影响其投资团队卓越能力的发挥。招银国际资本曾投资过宁德时代、比亚迪半导体和华顺信安等。

6. 正心谷资本

正心谷资本创立于 2015 年，主要投资消费、科技和医疗领域的创业公司，到 2022 年 6 月，正心谷资本累计投资 50 余家公司，包括大家熟知的哔哩哔哩、今日头条、君实生物、网易云音乐和罗辑思维等。

7. 招商资本

招商资本建立于 2012 年，隶属于招商局集团和普洛斯。招商资本投资范围广泛，如基建、房地产、物流、金融科技、新能源和数字新媒体产业等领域。招商资本投资过的公司有壹石通、亿纬锂能、长远锂科、明阳智能和晶科科技等公司。

8. 华平投资

华平投资属于国际老牌私募股权投资机构，成立于 1966 年，后在 1994 年开始在中国发展。华平投资在中国投资过的企业包括国美电器、哈药集团、汇源果汁和七天假日酒店等。

9. 鼎晖投资

鼎晖投资建立于 2002 年，早在 2016 年年底，其资金管理规模就超过 1200 亿元人民币。鼎晖投资布局的投资领域涉及各行各业，投资的公司包括京东物流、商汤、小电、闪送和深信生物等。

10. 国新基金

国新基金创立于 1986 年，中国国新控股有限责任公司既是该公司的发起机构，也是该公司的大股东。国新基金投资的公司有满帮集团、滴滴出行、中星微电子和中国石化等。

4.2　如何做好上市前的融资准备

上市是大部分企业的目标，成功上市也意味着企业走向成熟。企业家应清楚了解上市的条件、上市的好处与坏处、如何设计财务制度和设置股权比例以及上市后的再融资策略。

4.2.1　上市的条件

中国有多少注册企业？答案是数不胜数。中国 A 股有多少上市企业？答案是截至本书写作时，有 4807 家，分别分布在上证、深证和北交所。无论这些企业的股票表现好坏，能成功上市，在企业中说是万里挑一也不为过。那么，到底什么样的企业才有资格上市呢？

1. 主板上市门槛

主板上市，适用于那些依法设立、合法存续的股份制公司。主板上市要求如下。

公司至少已经不间断地经营 3 年，且这 3 年间无董事、高管的职位变动。公司的股本在股票发行前就达到 3000 万元的水平，发行股票后股本至少为 5000 万元。同时，公司向公众发行的股份至少占总股份的 25%，如果股本超过 4 亿元，向公众发行的股份至少占总股份的 10%。

针对公司财务方面有两个要求。首先，最近 3 个会计年度的净利润都为正数，并且 3 年累计净利润为 3000 万元。其次，最近 3 个会计年度由经营活动所产生的净现金流达 5000 万元，或最近 3 个会计年度的营收总额达 3 亿元。

2. 科创板上市门槛

科创板上市，适用于掌握核心技术的科技企业。科创板上市要求如下。

企业至少已经不间断地经营 3 年，且 2 年内无实控人、核心管理团队和核心技术团队的重大职位变动。在发行股票后，企业总股本至少为 3000 万元。此外，企业向公众发行的股份至少占总股份的 25%，如果股本超过 4 亿元，向公众发行的股份至少占总股份的 10%。财务方面，科创板上市门槛比主板低一些，企业只要符合表 4.2-1 所示的 6 项要求中的任意 1 项即可。

表 4.2-1　科创板上市财务要求

预估市值	要求
不低于 10 亿元	最近 2 年净利润均为正数，且 2 年净利润累计达 5000 万元
	最近 1 年的净利润为正数，且 1 年的营业收入达到 1 亿元
不低于 15 亿元	最近 1 年营业收入达 2 亿元，且最近 3 年的累计研发投入占累计营业收入的比例大于等于 15%
不低于 20 亿元	最近 1 年营业收入达 3 亿元，且近 3 年生产经营现金流量净额累计达 1 亿元
不低于 30 亿元	最近 1 年营业收入达 3 亿元
不低于 40 亿元	主要产品或业务需经国家有关部门批准，有较大市场空间，且上市前已取得阶段性成果

3. 创业板上市门槛

创业板上市，适用于处于成长期的创新型企业。创业板上市要求如下。

企业至少已经不间断地经营 3 年，且最近 2 年核心管理团队无重大变动。企业向公众发行的股份至少占总股份的 25%，如果股本超过 4 亿元，向公众发行的股份至少占总股份的 10%。

想要在创业板上市，财务指标需要符合表 4.2-2 中 3 项要求的任意 1 项。

表 4.2-2　创业板上市财务要求

预估市值	要求
无要求	最近 2 个会计年度净利润为正数，且累计净利润达 5000 万元
不低于 10 亿元	最近 1 个会计年度净利润为正数且营收达到 1 亿元
不低于 50 亿元	最近 1 个会计年度营收达到 3 亿元

4. 影响上市的其他因素

每一家企业都对上市过程万分小心，生怕走错一步而影响企业发展和股东的权益。然而，企业终究会有时运不济的可能，即便所有要求都达标，但国家政策方针的改变还是会影响企业上市的进程。

实践中，不少企业失败的案例，表明了政策方针对企业上市的重要性。除此以外，企业在选择投资人时一定要谨慎，不要因为企业之前的成功而掉以轻心，轻易签订上市对赌协议。

4.2.2　上市是一把双刃剑

上市意味着把企业推到舞台聚光灯下，虽可能赢得无数喝彩，但凡事都有两面性，想要从舞台上获利，就必须接受台下人审视的目光。企业家、董事会、管理团队必须要充分调研、思考和谋划，结合企业的实际发展情况，在全面权衡利弊得失之后，再决定是否让企业走上舞台。

1. 上市的好处

许多企业家宁愿历经千难万阻也要成功上市，这自然有个中缘由。

（1）实现团队获益。上市，意味着企业整体受到市场的认可，企业的股份也能转化为二级市场上广泛流通的股票。在这样的情况下，创始团队手上的股份价值可以实现多倍增长。

百度于 2005 年登陆纳斯达克，IPO 当日李彦宏获利 9 亿美元。当时，百度核心成员的财富也水涨船高，多位成员身价千万美元，100 多位成员身价百万美元。

百度的案例告诉我们，企业 IPO 对勤勤恳恳经营企业的人来说是有好处的，而这样的成功案例数不胜数。

（2）私募股权投资人退出。企业上市是私募股权投资人退出的好方式，私募股权投资人就是为了收获丰厚的回报才愿意在企业发展初期注入资金的。私募股权投资人通常以 IPO 上市形式退出企业投资，能获得超额收益。

（3）为后续融资提供便捷渠道。企业上市后就可以更方便地通过股票市场募集资金。一般来说，上市之后企业可通过定向增发股票、发行公司债和可转债、股权质押的方式融资，以达到扩产、兼并、收购和补充流动资金的目的。

（4）治理结构和企业战略愈发完善。上市前，监管机构会对企业进行"X 光扫描"式检查，对企业内部的治理结构做严格要求。同时，监管机构对企业披露的信息和企业披露信息的制度也会严格把控，杜绝弄虚作假。

上市前，企业还需要聘请外部董事，并引入战略投资者，以此来监督企业日常运营。总的来说，上市前的一系列他查、自查工作均有利于企业的发展。

（5）提升品牌价值、扩大市场影响力。企业上市后，其生产的产品更加容易得到媒体、投资人和消费者的关注。从消费者角度出发，上市企业生产的产品自带一层滤镜。如果企业生产的不是产业链上的终端产品，那么在其他条件同等的情况下，下游企业也会愿意与更能保障产品质量的上市企业合作。

（6）更有效地激励员工。企业为了激励员工，会建立"薪资＋股权"的薪酬体系。对于员工而言，薪资增长幅度始终是有限的，但积极努力的结果会体现在企业业绩上升和股价上升上，如此，员工会通过股权激励获得可观的收益。这一招对核心管理团队也非常有效。

众所周知，特斯拉 CEO 马斯克是世界首富，但根据提交给 SEC 的文件来看，他 2020 年薪资是 0 元，这是为什么？

原来，马斯克在 2018 年与公司签订了薪酬协议，他得凭本事拿钱。马斯克的薪酬直接与股票价格、公司财务状况、公司发展里程碑挂钩。只有在马斯克的决策落到实处，为公司带来约定收益的前提条件下，他才可以以期权约定价格购买特斯拉的股票，然后出售以获取财富。

从特斯拉的案例中可以看出，企业想要提升业绩，除了产品本身要优于市场竞争者之外，还需要优秀的企业领导团队。使用正确的股权激励策略，能更好地促使管理人员发挥其能力，因为其从股票上获得的金钱可能远高于其拿到的工资。

2. 上市的坏处

万事皆有两面性，想要享受上市带来的荣耀，自然也要承受这顶王冠的重量。

（1）信息透明。上市企业面临严格的信息披露制度，往小了说就是公布季报、年报和营业预测，往大了说披露内容还涉及企业高层和股东股票的抛售和增持情况。只要是与企业相关的重大信息，无论是正面还是负面的都要一一披露，甚至会披露战略规划等敏感内容。企业也会经常受到监管部门的检查。总之，企业站在舞台聚光灯下，几乎所有信息都会变得透明，需要接受大众的检查。

（2）牺牲企业控制权。控制股票，就意味着分享控制公司的权利，企业过多地发行股票会导致创业者因股权被稀释而丧失控制权。电影里经常演这样的桥段，最大股东持股比例为 51%，即拥有一票否决权，这样的股东在开会时就能冷酷地说"我不同意"，其他人只能面面相觑。然而，当最大股东持股比例小于 51%，而正好第二大股东和其他股东站在统一战线时，最大股东的掌控地位也可能岌岌可危。

（3）恶意收购风险。所有的上市企业都有被恶意收购的风险，因为公开市场上的股票都是自由买卖的。

4.2.3　如何设计财务制度和分配股权

企业的许多问题最终都可以归结于财务问题。在上市过程中，很多企业高价聘请专业人士为企业财务问题的处理出谋划策。为了能在财务方面节省时间、金钱，企业应尽早设计合规且高效的财务制度。

1.　设计财务制度

一家企业要如何花钱、在哪儿花钱、花多少钱、怎么赚钱、怎么借钱、怎么实现资金流通，这些都是由财务制度规定的且关乎企业生死存亡。

财务制度确实属于复杂的课题，可以将之分为七大块内容。图 4.2-1 所示为财务规划七大要素

员工激励	企业持续经营	资本结构
健康现金流	企业独立性	税务规划
	会计政策	

图 4.2-1　财务规划七大要素

企业应根据实际经营情况选择会计政策，不到万不得已，不应轻易更改会计政策。

在企业中，资本可以被广泛地划分为债务和股本。企业要想活得久，就要有健康的资产负债率，如果负债很多意味着还债压力大，但负债少意味着企业资产利用率低。此外，在企业净利润为正数的情况下，企业就必须要依法依规地缴纳企业所得税，否则，就违法违规了，而违法违规情形绝对是企业不可触碰的红线。

现金流是企业的血液。营业收入能说明企业的盈利能力，但赚到的钱有多少可以及时收回，才表明企业现金流是否健康。企业需要规划好账期，尽早收回应

收账款，以维持现金的流转。

如果企业能坚持做好这些，就离上市又近了一步。

2. 分配股权

股权的分配意味着利益的分配，想要创业团队后期和睦合作，股权分配一定要科学合理。

创业初期，一些团队采用 1：1 或者 3：3：4 这样的比例分配股权，想要维持成员之间的公平。但现实情况下，合伙创业并没有所谓的绝对公平，总有人会投入多，有人会投入少，有人能赚来更多的钱，有人带来的效益少……贡献和回报不成正比，铸就了不公平。除此以外，企业发展需要招聘优秀的员工，而优秀的从业者愿意加入创业企业，很大一部分原因不是为了薪资，而是为了拥有股权。

某企业在创立初期采用 3：3：4 这样的比例分配股权，也就是王先生（天使投资人）占股 40%，程先生（创业者）占股 30%，考虑到要给公司 CTO 股权激励，就直接授予其 30% 股权。正是初期股权分配不当，制约了该企业后续的人才引进。最终，企业以 240 万元回购 CTO 所持的所有股份，这才解了燃眉之急。在该企业账面上仅有 600 万元现金的情况下，做出这一举措对企业的影响极其深远。

通过该企业的案例可见股权的分配很重要，企业如何科学地分配股权呢？

（1）创业者持股 67%，其他合伙人合计持股 18%，剩下 15% 为核心员工期权。在这一模式下，创业者就是企业的核心，他说什么，执行人员就做什么。当然，这样的企业遇到好的掌舵手就驰骋海洋，要是不巧遇到故步自封的领导者，那就会陷入闭门造车的局面。

（2）创业者持股 51%，其他合伙人合计持股 32%，剩下 17% 为核心员工期权。在这种模式下，创业者想修改公司章程、调整注册资本的金额，做企业合并或是解散的决定，全部都要问过其他股东。对其他大部分事情，创业者还是可以直接决定的。

（3）创业者持股34%，其他合伙人合计持股51%，剩下15%为核心员工期权。通常，创业者只有在缺钱的情况下才会选择这种模式，因为这大大削减了创业者的控制权，导致创业者只有否决权，没有表决权，不能拍板，只能发表想法。

4.2.4　上市后的再融资策略

上市融资，即企业将部分股权在公开市场上出售给股票投资人以募集到资金的行为。上市融资具有期限短、资金多和无须偿还本息的特点。

企业上市后，依然可能需要继续募集资金，上市企业如何解决融资问题呢？这就关系到再融资概念，再融资即已经完成上市的企业在二级市场上进行的直接融资，其方法主要有以下4种。

（1）上市企业根据原股东持股比例，向原股东进行配股。通常，配股的价格低于市场价格，原股东有权决定是否行使配股权，配股后股价会做除权处理，即股价下调。如果原股东不接受配股，很有必要在除权日前卖出持有的股票，不然一定程度上会出现亏损。

（2）上市企业采用增发手段发行新股融得资金。增发分为公开增发和定向增发两种。公开增发就是向社会大众发行股票，定向增发即向不超过35人的少数特定投资人发行股票。通过增发发行的股票价格，应为增发前某一时间段的平均股价或其折价。

位于光伏产业链上的上市公司——上机数控于2022年4月21日发布公告，公司拟非公开发行股票，拟通过定向增发募集60亿元，其中42亿元将投资于"年产5万吨高纯净硅项目"，另外18亿元用于补充流动资金。发行的股数不超过总股本的30%，同时发行的价格为定价基准日前20个交易日的平均股价的80%。

为了保障其他股东的权益，购买这部分股票的投资人在6个月内不允许出售这部分股票，如果上机数控的控股股东和实际控制人购买这些股票，那在18个月内不允许出售这部分股票。

　　上市企业为吸引投资人购买定向增发的股票，会在股票价格上给予优惠，但这也将影响到其他股东的权益。为防止参与定向增发的投资人转手将股票卖掉套利，上市企业会明确规定这些折价股票禁止交易的期限，从而维护其他股东的利益。

　　（3）上市企业通过发行债券募集资金。该方式要求上市企业在规定时间偿还本息。债券持有人无论买多少债券，都只是企业债权人，无法影响企业的经营决策。

　　（4）上市企业发行特殊债券，即可转换债券。可转换债券具有债权和期权的双重特性。投资人在规定时间内可以选择以之前约定的价格把债券转换成股票。当然，投资人也可以选择将其作为普通公司债持有至到期，获取之前约定的本金和利息。

4.3　如何选择上市融资平台

　　上市固然意味着创业取得了阶段性胜利，但上市并非企业的唯一目的，而是将事业做到更大的手段。为此，选择适合企业发展特点的上市平台尤其重要。企业家应重点了解 A 股、港股和美股的市场特点。

4.3.1　主板市场的优点与缺点

　　在我国，不同类型的企业根据其特性，分别在主板、创业板、新三板和科创板上市。目前，我国 A 股的主板可以分为两大块，即上证主板和深证主板。上证主板的股票代码以 600、601 和 603 开头，深证主板的股票代码以 000 和 002 开头。

　　另外，主板和科创板、创业板还存在重要的规则差异。主板上市股票，一个交易日内最多涨 10%，最多跌 10%。科创板和创业板上市的股票一个交易日的涨跌幅都是 20%。为什么很多企业还是希望在主板上市呢？

1. 主板市场的优点

主板的交易市场是非常有效的，同时其上市要求也相当苛刻。

（1）只有质量高的企业才可以在主板上市。上证和深证主板只适用于发展到成熟期的企业，与科创板和创业板相比，对企业的预估市值和净利润规模的门槛要求更高。

诸如贵州茅台、中国平安、比亚迪、万科等企业都在主板上市，可见其成色之高。

（2）与创业板和科创板相比，主板交易的投资人数量更多，主板市场的交易量更大。

有效市场是由许多买家和许多卖家组成的，买卖双方的数量越多证明市场越有效。科创板和创业板涨跌幅高达 20%，监管机构为保护新手投资人，规定只有达到一定资金数量规模和投资年限的投资人才能申请开通创业板和科创板交易通道。这让科创板和创业板的投资人数量远远低于主板的投资人数量。

2. 主板市场的缺点

上市是一项耗时、耗财的大工程。

（1）从企业角度考虑，IPO 审查时间过长。科创板和创业板上市审核制度已经转化为注册制，而主板上市审核制度仍为核准制。注册制和核准制的主要区别在于监管机构是否对上市企业的质量负责。

注册制下，申请上市的企业以招股说明书为主要文件，将文件提交至审核机构，通过审核即可上市。审核机构不对企业价值负责，把判断责任交给了投资人。只要符合条件，不论企业实力如何都可以成功上市。

核准制下，审核机构除了审核企业文件和资质以外，还要判断企业价值高低。如果企业是一个苹果，审核机构先帮投资人尝尝这个苹果甜不甜，甜就上市，不甜，那就请成熟了再来。因此，企业想在主板上市，就要花更多的精力和时间。

研究数据表明，2021 年在科创板排队上市的企业平均所需的天数为 330 天。在创业板排队上市的企业平均所需的天数为 368 天。在主板排队上市的企业平均所需的天数为 574 天。

等待的时间长，意味着发生变数的可能性高，选择主板上市，意味着企业家在这 574 天里很难睡一个好觉。

（2）企业需要为上市负担较高的费用。从现在的行情来看，在 A 股上市的成本为 IPO 融资金额的 6% 到 20%，这不是一笔小数目。企业要支付中介机构费用、律师费用、上市费用和推广费用等。此外，交易所也要收取一定的手续费用。

4.3.2　创业板：中小企业上市的较佳选择

我国有大量的中小企业，截至 2021 年底，登记在册的中小微企业超过 4800 万家，占企业总数的 99%。企业不管规模大小，都面临同样严峻的问题——融资难。想要解决这一问题，不妨看看创业板能如何帮助中小企业发展。

1. 降低上市门槛

只有在企业未来确定产生丰厚回报的前提下，私募股权投资机构才会愿意在其发展早期注入资金。投资人要如何更快地获取丰厚的回报呢？最好的方法就是选择更低的门槛。

创业板的上市门槛要比主板低，创业板上市适用于创新且成长性高的中小企业，能提供政策便利，这也提高了私募股权投资人投资企业的积极性。

2. 扩大融资渠道

企业即便在创业板上市，也要比上市前更容易募集资金，募集资金的成本也会相对较低，企业可以通过配股、增发股票、发行公司债和可转债等直接方式进行再融资，为企业提供发展所需的资金。

3. 上市时间短

2020 年，创业板上市制度从核准制改为注册制。注册制简化了企业上市的流程，缩短了上市所耗费的时间，这样一来，中小企业上市成本大大降低。

4. 有利于收购其他公司

兼并、收购是企业扩张市场的方法。一家非上市企业，想要直接用真金白银收购另一家企业，是十分困难的。而上市企业不一样，可以直接采用发行股份来收购其他公司，这样既减轻了企业财务负担，又达成了扩张市场的目标。

2021 年 5 月 13 日，创业板上市公司陇神戎发发布公告称拟以发行股份和支付现金相结合的方式收购甘肃普安制药股份有限公司 95% 的股权，该公司的总估值为 4.45 亿元，95% 的股权价值 4.23 亿元，即这次交易的作价。陇神戎发打算发行 4519 万股，每股定价 4.82 元，这样就募集了 2.18 亿元。剩下的 2.15 亿元再以现金方式支付。

从陇神戎发的案例可以看出，上市企业通过发行股份获取资金，然后再收购其他企业，这样就大大提高了现金的利用率。同时，募集的这部分资金是无须偿还本息的，只是会稀释企业原股东的股权。

5. 有利于吸引人才

企业决胜的关键离不开充裕的资金和优秀的人才。中小企业上市有利于更高效地吸引和激励人才。

通常来说，企业想要让员工效益加倍，薪资即使不翻倍，也要有较大涨幅，这会对中小企业造成不轻的财务压力。当中小企业在创业板上市后，就能直接分配股权给员工，员工工作产生的效益将直观地体现在企业的财务报表上，而投资机构通过财务报表看到企业绩效增长后，自然愿意买入企业股票，股票价格水涨船高，带给员工财富回馈，吸引更多人才加入。

某创业板企业 B 公司于 2022 年 5 月 14 日发布股权激励的草案，计划授予 46 名员工 65 万股公司股票，他们只需要花费 35.54 元就可以买到一股公司股票。此时，B 公司的股价已超过 70 元，一转手每股就可以净赚 34.46 元。

当然，这笔收益也不是白白送给员工的，他们必须完成业绩指标，才可以用便宜的价格买公司股票。本次 B 公司所提出的业绩要求，也不容易达标，共分为四个阶段：以 2021 年营业收入为基准，2022 年、2023 年、2024 年和 2025 年分别增长 40%、80%、120% 和 160%。

从 B 公司的案例可以看出上市企业股权激励的效用，这种激励方式把员工和企业的利益紧紧地绑在一起。只有完成业绩指标，员工才能获得股权激励。

4.3.3　新三板：小微企业的较佳选择

评估一个国家的经济实力，不能只看龙头企业，还要看小微企业的表现。所有的大型企业都由中小企业发展而来，而中小企业则是由小微企业成长而来的。小微企业面临的生存压力最大。

融资难，成为所有小微企业面临的大山。银行愿意贷款给中大型企业，是因为它们有资产做抵押，然而小微企业资产有限，很少有机构愿意借钱给它们。

近年来事故频发的 P2P 理财产品，就可以说明这个问题。

P2P 平台以高利息引诱投资人购买他们的产品，平台拿到投资人的钱之后把钱借给从其他渠道借不到款的企业，以收取更高的利息。显而易见，什么样的企业会借不到钱？就是那些没有核心资产可以抵押的小微企业。大部分小微企业是没有能力偿还较高的本息的。久而久之，资不抵债，就造成了后来臭名昭著的 P2P 集体暴雷。

从 P2P 案例可以看到，小微企业在其发展道路上无法得到有效的融资支持。为了改善这一情况，新三板上市成为小微企业的选择。

严格意义而言，在新三板上市并不算上市，只是企业在新三板市场上挂牌。

新三板是小微企业股份转让的系统，没有能力公开发行股票。因此，在新三板市场交易的都是股份，而非股票。当然，企业在新三板上市后，如果表现良好，受到资本市场肯定，也可以转板上市。

新三板是如何为小微企业赋能的呢？

1. 帮助小微企业拓展融资方式

新三板企业不能公开发行股票，但仍然可以用定向增发、发行优先股、发行中小企业私募债、运用做市商制度以及行使资产证券化这些方法募集资金。与普通小微企业相比，新三板企业融资渠道较多。

2. 帮助小微企业完善资本结构

大部分小微企业几乎都属于家族企业，但在新三板挂牌后，投资人就会进行股份交易，这样一来，企业股东结构甚至治理结构就会发生改变。再者，企业为了募集资金而发行优先股也会改善资本结构。这样创业者既保留了控制权，企业又引进了新的股东，为企业添加了新鲜血液。

3. 帮助规范运营

企业上了新三板后，虽不如主板、创业板和科创板那样受人瞩目，但也算是暴露在公众的目光下，要求披露的文件不可缺少，同样也要接受其他股东的监督。在那么多双眼睛的注视下，企业的运营自然会越来越规范。

4. 帮助上市

新三板可以细分为三大类，分别是基础层、创新层和精选层。基础层企业发展一段时间并达到标准后可以申请转入创新层，创新层企业在挂牌满 1 年后可以申请转入精选层，企业在精选层挂牌满 1 年且符合上市条件后，即可申请去创业板或科创板上市。

M 公司是中国首家在中小板上市的报刊媒体公司，同时也是新三板转中小板的第一股。在转中小板之前，该公司在新三板挂牌 6 年。现在，中小板已经和主板合并，M 公司也顺理成章地进入主板。

M 公司开启了企业从新三板转板上市的先河，也证明了不论企业的起点在何处，找对方法和策略，都有机会成长为上市企业。

4.3.4　科创板：科技企业的最优选择

2019 年 1 月 30 日，证监会正式发布《关于在上海证券交易所设立科创板并试点注册制的实施意见》，科创板由此应运而生。

科创板，是独立于我国现有主板市场的新设板块。作为我国企业上市注册制试点板块，科创板的诞生开创了企业股权融资的更大想象空间。

1. 科创板的创新意义

科创板的设立，体现了创新驱动的价值和意义，重点服务于创新企业的发展。在此之前，主板的主流上市规则具有针对性，即更多倾向于有较大规模、各方面比较完善且利润指标良好的成熟企业。与此相比，那些创新企业并不一定已经具有较大规模和较好的利润，但也同样应获得上市融资的机会。科创板正是为了提供这种机会而来，它充分考虑了初创型、成长型高科技企业的融资需求。

2. 科创板的探索性特征

在运行制度上，科创板有很多创新，为企业融资带来了更多的可能。例如，科创板采用注册制，新股上市首日开始 5 个交易日没有涨跌幅度限制。这些交易制度都是国内成功首创，并获得了进一步的推广。

更重要的是，科创板允许国家重点支持行业、科技含量高的企业，可以在尚未盈利情况下上市融资。这为很多新科技公司上市提供了重要的渠道。

3. 科创板企业的持续责任

尽管科创板对科技型企业非常友好，但即便在这里成功上市，企业也需要承担持续责任。其中有重要责任，是上市企业应重点关注的。

（1）公司治理，决定了企业运行是否规范，是否足够稳定长远，为此必须要建立有效透明的治理体系和监督体系。

（2）信息披露，企业应充分完整地披露重要信息。

（3）股权激励，科创板对股权激励更为支持，价格、比例的调整更加灵活。

（4）重大交易，企业应披露交易和重大交易。

（5）定期报告，上市后应有季度、半年度和年度报告。

（6）退市安排，科创板上市速度很快，但退市速度也会很快，企业应具备相应底线思维。

4.3.5　香港证券市场：红筹股还是 H 股

无论是 H 股还是红筹股，都与一座城市有关，那就是被称为"东方明珠"的中国香港。

1. 什么是红筹股

20 世纪 90 年代初期，红筹股这一概念在中国香港流行起来。红筹股指在经营上和我国内地有紧密联系的企业股票，这些企业注册地在境外，而最后又在中国香港市场上市。

2. 什么是 H 股

H 股的别名是"国企股"，但不应理解成真正的国有企业股票。H 股是指在我国内地注册的并最后在香港上市的企业股票。

香港证券市场的很多企业都属于 H 股，比如青岛啤酒、腾讯控股、中国外运、阿里巴巴和中国平安等。

3. 红筹股和 H 股的区别

单从股票性质上看，红筹股和 H 股都属于香港证券市场，但它们适用于完全不同类型的公司，有着显著区别。

（1）红筹股和 H 股根本的区别就是公司的注册地，红筹股的公司在境外注册，H 股的公司的注册地在我国内地。

（2）红筹股上市之后所有的股票都可以在市场上流通，但 H 股只有部分股票可以在市场上自由地流通。

（3）上市公司都喜欢增发新股来募集资金，红筹股和 H 股也不能免俗。红筹股公司在增发新股时，拥有更高的弹性和更大的空间；H 股公司增发新股的时间成本更大，花费的时间更长，承担的风险也就更大。

（4）红筹股公司的注册地在境外，管理层的认股权也与境外公司一致，他们完全拥有认股权。H 股公司的管理层则相反，他们不曾真正拥有公司的认股权。

（5）发行债券也是上市公司惯用的融资手段。红筹股公司由于注册地不在境内，无须依据境内的法律和法规发行债券。H 股公司则需严格按照境内的政策法规，经有关部门批准后才准许发行。

4. 内地投资人如何购买红筹股和 H 股

红筹股和 H 股都属于港股，讨论怎么买红筹股和 H 股就是在说怎么买港股。

（1）A 股投资人可以通过沪港通或深港通购买港股。开通沪港通或深港通的投资人账户里至少有 50 万元人民币。开通后也不代表能购买所有的港股，只能购买政策规定范围内的港股。

图 4.3-1 所示为沪港通和深港通可购买的港股。

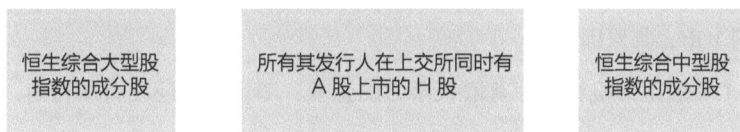

| 恒生综合大型股指数的成分股 | 所有其发行人在上交所同时有 A 股上市的 H 股 | 恒生综合中型股指数的成分股 |

图 4.3-1　沪港通和深港通可购买的港股

（2）投资人可以直接申请港股的账户。投资人提交身份证和在中国香港的居住证明，就可以通过券商开设账户。通过港股账户可以直接购买所有在中国香港上市的股票。

4.3.6　美股市场：机遇与风险并存

之所以说我国 A 股上市条件严格，很大原因在于要求企业有一定数额的净利润才可以获取上市资格。

以科技型企业为例，从长期角度看，科技型企业在未来有很大可能产生高额净利润，但短期来看，科技型企业依赖于高昂的资金投入，现在支付的成本远远高于所取得的收入。所以，它们无法达到 A 股上市的要求。

A 股上市的门槛较高，科技型企业短期内无法达到上市条件，那不妨转战美股市场。

在美国上市，耗时短、审核速度快、上市门槛低。美股实行注册制，SEC 仅对公司提交的上市文件进行审核，不对公司的资质和价值做出判断。因此，美股上市成为不少中国企业尤其是互联网企业的选择。目前，在美国上市的中国公司包括阿里巴巴、微博、京东、搜狐、携程、拼多多和唯品会等。

美股的证券市场由四大块组成，图 4.3-2 所示为美国证券市场分类。

纽约证券交易所	美国证券交易所
纳斯达克证券交易所	招示板市场

图 4.3-2　美国证券市场分类

1. 美股市场的机遇

上市对企业发展有深远影响，许多国家都有证券市场，大量优秀企业还是选择在美国上市，其原因如下。

（1）美股上市机会大。有增长潜力的企业，哪怕暂时还没有净利润，在权威投资银行的帮助下，同样有机会在美国实现上市。

2018 年，拼多多于纳斯达克上市，当年企业的营业收入为 131 亿元人民币，虽然比 2017 年增长了 652.26%，但净利润甚至为负数，为 -102 亿元人民币。

从拼多多的案例可以看出，美股给高速发展的科技型企业更多机会，对企业的盈利水平没有硬性要求，而是交由市场上的投资人判断企业的价值。

（2）美股是全球交易量最大的证券市场。与其他国家相比，美股已经实现了完全市场化，对资金金额不设管制，投资人可自由买卖股票。

（3）在美股上市的企业估值溢价高。中国 A 股上市股票溢价大概是 10 倍，美股上市股票溢价高达 20 到 40 倍。由于企业上市很大一部分原因是为了融资，上市的估值溢价越高，代表企业融到的资金数额越大。

（4）随着美国证券市场的发展，美股投资人越发成熟。交易市场上以专业机构投资人为主，散户数量少。从 2020 年前，美股市场的十年牛市就可以看出，投资人更倾向于价值投资而非追逐短期的利益。投资人是否愿意长线投入，对上市企业发展至关重要。

2. 美股市场的风险

美股市场确实有能力为企业赋能，但机遇与风险并存。

（1）美股市场弥漫着政治风险。中概股所面对的政治风险一直都存在，但到 2019 年年底时已愈演愈烈，随之就牵扯出了中概股的监管问题。以至于近年来不断有各种似真似假的传闻，这些传闻当然未必是真实的，但是其侧面反映出了美股市场的敏感问题，而且每当传闻爆出的时候，相关公司股价就会面临暴跌。

（2）中概股面临投资人信任风险。美国投资人不了解中国市场和文化，当有一家中国公司爆出存在诚信问题时，其他中国公司会被怀疑是否存在相似问题。

瑞幸咖啡事件之后，外国投资人对几乎所有的中概股持怀疑态度。国际新闻一度报道美国将强制所有中概股退市，虽然后续没有发展到这一地步，但投资人对将来是否还投资中概股多了一层考量。

4.4　IPO 的三种情况

企业想要走好上市之路，需要了解境内和境外上市情况的不同，并明确什么是间接境外上市，以及 IPO 的基本流程与操作。

4.4.1　境内上市

统计数据表明，2021 年境内共计 563 家企业上市，共募集 5545 亿元人民币。其中，创业板上市数量最多，有 199 家；科创板次之，共 162 家；主板排第三，上市 120 家；北交所上市 82 家。虽然创业板上市企业的数量最多，但科创板募集的资金最多，共计 2049 亿元人民币。

由于注册制的采用，境内越来越多的企业获得上市机会，上市速度也有所加快。表 4.4-1 所示为 2018—2021 各年新上市企业数。

表 4.4-1　2018—2021 各年新上市企业数

年份	新上市企业数（单位：家）
2018	105
2019	203
2020	437
2021	563

2020 年和 2021 年，计算机、通信和其他电子制造业的企业上市数量最多，分别是 59 家和 62 家。排名第二的是专用设备制造业，2020 和 2021 年分别上市 55 家和 43 家。2020 年上市数量排名第三的产业是软件信息服务业，共计上市 40 家，2021 年上市数量排名第三的产业则是化学原料制造业，共上市 37 家。总体数据表明，许多制造业选择在 A 股上市。

2021 年是新股的大热年，许多投资者都愿意买新股。这一年上市的新股里只有 22 只股票破发，可见市场对新股的追捧。

4.4.2　直接境外上市

境外上市主要有两种策略：直接境外上市和间接境外上市。直接境外上市指以境内企业的名义对境外证券主管部门提交 IPO 材料申请上市。常见的 H 股、N 股和 S 股就是在境外上市的股票。H 股是在中国香港上市的股票，N 股是在美国上市的股票，S 股是在新加坡上市的股票。

2018 年 9 月，蔚来汽车于美国纽约证券交易所上市，成为特斯拉之后第二个在美国上市的纯电动车公司。由于企业发展规划的原因，蔚来汽车于 2022 年 3 月又在港交所挂牌上市。2022 年 5 月 20 日，蔚来汽车成功在新加坡完成上市，登陆第三个证券交易市场。

蔚来汽车是首家在三地上市的境内企业，开创了同时进入 N 股、S 股和 H 股的先河，证明其不菲的实力。

当然，不可能所有企业都能像蔚来汽车这样，通常而言，企业还是应根据企业所在行业的属性和自身经营状况，选择有效市场上市。

登陆境外市场有助于提升企业估值，也有利于和同行业其他国际企业比较。有助于完善企业的股东结构，吸引外资股东。

选择境外市场上市时，也要注意该国家或地区的法律政策。不同国家或地区的证券监管机构对企业信息的披露要求不同。蔚来汽车在三地上市，就要分别按照不同证券监管机构的要求，在不同的时间点披露不同的信息。此外，境外上市的费用昂贵，企业需要酌情考虑。

4.4.3　间接境外上市

直接境外上市费用高、流程多、耗时长，有些企业采用间接境外上市。间接境外上市，主要分为买壳上市和造壳上市。这两种方法的本质，都是将境内企业资产注入壳企业（包括上市企业和拟上市企业），达到上市目的。

1. 买壳上市

境内企业收购境外上市企业或拟上市企业，然后把境内企业的业务注入收购的境外企业，以实现买壳上市。

一般情况下，由于中国香港企业的收购成本低，内地的企业多数选择收购中国香港的上市企业实现上市目标。

2004 年国美电器通过买壳上市策略，成功在中国香港上市。当时，国美电器实控人黄光裕以现金购入中国鹏润（上市公司）股份，达到控股状态。当然，只有中国鹏润是不够的，国美电器还全资持有 Ocean Town（非上市公司）。当所有条件都已经具备，两家公司和黄光裕已经准备好大展拳脚了。

首先，中国鹏润向黄光裕定增 2.4 亿港元的股票，国美电器以其资产支付股票价格，这样一来，国美电器的部分资产就顺理成章地进入了中国鹏润。然后中国鹏润再次分别向黄光裕发行 70.314 亿港币和 10.269 亿港币的可转票据。这套组合拳下来，黄光裕持有了中国鹏润 97% 的股份。国美电器上市成功。

从国美电器的案例可以看出，买壳上市对非上市企业的资金要求其实是非常高的。

2. 造壳上市

境内非上市企业的股东在境外申请注册一家境外企业，由这家境外企业收购境内非上市企业。随后，境内非上市企业通过境外企业的身份直接向境外证券市场提出 IPO 申请。

3. 买壳上市和造壳上市的差异

买壳上市策略的壳企业，本身就是上市企业，买壳上市的速度要比造壳上市更快。但缺点在于上市企业受相关部门监管，需要及时披露信息；买壳的过程非常复杂，也需要消耗一段时间。在谈判过程中，需要采取一些措施避免壳企业股价波动。

与买壳上市不同，引入战略投资者是造壳上市策略的重要环节。强大的战略投资者有助于在 IPO 时提高市盈率，从而提高企业估值。

4.4.4　IPO 的基本流程与操作

由于不同国家或地区的情况和政策不同，各地区证券市场 IPO 的流程有所差异。

1. A 股 IPO

IPO 是企业的重大转折点，企业要克服重重困难才能成功上市。

首先，企业要聘请投行一起完成上市工作。投行负责提供上市前辅导，并对企业进行尽职调查。投行工作人员向总部提交内部审核申请文件，总部核准通过后，投行工作人员即可与企业签订承销和保荐协议。下一步便是投行和企业共同准备申请材料递交证监会。证监会就提供的申请材料开设预审会和初审会，提出申请材料修改意见。企业对材料补充修订之后，根据证监会安排的时间表实施封卷工作并提交承诺函。之后，证监会发行正式的核准批文。取得批文后，企业就可以通过询价方式确定股票发行价。最后，企业的股票才可以发行上市。

2. 美股 IPO

与 A 股相比，美股 IPO 流程较为简洁，共分为 5 步。

（1）企业需要聘请专业的中介机构，包括境内和境外的律师、国际会计师事务所、财务顾问和资产评估师等。

（2）企业和中介机构一起准备申请文件并提交给美国证监会，主要的文件就是招股说明书。

（3）企业尽可能多地进行路演，并且制定新股发行的价格。

（4）企业聘请投行承销新股。

（5）股票挂牌上市，完成 IPO。

在美国，上市花费的时间比在境内上市花费的时间短，美国对企业的审核也不如境内主板严格。

3. 香港 IPO

企业需要完成以下 6 个步骤才能在中国香港上市。

（1）企业向港交所提交文件，港交所告知暂定聆讯日期，这一步骤花费 3 至 6 个月。

（2）上市委员会审查企业是否符合上市资质，对企业进行聆讯。

（3）企业通过聆讯且获得上市批准后即可开始路演工作。

（4）企业开始向投资人招股。

（5）招股大约 7 天后即向投资人发布中签结果。

（6）成功上市，但在正式交易之前，股票会在暗盘进行交易。暗盘交易为场外交易，股票直接在投行的内部系统撮合卖家和买家完成交易。

第 5 章
银行融资：企业如何以低成本获得银行资金

创业维艰，创业者要开启新征途，注定会面对很多困难，如企业人才招聘不力、项目启动资金不足、应收账款回款太慢，日常运营花费巨大等。为维持企业的存活和发展，取得融资是至关重要的一步。

银行融资，是企业融资的传统方式，风险较小，更具可靠性，且资金成本较低，是我国企业融资的主要形式之一。

5.1　常见的银行融资方式

企业可以通过银行以信贷组合方式融资。这种方式具有公开、固定的操作流程和步骤，并具有多种形式，便于企业根据自身特点进行选择。

5.1.1　固定资产贷款

企业为满足自身对固定资产的投资活动，例如房屋购买和安装、工程项目的建设等，会以固定资产贷款的方式进行融资。这类贷款的融资金额比较大，资金使用期限较长。在银行看来，资金使用期限长意味着贷款的风险较高，因此企业申请固定资产贷款时，银行会要求企业除了提供常规的担保外，还要将新增的固定资产用作抵押。后期还款时，贷款企业应当以项目竣工后的现金或是企业自有资金进行还款。

陕西省某化妆品原料生产公司，因国内美妆市场爆发，市场对该公司生产的化妆品原料需求剧增，一时间，公司收到的订单量远超于公司的产能。创业者认为应该抓住此刻的业绩增长机会，抢先抢占市场份额，为此决定扩大厂房，购买新的生产设备。但是这一投资项目花费巨大，公司目前的流动资金不足以覆盖全部成本。创业者想到通过银行借贷进行融资，经过咨询后，银行认为该公司的投资目的是扩大生产线，属于固定资产的投资，符合银行固定资产贷款的条件；并且该化妆品原料生产公司在陕西省属于老牌企业，和银行本来就有密切业务往来，各种资质较为齐全，信用状况良好，也符合固定资产贷款的申请条件。

创业者在银行客户经理的推荐和指导下，提交了固定资产贷款的申请书，准备了大量的合规文件。由于该项借款数目较大，且借款时间为五年，贷款风险较高。

银行虽然对公司整体较为熟悉，但对公司提升产能是否会盈利、公司开展该项目后是否能还本付息存在疑虑。在此前提下，该公司找到知名咨询公司出具了细致的提升产能后盈利能力的分析报告，最终通过了银行的尽职调查，顺利与银行签订了贷款协议。

在固定资产贷款操作流程中，应注意以下要点。

1. 贷款企业的资质

为能顺利完成固定资产贷款，银行要求贷款企业有如下资质。

（1）贷款企业应提供由市场监督行政管理部门审核授予的企业营业执照，事业单位则需要提供法人证书。

（2）贷款企业需要有中国人民银行所出具的贷款许可证。

（3）贷款企业本身需要有完善的管理制度，其经营状况尚可，有优良的信用记录，最重要的是，有较强的偿债能力。

（4）贷款企业需要在申请贷款的银行开立基本存款账户或者是一般存款账户。

（5）贷款企业需要满足申请银行的贷款担保条件。不同银行的担保条件会有所区别。

（6）从国家政策角度来讲，贷款企业有融资需求的固定资产投资项目要符合国家信贷政策和产业政策，贷款资金和总投资的比例也应符合国家法律规定。

2. 贷款的步骤

贷款企业如果符合银行贷款资质，就可以进入下一步，开始执行贷款的具体步骤了。

（1）提供材料。贷款企业要向银行提交贷款申请并且提供相关材料，例如营业执照、管理章程、近三年的经过审计的财务报告、投资项目的盈利效益分析书、贷款资金的具体使用计划和还款计划等，具体提交的合规文件以银行要求为准。

（2）尽职调查。银行收到贷款企业上交的申请书及各类文件后，会对贷款企业进行尽职调查。例如，对贷款企业的文件的真实合法性进行核实，对贷款项目的安全、合法以及盈利效益进行调查和分析，以此来评估贷款企业是否有能力偿还贷款。除了贷款企业本身的信用等级以及还款能力以外，银行还会对贷款企业所提供的担保人、质押物等进行进一步的审核，最终形成银行的评估文件。

经过重重筛选和严谨的尽职调查之后，银行和贷款企业就可以围绕贷款具体条款、抵押合同以及担保条款进行进一步协商，最终达成协议，并完成合同的最终签订。然后，贷款企业只需要完成在贷款合约中约定好的抵押登记等相关手续，就能提交提款申请，等待资金入账。

5.1.2　流动资产贷款

除了固定资产贷款，流动资产贷款也是非常好的信贷工具。流动资产贷款是企业在运营中出现资金周转困难时所选择的贷款，其主要目的是满足中小企业在经营生产过程中的短期资金需求。对这类贷款，银行不允许用于固定资产和股权的投资，只能用于企业的日常经营和周转，例如支付员工工资、清付应付款等。

和固定资产贷款不同，流动资产贷款的贷款期限会短一些，分为一年内的短期贷款和一至三年的中期贷款。流动资产贷款是非常高效有用的信贷工具，申请手续简单，融资成本也较低。企业还款时，应当使用自身的营业收入。

言和私募投资公司（以下简称言和）是一家二级市场股票投资公司，公司团队共 10 人。2018 年，股票市场低迷，很多投资人选择撤资。在管理项目规模骤减情况下，公司收入也断崖式下跌，公司资金周转出现问题。然而言和仍旧需要按时给员工支付薪酬，房租、水电费、网络费等费用也不能断。在这种情况下，言和只好找到银行借贷，希望可以度过这一艰难时刻。

银行客户经理了解大致情况后，推荐言和选择流动资产贷款，用以公司日常运营费用的支出。在申请资质方面，由于言和是一个只有 10 个人的小公司，其管理制度并不完善。日常费用支付和结算，都是言和创业者一人完成的，并没有特意设立财务管理制度。当公司提交材料时，银行表示财务管理制度是公司必需的管理制度，要求言和补全相关制度才能进行贷款的批示。最终，言和在律师事务所的帮助下拟好了公司的财务管理制度，拿到了贷款。

为了完成流动资产贷款申请操作，企业应熟悉以下要求。

1. 贷款资质

相比于固定资产贷款，银行对贷款企业的流动资产贷款资质要求有所放低，具体如下。

（1）贷款企业应提供由市场监督行政管理部门审核授予的企业营业执照。

（2）贷款企业本身需要有完善的管理制度、有优良的信用记录和业务状况，可以按时还本付息。

（3）贷款企业需要在申请贷款的银行开立基本存款账户或者一般存款账户。

（4）贷款企业可以提供银行授权的担保单位所提供的担保，也可以通过质押进行担保。

（5）贷款企业可以达到银行信用评级标准，并且借款用途符合国家法律规定。

2. 贷款流程

流动资产贷款的办理手续和固定资产贷款的办理手续类似。贷款企业要将贷款申请书和相关材料递交给银行，由银行对提交的材料和贷款企业进行尽职调查。调查通过后，双方签订借款协议以及其他相关的借款文件，例如抵押合同等。最终，贷款企业需要在贷款银行开立贷款账户，并通过贷款账户提取贷款。

5.1.3　信用贷款

和前面介绍的两种需要抵押或者担保的信贷方式不同，信用贷款是银行向企业发放的，无须抵押和担保的贷款。信用贷款方案的内容并非固定不变，而是根据企业不同的现金需求和运营方式进行量身定制，由此减轻企业偿还利息和到期一次性还本的压力。

天津滨海农商银行（以下简称滨海银行）为帮助中小企业生存，拓宽信贷投放的思路，决定将企业客户在该行结算账户的交易流水量作为核定信贷额度的依据，支持地方经济发展，承担社会责任。

聚业（天津）国际贸易有限公司（以下简称国贸）就是滨海银行发行流水贷的受益企业。该银行在走访中得知国贸无法提供抵押和担保，但是流水较为充裕后，立刻推荐国贸申请流水贷进行融资。国贸财务总监表示，该公司在 2018 年在滨海银行开户结算，通过过去 12 个月的日常流水融资 200 万元，解决了公司的资金困难问题。

企业申请信用贷款时，应注意分辨信用贷款类型，熟悉对应的申请流程。

1. 企业信用贷款的类型

企业能申请的信用贷款有不同类型。图 5.1-1 所示为企业信用贷款的三种类型。

图 5.1-1　企业信用贷款的三种类型

（1）企业税贷。企业税贷是指银行结合贷款企业最近一年纳税情况，对企业经营状况进行分析，根据评估结果进行授信。纳税情况不同，银行授予的额度不同，企业纳税额越高，银行授信额度就越高。

（2）企业发票贷。企业发票贷款指银行结合企业开具的增值税发票额对企业经营情况进行分析，根据分析结果进行授信。相较于企业税贷，企业发票贷的利息相对偏高，对贷款企业资质审核要求也较高。企业发票贷要求企业成立两年以上，开票一年半以上，发票没有断开记录，且开票额大于 100 万元。该类贷款只有企业法人可以申请。

（3）企业流水贷。企业流水贷适用于不满足企业税贷和企业发票贷的申请条件，但是流水较为充足的企业。企业流水贷的基本逻辑是以企业一定期间的营业流水作为参考依据，判断企业是否具有还本付息的能力、企业业务状况是否良好。企业流水贷对企业的经营情况的要求比较高，要求企业的营业执照满两年，流水满十二个月并且不断。

2. 企业申请信用贷款的条件

企业申请信用贷款，需要具备一定条件。

长春某制药公司，想要申请信用贷款。银行在对公司的尽职调查中发现，该公司由于非法排污正在经历法律诉讼，即使该公司实力雄厚，其产品毛利率高达90%，银行仍旧拒绝为该公司提供信用贷款。

通过案例可知，无论申请何种贷款类型，银行对信用贷款整体申请资质的审核是比较严格的，毕竟"弱抵押，强信用"是信用贷款的核心逻辑。

为准确衡量和体现企业的信用度，银行设立了以下标准，企业应尽量符合这些硬性要求。

（1）贷款企业必须符合国家相关产业、行业的政策，不属于高污染、高耗能的小企业。

（2）贷款企业的经营者从业时间需在3年以上，并且不存在不良个人信用记录。

（3）贷款企业整体经营情况稳定，成立年限原则上在2年（含）以上；至少有一个会计年度财报；企业经营利润总额近3年处于持续增长的良性经营状况；企业负债层面，资产负债率控制在60%；企业整体现金流量稳定。

（4）贷款企业需要具有由工商行政管理部门核准登记，且年检合格的营业执照。

（5）贷款企业需要持有中国人民银行发行的贷款卡。

（6）贷款企业要有固定的经营场所，企业经营方式符合国家法律规定，有完善的管理规章制度。企业生产产品或提供服务具备一定盈利能力。

（7）贷款企业具备履行合同、偿还债务的能力。有充分的还款意愿，在各家商业银行都保持良好的信誉状况，没有不良信用记录。贷款企业的信贷资产风险分类为正常类或非财务因素影响的关注类。

5.1.4 发票融资

发票融资是指企业在不让渡应收账款债权的前提条件下，以其销售商品或服务所产生的发票作为凭证，使银行对企业提供短期融资的贷款工具。作为凭证的发票所对应的应收账款，是发票贷款的第一还款来源。

山东某汽车零部件企业下游购货商拖延应收账款一个月，导致该企业资金周转困难。企业希望以拖延欠款的购货商的发票作为凭证向银行贷款。银行经调查发现，该购货商时常拖延款项支付时间，因此拒绝了该项贷款申请。

发票融资适用于生产经营正常、与下游产品购货方有良好稳定的业务往来、下游企业不存在太高的违约风险，且对应收账款管理能力较强的企业。

1. 发票融资的优势

发票融资有着非常明显的优势。

（1）贷款手续相对于其他贷款方式来说较为精简，企业只需凭交易合同以及发票等单据就可以得到融资。

（2）发票融资意味着企业可提前盘活应收账款，提前"收到"下游企业资金。这将大大缓解下游企业拖延应收款而导致的资金紧张局面，极大地改善了贷款企业的现金流状况。

（3）可以获得的融资比例较大。只要与下游企业业务合作稳定，且购销双方都有较高信用，企业能通过发票融到的资金和应收账款相差无几。

（4）贷款企业并非转让应收账款，其间并无债权转移的前提条件。贷款企业仅仅以应收账款作为凭据，就能拿到银行融资。

2. 发票融资的申请条件

企业开展发票融资，主要应具备如下申请条件。

（1）贷款企业需要提供经市场监督行政管理部门核准登记的营业执照，并持有中国人民银行核发的贷款卡。

（2）贷款企业及其购货方在同一银行开立基本存款账户或一般存款账户。

（3）贷款企业生产经营正常，所生产的产品或提供的服务有良好的效应，与购货方有 6 个月以上良好稳定的业务往来，有良好的履约记录。

（4）贷款企业对应收账款的管理能力较强，应收账款账龄以及结构合理，不存在过大的坏账比例。从往年经营数据和现金流来看，贷款企业具备回购应收账款的能力。

（5）贷款企业的购货方经营管理合法规范，有充足的现金流，有较强的偿债能力和偿债意愿。没有恶意拖欠销货方货款或其他不良信用记录。

（6）贷款企业作为贷款凭证的应收账款权属清晰，未被转让和质押，且购销双方未曾约定不得转让。

5.2 特色的银行融资方式

除了上文介绍的较为常见的银行融资方式之外，银行还根据企业不同的支付以及融资需求，开发出了更为多样化的信贷产品。有了这些融资方式，企业就能根据自身情况，更灵活地管理资金、控制贸易风险，推动整体商业市场的发展。

5.2.1 银行承兑汇票融资

创业之前，不少人认为做生意就是"一手交钱，一手交货"。然而在复杂商业世界中，支付的方式是多种多样的，票据就是常见的预支付手段。票据当中，使用频率较高的，就是银行承兑汇票。

H 公司有一座矿产，现急需要 1000 万元购买大型挖矿设备。然而 H 公司一时间拿不出如此多的现金，故和设备生产公司进行协商，希望可以使用银行承兑汇票进行支付。在设备生产公司同意后，H 公司找到自己的开户银行，申请开一张银行承兑汇票。

这张银行承兑汇票的意义很大，说明 H 公司同意向设备生产公司付款以获得设备，但由于当下没有充足的现金支付，因此请银行介入，协同做出付款承诺。由于有银行承兑汇票作为承诺，当汇票到期后，银行将依法无条件兑付。

银行自然不是随意开出这样的付款承诺的。在银行对 H 公司进行充分尽职调查，确认 H 公司有充分的付款实力后，会再要求该公司支付必要的保证金来控制风险。通常情况下，银行承兑汇票的保证金比例为 30%，在本案例中 H 公司支付的保证金为 300 万元。这些要求全部满足后，银行将出具具有承兑处公章的银行承兑汇票，H 公司就可以将该票据给设备生产公司用以支付，拿到设备。

由于 H 公司已经支付保证金 300 万元，后续支付时，H 公司只需要往银行账户打款 700 万元。待设备生产公司凭银行承兑汇票要求付款时，银行会将票据记录的 1000 万元款项划给设备生产公司。

在上述案例中，H 公司在交易初期以较低的资金购买到了需要的设备，设备生产公司也以安全的方式增加了销售业绩，银行在业务往来中增强了和公司之间的交流与合作。

有关企业办理和使用银行承兑汇票的优势如下。

（1）企业开银行承兑汇票的优势。在资金不足的情况下，企业若想用有限的资本进行资产的扩充，可以通过票据来进行远期付款。这种方式不仅能在减少资金占用的同时扩大生产规模，企业利用未被占用的资金，也能通过银行储蓄、投资理财等方式赚取一定的利息，对于企业来讲是一举多得的事情。

获得银行承兑汇票的企业，实际上取得了银行做出的信用背书，说明该企业的经营效益、信用都处于良好发展的阶段。这不仅能带给合作者更多的信心，也能提高企业的市场形象。

（2）银行为企业开出银行承兑汇票的价值。企业申请开出银行承兑汇票，是为了获得银行信用背书，由银行承担信用风险。由于银行承担开票人的信用风险，并且承兑的部分与贷款一样需要占用资本，因此，银行除了评估企业的实力，还要求企业缴纳各种手续费和汇票票面金额 30% 左右的保证金，以及要求企业以固定资产作为担保。

存款业务是银行的重要考核指标，保证金制度有利于增加银行的存款，有利于银行完成任务。此外，企业办理的贴现、转贴现等业务，也都能为银行增加收益。这些都促进了企业和银行之间的互动和合作。

5.2.2 票据贴现融资

所谓票据，就是当企业有融资需求时，将商业票据转让给银行，银行按票面金额扣除贴现利息后将余额支付给企业的融资方式。

与黄金公司约定使用银行承兑汇票的设备生产商，由于想要扩大生产，需要资金购买新厂房。然而资金不足，汇票在一个月后才可兑付。该设备生产商将汇票贴现给银行，贴息 5%。很快，该设备生产商就拿到了 950 万元的汇款。

对于案例中的设备生产商，接受银行承兑汇票，增加了销售收入，且银行承兑汇票违约风险低，回款有保证。特殊情况急需用钱时，也可以将汇票贴现给银行进行融资，仅需支付一定的贴现息即可。

票据贴现和信用贷款，都为企业融通的资金，但二者却不相同。

（1）票据贴现资金流动性更佳。票据的流通性更好，票据持有企业如果有资金需求，就可以到银行或贴现公司对持有票据进行贴现，支付一定的贴现息，就可以获得资金。但信用贷款是有期限的，除非到期，否则银行不能对贷款进行回收。

（2）利息收取预先扣除。在贴现业务中，银行会在业务发生时直接将利息从票据面额中扣除，收息方式是预先扣除。例如面额为 100 万元的票据的贴现率为 5%，那么银行给企业的资金就只有 95 万元，5 万元作为贴现息直接扣除。而信用贷款不同，贷款会在到期时连本带利一起收回，属于事后收取利息，或者定期收取利息。

（3）票据贴现利率更低。票据贴现的利率会比信用贷款的利率更低。持票企业去办理贴现业务是将流动资产变现，而非没有这笔资金。如果贴现率过高，对于持票企业来说太不划算，资金成本高，贴现业务就不可能发生。相对而言，信用贷款利率必然比同期的票据贴现融资利率要高。

（4）票据贴现资金使用更为自由。持票人在将票据贴现后，如何使用这笔资金完全出于自身的需求，贴现银行和贷款政策无法对资金使用目的和范围做任何限制。但借款人在使用信用贷款时，会受到贷款银行的审查和监督，贷款目的也不能随意变更，使用范围也受到限制。

（5）债务债权的关系人不同。贴现的债务人并非申请贴现业务的一方，而是最初向银行申请出票的一方，也就是付款方。只有在付款方拒绝付款时，持有票据的一方才能向贴现方或银行行使追索票款的权利。而贷款的债权关系就简单多了，谁申请贷款，谁就是债务人，债权关系非常直接。当然银行也会要求贷款人寻找担保人来保证回款，但贴现业务就不存在这一要求。

（6）资金规模和期限不同。票据贴现的期限，是指从银行贴现之日开始到票据到期日结束的期限，最长不得超过 6 个月，且其涉及的资金规模不大。贷款的偿还期限，是指从银行发放贷款到企业偿还贷款的期限，其周期长短不同，涉及的资金规模通常较大。

票据贴现业务可以使资金需求不紧急、希望利用闲散资金的票据拥有者快速变现，是处于货币市场中心位置的重要业务。对比票据贴现市场与其他市场，票据贴现业务有许多优点。对银行来说，贴现银行可以以较为满意的贴现率获利，票据所涉及的资金的收回速度是较快的，并且资金收回安全性较高。对于贴现企业，通过贴现可取得短期融通资金，帮助企业经营与发展，票据贴现是非常好的融资工具。

5.2.3　国内信用证打包贷款

国内信用证打包贷款是贸易结算过程中较为常见的融资工具。信用证和银行承兑汇票都是支付承诺，但银行承兑汇票属于无条件的付款义务，而信用证是有条件的付款命令。信用证付款的前提条件是交易单据在规定时间内上交银行，所以，买方不必担心卖方不履行发货义务，卖方也不必担心买方不支付货款。在贸易层面，国内信用证打包贷款方式大大提高了贸易的效率和安全性。

A 公司的主营业务为金属材料等，此前与上游企业均使用现金交易。近年来，由于企业经营规模扩大，资金紧张，于是向 X 银行提出开立国内信用证的业务申请。开设国内信用证后，该公司在当年 6 月出具的不可撤销即期信用证 200 万元，公司向 X 银行某分行申请金额为 200 万元人民币的打包放款，用于采购上游材料。

该分行对 A 公司提供的信用证真实性、条款等内容及采购合同等资料进行审核，审查结果表明信用证真实有效，条款清晰准确，符合相关规定，且 A 公司财务状况良好，信誉较佳，执行类似合同纪录良好。基于此，该分行和 A 公司办理了打放款手续，为其发放了 200 万元人民币，资金封存在保证金账户。按照该公司的付款申请，经银行核实后，分 3 次以资金形式划拨给其上游供应商。

从上述案例中，我们可以总结出国内信用证打包贷款的特征和优势。

1.　国内信用证打包贷款的三大特征

国内信用证打包贷款作为一种现代、高效的银行融资工具，具有显著特征。图 5.2-1 所示为国内信用证打包贷款的三大特征。

图 5.2-1　国内信用证打包贷款的三大特征

（1）贷款要求专款专用，开立方进行备货、生产等经营活动必须在信用证规定用途下进行。

（2）人民币为打包贷款的币种，流动资金贷款利率为贷款利率的执行利率。

（3）信用证所批复项目应收款是还款来源。

2. 企业使用国内信用证打包贷款的优势

企业在使用国内信用证打包贷款时，如操作得当，能获取以下优势。

（1）增加贸易机会。对买方企业而言，可以确保安全付款，并保障货物或提供服务的质量和数量。尤其是买方通过国内信用证贷款，反映在表外，不计入买方表内负债科目，不会导致买方的资产负债率上升，对财务报表具有优化作用。对卖方企业而言，由于资金短缺而失去客户订单是非常可惜的。国内信用证打包贷款能让企业在自有资金短缺且上游企业拒绝支付预付款或者定金的情况下，解决卖方企业在货物生产、包装、运输等环节中资金不足的问题，使卖方企业可以顺利开展业务，把握贸易机会。

（2）减少资金占压。重资产运营为特征的企业中，生产、采购、装运等备货阶段需要消耗大量资金成本，导致企业资金紧张。使用国内信用证打包贷款，专项交易下的生产各个阶段都不必占用企业自有资金，提高了资金利用效率，大大缓解企业的流动资金压力。

（3）扩大经营规模。信用证本质是借用银行信用，给买卖双方都提供良好的信用保障，尤其是首次发生业务往来而不熟悉彼此的贸易伙伴。

在信用证发挥作用的过程中，银行的贸易监管功能有效地降低了传统贸易中的融资风险，极大地提升了贸易双方的信任度和满意度。

信用证为贸易买方付款的前提，是卖方将贸易相关单据发送给银行，买方不必担心付款而不发货的情况的保障，对于卖方则降低了坏账、拖欠账款的可能性。对买方来说，可以利用开立银行的授信额度支付贷款，提取货物，后续使用销售收入来偿还贷款，不必占用买方的资金。卖方发货后的应收账款，也可通过银行信用保证而杜绝坏账风险。在这种情况下，贸易的活跃度增加，双方在信用证的帮助下，有能力接受或发出更多的订单，扩大经营规模，促进经济的发展。

5.2.4 银团贷款

当企业贷款金额巨大时，银行担心仅自身一家银行提供贷款承担风险巨大，又不愿放弃该业务所带来的收益，就会选择多家银行共同出资贷款，分散风险，这样的贷款方式叫作银团贷款。

通常情况下，银团贷款业务发生时，会选择一家银行作为代表银行，牵头负责银团成员的贷款事宜。

印度尼西亚国有企业帕塔米纳石油公司（以下简称帕塔米纳）要完成给位于印度尼西亚东加里曼丹主要天然气生产基地安装生产加工管道的项目。为完成改造项目，帕塔米纳需要融资 7.5 亿美元。项目的融资顾问由美国大通曼哈顿银行亚洲分行和日本三菱银行担任，在这两家银行的撮合下，共 17 家银行共同出资安装项目。

该项融资由两部分组成，一部分是金额为 4.5 亿美元的无担保项目贷款，利率较高，另一部分是由日本三菱银行提供的 3 亿美元担保贷款，利率较低一些。这样的融资结构，使得一部分项目风险转移至日本三菱银行。三菱银行自然是有好处的，三菱银行可以在该项目中获得年化利率为 0.45% 的担保费，同时也可以在印度尼西亚的市场上建立良好的信誉，为将来的长期业务合作打下坚实的基础。

为了保护贷款银团的利益，帕塔米纳在本次融资项目中设立了债务偿还信托基金，由美国纽约银行作为基金管理人，负责安排融资债务偿还事宜。该项目的销售收入用于支付项目贷款，直接进入债务偿还信托基金。

该案例中项目花费巨大，是需要多家企业通力合作参与的国家级大项目，项目完成周期长，因此需要银团贷款。

1. 银团贷款特点与优势

使用银团贷款的项目，都有如下特征。

（1）银团贷款所涉及的金额都较大，借款期限较长。一般，会用到银团贷款的项目，大都属于交通、水利、电信、电力等大型新建项目、设备租赁购买等项目。

（2）贷款企业在整个融资过程中需要花费的时间、精力较少。贷款企业只需在最初和代理银行商定好贷款条件即可，剩余的包括银团的组建、贷款执行、贷款提取以及后续还本付息等管理工作，都由代理银行操持完成。

（3）贷款形式多种多样。银团贷款可根据贷款企业需求进行定制，从贷款币种，到贷款形式，都可以一事一议。

（4）帮助贷款企业树立良好信誉。在贷款项目审核时，银行团会对贷款企业的财务和经营情况进行尽职调查与评估，最终认可贷款项目。经过银行团认可的企业，才能有资格获得银团贷款，这本身就体现出金融业界对企业实力的充分认可，贷款企业可以通过该贷款项目向各界展示良好的经营实力和信誉。

2. 银团贷款和联合贷款的区别

虽然都是多家银行提供贷款，但银团贷款和联合贷款却不相同。其中最本质的区别是银团贷款将多家银行视为一个整体，而联合贷款仍旧是分散而独立的银行，共同为一家企业提供贷款。

银团贷款项目由一家代理银行统筹，尽职调查时，各家银行会以牵头银行提供的信息作为贷款决策依据，签订合约时也是统一合同，利率、期限、担保方式等各类贷款条件保持一致。

联合贷款则是各家银行分别与贷款企业进行联系，在尽职调查过程中也由各家银行分别组织信息的收集和评估，贷款企业需要面对多次评审。在最终贷款协议的签订时，各家银行的态度也会略有不同。

第 6 章

民间融资：企业如何低风险获得民间融资

谈到民间融资，人们很容易将之与非法集资联系起来。这不是危言耸听，而是悬在企业头上的达摩克利斯之剑。一方面，普通企业大都面临着银行贷款难、投资者门槛高的窘境，因此将希望的目光投向民间融资。另一方面，如果企业轻易选择民间融资而不规避风险，很可能陷入法律风险。

怎样进行民间融资才最安全、收益最高？这是所有企业家应予以关注的问题。

6.1　什么是民间融资

民间融资，是指在除国家法定金融机构以外的出资者和被投资企业之间进行的民间借贷。民间融资的目的，对出资者而言是取得高额利息，对被投资企业而言是获得资金使用权以弥补自身资源不足。

民间融资主要发生在民间资本市场，同样存在价值转移、本息支付的行为。

6.1.1　民间融资的形式

民间融资，主要有民间借贷、有价证券融资、票据融资、内部集资等形式，同时也包括典当融资、融资租赁、众筹融资等新的形式。

近年，越来越多的民间借贷登记服务中心出现在各个城市。在成都、西安、大连等地，均有民间借贷登记服务中心活跃的身影。尽管它们有不同的性质、背景，但对当地企业民间融资活动提供了重要帮助。

以成都市民间借贷登记服务中心为例。2012 年，该中心由成都市工商联牵头成立，属于为企业提供公共服务的民间融资机构。该中心成立后，主要在法律政策允许范围内，为企业的民间融资行为提供信息发布、查询、登记，备案登记、投融资管理、投融资咨询和对接等服务。

该中心规定，必须对借贷双方进行资格审查，包括资金来源、借款用途等。该中心向借贷双方提供合同文本，并借助律师事务所、会计师事务所、公证处等相关机构，为借贷双方提供法律、财务、公证等专业化服务，有效降低借贷双方在借贷中面对的法律和信用风险。

具体借贷登记流程如下。

客户有资金出借需求时，可以直接到中心登记，登记内容包括个人联系方式、出借金额和对企业的要求等。中心工作人员会将这些信息录入系统中，再根据具体内容与需求企业的条件进行精密匹配。匹配成功后，登记中心就会安排借贷双方进行会面，最终确定贷款利率并达成交易。如果信息没有形成匹配，会优先与新的需求方进行匹配。

为提升服务质量，该中心还引进了不少机构，如融资中介机构、担保机构、配套服务机构等。

类似的民间借贷登记服务中心，有效地将民间资本引入社会实体经济，尤其满足了贷款企业的需要。

能满足企业需要的民间融资有多种形式，如图 6.1-1 所示。

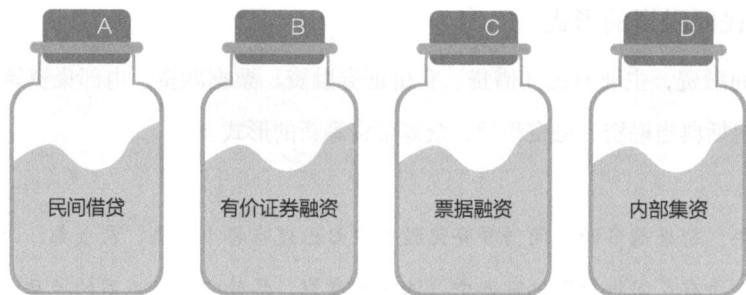

图 6.1-1　民间融资形式

1. 民间借贷

民间借贷是传统的民间融资方式，或为私人性质的民间借贷，或为高利率借贷。前者规模小、期限短，借贷双方基于亲戚朋友等关系建立信任，该方式的主要用途是满足微型企业短期需要；后者规模大，期限长短不一，利率一般根据同期金融机构贷款利率水平和当地社会经济生活发展水平、资金供求状况等因素综合确定。

2. 有价证券融资

有价证券，主要指能取得一定收入并能自由转让买卖的所有权或债权凭证。有价证券按照其对应的财产权利性质，主要分为商品证券、货币证券（包括商业证券、银行证券）、资本证券（股票、债券等）。

在民间借贷的实际操作中，借款人可以利用存单、债券、房产等进行抵押、质押贷款，这种贷款行为称为有价证券融资。

3. 票据融资

企业可以将自身持有的未到期的银行承兑票据、商业承兑票据或可转让短期债券，向银行等金融机构要求兑现成现款。金融机构则需要按照票面金额扣除贴现息后付给企业现金。在票据到期后，银行再向票据付款人收款。这一流程即票据融资。

当企业资金不足时，企业可以利用票据获得现金。票据经过贴现后，就不再归企业所有，而是归贴现机构所有。通过这种形式，企业的"死钱"能得以灵活使用。因此，票据融资的本质，是企业以应收票据作为质押物，向贴现机构取得一笔贷款。

（1）票据融资的分类。我国票据融资实践中使用的贴现票据，主要包括商业承兑汇票和银行承兑汇票等。

商家签发的，由银行承兑的票据，即银行承兑汇票。中小企业持银行承兑汇票，可以在银行按一定贴现率申请贴现以获取资金。银行承兑汇票融资的方式灵活简便、成本较低，有助于中小企业相应财务费用的降低。

商业承兑汇票则是由付款人或出票人直接签发并承兑。当中小企业希望获得资金，可以持该类票据到银行按一定贴现率申请贴现。商业承兑汇票融资的基础在于企业信用，如果企业信用良好，则相对比较容易获得贴现融资。

（2）票据融资的优势。票据融资的优势，在于企业可以不受自身资产、项目规模特点的限制来获取贷款金额，而是结合自身销售情况来贷款。企业从收到票据至票据到期为止，有数十天乃至 300 天的期限，企业利用这段时间闲置的资金的手续远比贷款手续更为简便，成本也会更低。

4. 内部集资

中小企业面临资金不足时，也可以考虑用合适利率向内部员工集资。采用这种融资方式，通常应设定等于或者略高于银行同期贷款利率的利率。

在 1990 年到 1997 年间，华为面临初创时期融资困难的压力，而其早期研发项目又花费较多。为此，华为选择了内部集资。公司推出员工持股制度，允许技术和管理员工购入公司内部发行的股票，价格为每股 10 元，公司则将税后利润 15% 作为总红利，按持股数量派发给员工。

上述案例中的这种持股制度，是典型的内部集资行为。华为采用这种集资模式，不必支付利息，而是采用分红形式，风险相对较低。更有意义之处在于其能有效刺激员工工作的积极性。

正是通过这种内部集资行为，华为度过了最初的困难期，走上了发展壮大之路。

5. 其他融资模式

除了上述融资模式外，典当融资、融资租赁、众筹融资等其他融资模式，属于近年来涌现的企业民间融资新形态。

（1）典当融资。典当融资，是指企业将原有财产作为质押或抵押物，向典当行寻求贷款。企业应和典当行约定，在一定期限内偿还资金、赎回当物。

典当融资中，企业只需提供合规的抵押物、质押物，并会同典当行进行价值评估认定。通过典当获得资金的手续简便易行，与银行等金融机构相比更为快捷。在资金使用方面，典当融资后，资金如何使用将不受提供者的限制，其使用方式更为灵活、效率也会更高。

（2）融资租赁。融资租赁是指企业通过向其他企业组织租借设备，以继续经营或对生产加以扩大，再利用所取得的利润支付租金，并最终持有设备的所有权。

融资租赁的通俗比喻是借鸡下蛋后，再用卖蛋所得利润买下母鸡。这种方式能避免企业在创立之初面对的缺少必要抵押资产进行融资的窘境，尤其适合那些资金规模较小，但对机器设备需求大的企业。

凡事有利就有弊。融资租赁虽然能带来好处，但过程相对复杂，关系到出租人、承租人、供应商三方，且整个融资租赁过程由买卖、租赁两部分组成。因此，企业必须深入了解学习相关法律法规，避免在融资过程中利益受损。

（3）众筹融资。这种融资方式，又称为大众筹资，其组成方包括发起人、投资人和众筹平台。

众筹融资，实质上是围绕项目进行的合伙投资。众筹融资对投资者的要求较低，形式多样，其出现后受到较大的关注。通常，众筹融资需要一定的互联网中介平台，对投融资双方提供联系服务。

在我国，众筹融资方式目前主要有三大种类。

①天使类众筹，即天使投资者在互联网中介平台的服务下，与企业形成匹配关系，完成融资。

②会员类众筹，即 200 人以内的参与者，每人投资一份，完成整个企业的融资。

③凭证类众筹，即当企业完成众筹后，对每位投资者发放一份凭证。投资者可以通过持有凭证，在项目成功后兑现回报。

需要注意，企业可以设定不同的众筹项目，对每个项目也都应设定清楚的目标，包括需要筹资的目标金额、筹资的具体天数等。在事先计划的天数内，如果所获得金额达到或超过目标，即可视为众筹融资成功；如果未能达成目标，则看作众筹融资失败。此外，众筹并非捐款，而是投资。因此，企业必须在项目开始前就设定相应回报指标。

6.1.2　民间融资青睐哪些行业

对于初创企业而言，从默默无闻的"草台班子"，到立定脚跟的种子时期，再到小有所成的发展阶段，直到筹备上市的成熟时期……其中每一步都既充满挑战，又充满风险。无论企业走到哪一步，如果能得到民间融资的重要帮助，企业就更容易摆脱资金困境。

民间融资领域内，虽然总是在发生各类复杂情况，但其青睐的行业却是多年不变的。

从贷款次数和金额来看，民间融资主要集中发生在批发和零售行业，其次是制造业、农林牧副渔行业，再次则是住宿和餐饮行业，随后是信息技术行业、商务服务行业、交通运输和仓储行业。民间资本行业投资的占比顺序为：第三产业最高，第二产业次之，第一产业最低。

民间融资的上述特征，很大原因在于行业本身特点。批发和零售行业的运行周期较短、资金流动性较强，但对每笔资金的需求量相对并不大。这种需求特征决定其从银行等金融机构获得贷款的困难较大，而通过民间融资方式获取资金的可能性更高。另外，制造业涵盖大量子行业，属于投资拉动型行业，在国民经济中占有较高比重，因此也成为民间融资所看重的领域。

6.1.3　如何避免陷入高利贷陷阱

高利贷，是民间融资中的特殊种类，其特点为借贷利率与普通金融机构借贷利率相比要更高。

对于高利贷，《中华人民共和国民法典》第六百八十条明确规定，禁止高利放贷，借款利率不得违反国家有关规定。

《最高人民法院关于审理民间借贷案件适用法律若干问题的规定》规定，民间借贷中，利率高于合同签立时银行同期一年期贷款市场报价利率（LPR）的4倍，人民法院将不予支持借款人支付利息。例如，2022年5月22日，我国一年期贷款市场报价率为3.7%，其4倍即14.8%，借贷利率超过14.8%的民间融资则属于高利贷。

高利贷本身属于法律灰色区域，企业家应谨慎防范，严格区分一般借贷与高利贷，避免落入陷阱。

2017年上半年，方某因为开办企业存在资金需求，向多家小额贷款公司借款。到9月，企业经营并未有起色，为了偿还前期的借款，方某经过介绍，从一家投资咨询有限公司负责人张某处借款20万元。

两人约定，这笔20万元借款要按超过36%的年息每日偿还，如果每日未能按时还款，还要收取高额的"违约金""催收金"。张某还向方某预先收取了高额的"保证金"和"手续费"。方某借款 20 万元，实际上拿到手的只有 17 万元。这种融资方式已经违反法律规定了。

高额利息压垮了方某，其企业经营情况一路向下。张某为了确保方某能按时还款，先后采用了扣押轿车、非法拘禁等方式。张某虽然最终受到了法律惩罚，但方某也因错误选择了高利贷而失去了事业。

近年来，中小企业因经营不善陷入困境的现象屡见不鲜。同样面对资金不足问题，有人选择通过正确途径解决，宁可背负压力也不愿饮鸩止渴；也有人错信高利贷，深陷"利滚利"的套路无法自拔，最终对工作乃至生活都失去了信心。两相对比，不能不让我们有所警惕。

随着社会经济生活的发展，动辄采用非法拘禁方式的高利贷组织已经越来越少，处于法律灰色区域的套路却越来越多。例如，一些放贷团伙将高额利息分成两部分：一部分是自然人和贷款企业签订的合同约定收取的利息；而另一部分是其以名下中介公司名义再收取的费用不等的"中介费用"。其本质仍是高利贷。

企业在融资过程中，究竟应注意哪些事项，避免陷入高利贷陷阱呢？

（1）选择融资对象。企业应尽量调查清楚融资对象的资质，包括其公司性质、经营范围、证照情况、信用情况，以及了解其是否存在法律诉讼争议等。

（2）企业应对借款合同仔细阅读了解，慎重签订。尤其是对那些格式条款较多的借款合同，更应加以研读，必要时应请融资对象做出说明。对填空式的条款，应要求空格必须全部填写，如果不填写则应加以画线标注。

（3）无论具体利率是多少，企业在借款前必须充分做好资金来源的规划，确保能按时、按期还款。借款后，企业也应按合同上约定的用途使用款项，避免发生争议时对自身产生不利。

（4）企业家应避免出于友情或其他原因，参与高利贷的担保。一旦借款人到期无法还款，担保人也会承担对应的责任，并可能产生经济纠纷。如果有提供的必要，企业家应考虑同借款人协商，要求借款人向己方提供对应的反担保。

6.2　民间融资的策略及风险

在适应经济发展新环境的过程中，不少企业面临业务困境，尤其是生产经营成本的不断增加。企业想要维持竞争力，必须拥有充足的流动资金。因此，民间融资事实上成了诸多小微企业必不可少的融资方式。在此过程中，小微企业必须运用正确策略应对风险。

6.2.1　进行民间融资前的必要准备

企业在进行民间融资之前，必要的准备是什么？是去找所谓的行业内"大咖"，还是先想办法准备好前几期的还款？这些都并非是最重要的。

的确，社会关系、还款来源，都能帮助企业提高民间融资成功的可能性，但想要真正防范风险、做对决策，必须找准问题关键。

2011年9月，我国浙江温州出现一场金融风暴，其源头来自民间借贷行为。早在20世纪80年代，温州当地就出现了各类民间借贷行为，参与者大多为民营企业，尤其是印刷、服装、皮鞋、打火机等加工制造产业。20世纪90年代，温州涌现了各类民间借贷公司，民间借贷范围扩大。在随之而来的黑天鹅事件中，由于温州的私营企业未能提前升级防范措施，传统制造业出现空心化倾向，为民间借贷危机的出现埋下伏笔。

2005年后，我国经济出现流动性过剩倾向，原本活跃在温州民间制造业的资本开始转向全国范围内的投资。2011年，由于这些民间资本参与的投资活动增加，加上民间借贷利率始终居高不下，借贷企业资金链断裂，并引发了温州借贷危机。2014年，随着《温州市民间融资管理条例》的实施，温州民间借贷过程中的风险问题终于被化解。

温州民间借贷危机的教训促使我们必须理解和认识融资过程的风险，做好充足准备，更应对民间融资的有关环节，进行认真分析、仔细权衡。

1. 借入资金的必要性

企业在寻求民间资金之前，一定要确定资金将投放于哪个适宜的项目。这些项目应该远离任何违法违规经营活动，同时也应顺应国家和当地的政策方向。此外，企业对其所面临的商业性风险也要准确评判和规避。

企业确定借入资金的必要性，还包括融资方式是否必要。民间融资有多种渠道，这些渠道有各自的特点，企业的情形也各不相同。如果企业无法选择正确的民间融资方式，很可能会走上错路。

一家企业原本可以通过内部员工集资的方式，解决资金欠缺的问题。但该企业领导采用了典当融资方式，结果却因为陷入意外，拖延利息过高而难以履约偿还，导致典当出去的房产无法赎回，最终只能选择将企业股权拱手让给竞争对手。这就是没有正确评估融资渠道必要性的后果。

如何才能选择最合适自身的融资渠道？其方法本质在于成本计算。

融资是需要成本的，包括资金利息、过程费用、风险成本等。我们应确定融资后的总成本低于不融资的总成本。换言之，仅仅是"融资能赚钱"还不够，我们必须确定某种融资方式所产生的总成本，要比其他所有方式产生的成本都更低、收益都更高。

2. 借入资金的金额和期限

民间融资的限制较少、流程简单，很容易让企业家对资金的需求在无形中越变越大。在选择民间融资之前，企业家应准确衡量借入资金数量，借入过多则利息负担太重，增加了风险，反之，借入资金过少，则不能满足所需。对这两种情况，都应努力避免。

同样，为了准确判明风险和收益，企业家也应确定好借款期限。如果某资金来源的借款利率较低，则可以选择长期还款，将压力分摊到各期间；对于那些较高利率的借款，则应选择较短期限。

3. 借款注意事项

在民间融资过程中，企业必须明确多个注意事项。图 6.2-1 所示为民间融资的注意事项。

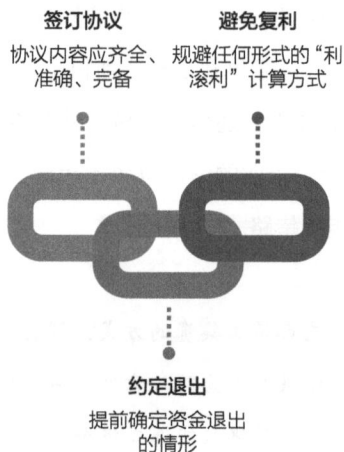

图 6.2-1　民间融资的注意事项

（1）借贷双方应签订齐全、准确、完备的协议，其中包括借贷金额、支付方式、利息、期限、还款方式、责任等。如有必要，双方还应办理公证事宜。

（2）避免复利。企业不仅应规避高利贷，还应避免"利滚利"的计算方式，即不接受将利息计入本金的复利偿还方式。

（3）约定资金退出的情形。在民间借贷关系中，借出方的目的是通过合适时间、合适渠道的退出，获得借款收益。例如，企业在采用典当融资时，当本息偿还完毕后，典当行由此退出，而企业也能赎回抵押物。

企业需要及时了解借出方的投资习惯，和借出方提前沟通清楚退出情形。这样就能在资金退出之前，提前准备好合适数量的资金，避免出现资金链断裂。企业还应提前准备好再融资渠道，当第一轮融资撤出后，可以及时让第二轮融资进入。这样，就能避免陷入借贷危机，将借出方退出的影响降到最低。

6.2.2　如何认清民间借贷与非法集资

民间借贷与非法集资，原本并不相关。但长期的经济发展实践中，一次次的"暴雷"事件，又让人们习惯将二者联系在一起。究竟什么才是非法集资，它是怎样和民间借贷扯上关系的呢？

非法集资，是指集资者为了非法占有资金而虚构用途、虚假证明并提供高回报率，从而向不特定社会公众募集大量资金的行为。

何某、李某为夫妻关系，二人在成立公司而未取得融资资质的情况下，通过电话邀约、推介会等形式，向社会公众进行融资，具体包括××房地产项目、艺人演唱会等项目。该公司先后和800多名投资人签订一系列融资协议，承诺还本并给予10%～20%的利息回报。

在资金链断裂之前，何某、李某总共集资10.5亿元，最终造成4.2亿元的损失。最终，公司相关人等分别被判处1~7年的有期徒刑。

由以上案例可知，企业的普通民间借贷行为和非法集资，在表面上有相似之处，在本质上则有很大区别。企业家应明确了解二者的不同，进行有效区分，积极建立防范机制，避免陷入违法泥沼。

1.　民间借贷和非法集资的不同

民间借贷和非法集资，存在很多不同。图 6.2-2 所示为民间借贷和非法集资的不同。

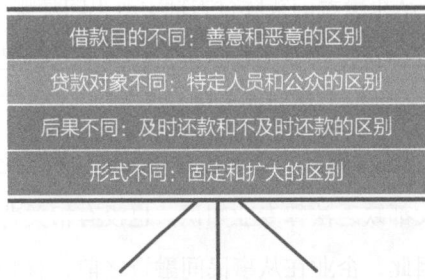

借款目的不同：善意和恶意的区别

贷款对象不同：特定人员和公众的区别

后果不同：及时还款和不及时还款的区别

形式不同：固定和扩大的区别

图 6.2-2　民间借贷和非法集资的不同

（1）借款目的不同。普通企业的民间借贷，适用于正常生产经营，借款方有明确的还款计划、意愿和措施，能及时还款；而非法集资从一开始就是恶意地利用资金来牟利。以上述案例为例，虽然他们吸收了超 10 亿元的资金，但项目都以亏损告终，而且看不出正常经营的迹象。

（2）贷款对象不同。民间借贷，通常是企业家向亲戚、朋友、员工等熟人借款，借款范围有一定的指向性，也比较明确。非法集资行为的贷款对象不特定，大多通过各种途径向社会广泛宣传，虽然也有熟人、员工等参加，但更多的则是"人带人"，即贷款对象人是与企业毫无关系而不明真相的群众。

（3）后果不同。由于民间借贷有其正规目的和明确参与对象，即便企业家由于客观经营问题而最终无力还款，也属于借贷合同履约问题，侵害了借款方的债权，可以通过适当途径解决。非法集资则截然相反，它直接违背国家法律，破坏国家金融管理秩序。

（4）表现形式不同。民间借贷的表现形式是固有的，基本都是向特定人员或机构寻求借款；而非法集资敢于向任何能借款的对象许诺。而在结果的表现上，民间借贷的贷款企业都有一定的还款能力，非法集资者则几乎都是在前期"借新还旧"，随后即逾期支付直到无法支付利息。

2. 避免非法集资的方法

在法律上，非法集资主要指两项犯罪，即《中华人民共和国刑法》第一百七十六条规定的非法吸收公众存款行为和第一百九十二条规定的集资诈骗行为。某种程度上，集资诈骗行为可以看成非法吸收公众存款行为的"升级版"。在司法实践中，大多是从集资者的实际行为推定所犯的是哪项罪。

无论是犯非法吸收公众存款罪还是犯集资诈骗罪，都是企业家不能承受的。为此，企业家应在谨慎融资前，做好如下准备。

（1）聘请律师担任法律顾问。企业想要在融资和风险之间做到平衡，确实存在一定困难。企业家大都缺乏法律专业知识，也没有相关背景，很容易落入自己都未能察觉的陷阱。因此，企业在从事民间融资之前，有必要聘请经验丰富的律师担任法律顾问，这是以低成本降低甚至消除风险的好方法。

（2）注重程序。融资本身是一件事，这件事有没有违反法律，很多情况下取决于企业是如何进行每个步骤的。现实中，由于程序违法而被追究法律责任的融资企业，可谓比比皆是。企业家应在法律法规允许范围内进行民间融资。

（3）全面理解。非法集资构成要件——公众，应理解为不确定、不可预测的社会人群。值得注意的是，如果企业家向员工（特定人员）集资，但员工转而向社会人群（不特定人员）集资，依然构成向公众集资。在司法实践中，即便企业向内部员工集资，但如果人数众多，依然有可能造成风险。

6.2.3　民间融资机构怎样考察贷款企业

企业之所以选择民间融资，看重的是其流程简便、手续简单，且不存在对融资信用的烦琐考察。但是，借款方也形成了独有的控制流程和方法，用于考察甄别融资企业的信用。企业家必须洁身自好，谨言慎行，坚守融资信用，建立良好口碑。

越来越多的正规民间融资机构，会在企业申请借款时，设置授权查询个人征信记录的选择项。当借款人勾选选项后，借贷机构会根据授权，前往中国人民银行网站查询企业家的个人征信记录。只有通过了个人征信审核，企业家才能继续在该机构申请借款。

当然，只要企业家没有太大的信用污点，例如逾期次数过多、逾期时间过长等，都会通过个人征信考察。

民间融资机构对企业融资信用的考察方法，并非只有授权查询，还包括观察企业家个人行为、直接沟通、外围调查，甚至会分析企业财务报表、现金流向和融资情况。简单介绍如下几种。

1. 观察企业家个人行为

受资质和实力影响，民间融资机构很难掌握贷款企业的全面信息，但能通过分析企业家个人行为来确定其融资信用度。

（1）个人经营行为。如果企业家不专注于主业，而是兼营投资性行业，如小额贷款、担保公司等，喜欢走挣"快钱"的渠道，融资机构就会怀疑企业家将融到的资金转手进行民间借贷，从而降低融资信用评价。

（2）个人投资行为。企业家生活中的行为，同样可能被融资机构考察。例如，某制造业企业管理者不仅日常经营管理企业，还积极参与"炒房""炒币"等。融资机构有理由认为，该企业家可能将资金从生产经营领域转到激进投资中，造成风险放大，因此降低了对其贷款额度。

（3）企业家的生活行为。企业家是否引导员工开办个人贷款，是否存在赌博等不良嗜好，是否存在明显不合理高消费等情况，也可能会影响到民间融资机构对其信用的评价。

2. 直接沟通

民间融资机构进行贷前调查时，需要和企业家、管理团队、员工等进行直接沟通。

民间融资机构的调查人员，会利用针对性提问方式，了解企业资金往来等信息，其中包括：向企业家了解从业经历、社会关系、经营理念、企业投资情况等，向管理团队了解企业家的个人习惯、异常动向等。

3. 外围调查

民间融资机构，会针对企业实际控制人、股东等，进行非正式调查。此外，民间融资机构还会利用其他渠道，了解企业和控制人情况。

4. 分析企业财务报表

财务报表是企业实际经营结果的体现。民间融资机构会通过对实际财务报表进行深入分析，借助征信、税务等系统，查询了解企业是否存在问题。

第 7 章

商业信用融资：企业如何低门槛获得所需融资

信用值千金。随着市场经济的发展，企业依靠自身信用融资，是降低融资门槛的主要形式。企业家应珍视信用、努力提升信用，更应懂得如何将商业信用稳妥、及时地变现，转化为成长的助力。

7.1 商业信用概述

商业信用，是指商品交易中企业之间的信用行为和关系。早在简单商品生产交换过程中，由于现金、货物在时空上的分离，商业信用就已出现。今天，企业的商业信用价值，更多地体现在融资手段的运用空间上。企业商业信用价值越高，融资效果就越好。

7.1.1 现代市场经济下的信用特征

个人信用，通常与个人道德品质有关。个人信守诺言，会被周围人认为是讲信用的，相反，不履行约定者，就会被认为信用不佳。这种传统的信用评价体系，与经济利润并没有密切关联。从法律上看，道德失信的人在市场运行中享有的经济权利，和那些守信的人并无不同。

随着商品经济发展，货币对社会的作用愈发重要，货币不仅成为交换手段、支付工具，而且是价值储存的主要手段。于是，"以信用为基础"的现代经济产生了，在这一背景下，企业、机构、个人进行商品交易前，会先考察对方的信用状况，只有双方互相信任，才能够建立良好的合作关系。

现代市场经济下，信用是个人或组织价值的重要组成部分。信用的建立和使用，促进了商品的交易、金融服务以及其他现代服务的产生和发展。

我们不妨来了解一下信用含义产生变化的原因与变化利弊。

1. 变化的原因

信用的含义，随着时代发展而产生显著变化，这种变化可以从两个方面来解释。

（1）从需求端来看，工业化后期，社会生产产量提高，人们需要大量资金来购买土地以进一步投资，便有了信贷的需求。通货膨胀、土地碎片化、人口压力等社会因素和消费主义的兴起，也促进了更多的货币的流通和金融交易。

（2）从供给端来看，市场经济蓬勃发展，使相关的高效信贷工具层出不穷。尤其是法律制度规范下的金融机构采用评价商业信用方式发放贷款，这一方式深受企业欢迎，也引发了企业对商业信用的重视和应用。

2. 个人信用与商业信用的关系

作为强大的融资工具，商业信用能有效发挥自身价值，帮助企业改善财务状况，获得更佳的融资渠道。商业信用融资速度快、成本低，且手续简单、过程便利、限制条件少。在这一方式下，企业所拥有的选择空间较大，面对的阻碍较少。对整个社会经济发展而言，商业信用融资能促进资金持续流动，是保持市场活力、推动社会进步的重要手段。

然而，商业信用融资的明显缺陷在于其准入门槛比较高，对企业的信用水平要求较高。如果企业缺乏足够的资质、信誉，就很难凭借商业信用获得融资，即便企业能获得商业信用融资，一旦融资过度，也会导致资金链易断裂，增加财务风险和违约风险。

从宏观上看，当商业信用融资成为经济概念后，企业的任何经济行为，都能视作经营主体的商业信用行为。因此，企业商业信用行为的出发点，与融资可能带来的预期利益密切相关，确保融资利益，成为企业提升商业信用的重要目标。这一重要目标，既和个人信用建立与维护有所相似，也有所不同。其不同之处在于，个人信用的建立并不完全针对融资目标，还关系到个人道德追求、社会形象等，而在企业眼中的商业信用，其意义和内涵则显得更为直接和简单。

个人信用和商业信用有所不同，但又息息相关。企业家在开展商业信用融资之前，一定要充分积累个人信用。有了良好的个人信用，商业信用会随之升高，为企业带来进步的源泉。

7.1.2 信用即财富

"信用即金钱"是富兰克林的名言，在我国日益发展的社会经济活动中，这句话获得了良好的印证。企业活跃于市场中，诚实守信是其可持续发展的前提和基础。信用是企业无形的资产，在创造财富和保护财富方面发挥着重要作用。

信用水平高的企业，会获得来自各方的信任：顾客会考虑回购商品；供货方会提供更低的价格，并允许采用更灵活的支付时间；融资方可能会加大融资力度；投资者会想要入股来获得一部分利益等。同时，守信的企业会逐渐在社会中形成一定的名望，吸引慕名而来的合作者，帮助企业实现进一步扩大市场份额、企业价值延伸的目的。

相反，失信的企业，会损害利益相关者的权益，造成信任危机，破坏市场的经济秩序，没有可持续发展能力。这正是想要做大做强的品牌企业宁可牺牲短期利益，也要提高信用水平的原因。

假设一家企业出现重大信用危机，会面对何种情况呢？显然，无论其融资来源是银行还是其他金融机构，都会选择马上冻结抵押物。甚至当企业遭遇法律纠纷时，只要法院同意，企业资产也会遭遇冻结。

2004年，贾跃亭创建乐视网。该企业2010年8月登陆创业板，2016年，贾跃亭成为"胡润百富榜"上的第31名。然而，到2017年6月，由于乐视网出现信用危机，招行上海川北支行率先向上海市高级人民法院提出财产保全申请，请求冻结贾跃亭夫妇一系列财产。此后，乐视网看似辉煌的基业迅速崩塌。

商业信用不仅会以简单粗暴的方式影响企业财富，还会通过融资渠道更深刻地影响企业的长期活力。

一方面，企业商业信用增加，有助于企业获得贷款，进而利用非自有资金去扩大经营，并享受较低的利率，这样，企业就能获得长期利润增长。另一方面，企业的信贷扩张会影响其资产价格，提高资产净值，使企业家有机会借来更多的钱做投资。这种信贷扩张周期带来了融资－投资－资本增值－再融资的循环并形成了财富叠加增长的效果。

从本质上看，商业信用是企业基于主观诚实和客观承诺所形成的信誉和好评。主观诚实，意味着企业在参与市场交易活动时是诚实善意的，没有主观恶意欺诈的意图。客观承诺，是指企业对自身在交易过程中向对方所做出的意思表示充分负责。由于商业信用是企业主客观态度的统一表达，因此具有重要作用，很大程度上能说明企业的当下价值和未来增长空间。

商业信用能加强企业间的经济联系，提高资金周转速度，促进社会生产的顺利发展。图 7.1-1 所示为商业信用的主要价值。

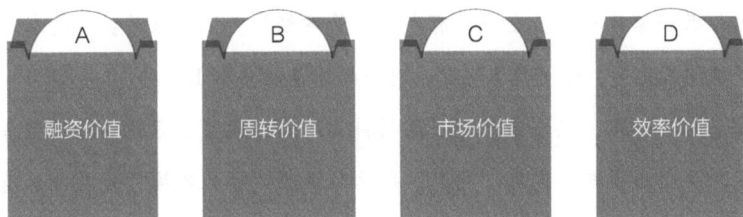

图 7.1-1　商业信用的主要价值

（1）融资价值。企业之间相互评判商业信用，很大程度上来自生产企业相互提供融资服务的需要。企业能通过商业信用融资，缓解整条供应链上对资金的需求，维系生产的连续性。

（2）周转价值。企业运用商业信用体系，既能满足维持经营和扩大生产的需要，也能减轻自身的库存压力，提高周转速度，提前确定企业收入以增加效益。

（3）市场价值。企业能满足的客户需求越多，对市场的占有率就越高。客户对企业的需要，除了产品、质量和价格等因素外，也包括服务内容，其中就有企业围绕商业信用所提供的服务。企业越是擅长此类服务，就越是能从中受益。

（4）效率价值。商业信用融资具有直接简便的优点。信用双方可按照合同所载明条件进行融资，包括延期、分期付款等。一般情况下，商业信用融资能产生显著的效率价值。

企业管理者，应将商业信用纳入整体财富管理计划并给予重视，充分发掘融资机会。一些企业直到迫切需要使用资金时，才着手建立商业信用，这等同于白白丢弃机会。实际上，无论企业是否拥有足够的资金，在发展前期，都应积极考虑商业信用融资的可能性。随着时间的推移、业务的不断增长，就能积累足够的商业信用，进行多样化融资，以确定最佳的资产利用方法和投资方案。

7.1.3 如何打造信用

商业信用是企业融资的生命线。企业应积极加强对自身信用的打造，树立良好形象，不断提升融资能力，为扩大经营生产提供保障。

郑总经营一家建材生产企业，有丰富的管理经验。他不仅对员工要求严格，对自己也事事要求完美，这尤其体现在他对产品质量的要求上。

在郑总的管理下，供应商对每款原材料都及时提供第三方质量检测报告，以确保不会从源头上出现严重问题。同时，郑总对供应商也从不拖欠货款，总是能及时结算。正是郑总对合作者的守信态度，为他在行业内打造了良好口碑，也让员工树立了工作的规范，确保了产品和服务的质量。

凭借这样的口碑，郑总不断扩大经营规模。尽管工厂停工一个月，关键时刻，多家供应商仍同意赊销部分原料，让企业得以保持了充裕资金，能向员工发放工资和付清其他必要的经营费用。最终，郑总的企业安然度过了危机。

赊销，属于商业信用融资中的特殊形式，在关键时刻能帮助企业度过危机。在上述案例中，如果郑总平常没有意识到信用的重要性，很可能会损失惨重。由此可见，懂得打造信用的企业家，才是明智的企业家。

长期以来，我国中小企业融资压力较大，其原因是多方面的，中小企业自身商业信用形象不够好，是其中的重要部分。有的企业被家族控制严重，有的企业并未建立成熟科学的财务管理制度，还有的企业本身就欠款严重，这些都破坏了企业的信用形象，使企业融资困难。

为打造信用，企业家应抓住一切可能，加强企业内外信用建设，塑造良好形象。

（1）建立规范治理结构。企业的法人治理结构，即在国家相关法律、法规和政策基础上，企业所有者（即股东）、经营者（即董事会）和监督者（即监事会），以及经营决策、执行团队之间形成的相互关系。对于中小微企业而言，短期内迅速建立成熟科学的治理结构并不现实，但应将之作为建设目标不断推进。企业应在该目标指导下，建立一系列规章制度，提升企业商业信用的等级。

（2）健全财务管理制度。企业信用形象的建构中，财务管理制度的健全不可或缺。企业应保证财务管理制度不断规范化，使信息真实透明，保证自身在融资过程中呈现良好的信用情况，吸引金融机构的注意，获得其信任与认可。

仅有财务管理制度是不够的，企业还应保持稳定合理的财务状况。这并非要求企业手中的现金流越多越好，而是需要企业家在专业财务管理者的帮助下，合理规划企业的资产负债率、偿债比率、流动比率等财务指标，将各项指标控制在平衡稳定的状态下，以便加强对现金流的管理，确保未来有偿还贷款的能力。

（3）展示商业信用形象。企业商业信用的打造，不仅需注意制度、报表、数字，也需注意对外的宣传展示。通过塑造商业信用形象，企业的实力会被更多人肯定，赢得更好的融资机会。

企业对外展示商业信用形象，包括直接展示和间接展示两种。

①直接展示。直接展示，是指企业面向合作伙伴、商业客户等展示实力，而并非通过金融机构的评鉴来展示。企业可以直接发布宣传广告或单页，也可以邀请考察方来到企业参观等。这些展示方法直接、形象、针对性强，便于企业对宣传内容进行控制。但其缺点是公开性不足、内容易受到质疑、难以被第三方信任。

②间接展示。间接展示，是指企业通过第三方向全社会公开证明其商业信用形象。例如，参加征信机构的评定以获取高信用评分，获得政府或行业协会的荣誉称号，得到认证机构的高评分等。这一展示方式，更容易获得社会公众认可，其劣势是门槛较高。

间接展示中，企业可以选择专业的第三方征信机构，建立企业专属信用档案。目前，我国大多数企业尚未意识到在征信机构建立信用档案的重要意义，甚至在金融机构就征信问题对企业调查时，企业也未积极配合。实际上，企业的信用信息并不会关系到企业的核心商业机密，即便建立信用档案后，征信机构向其他任何组织或个人透露企业信用信息，也需要经过企业的授权。因此，企业无须对专属信用档案怀有太多戒备心理，要善于利用其价值，才能展示出更好的商业信用形象。

（4）企业应积极行动，对不良记录加以修复。尽管企业并不愿意面对信用降低的情形，但某些意外情况仍会导致企业增加不良信用记录，因此企业必须妥善面对，积极采取措施，对不良记录进行修复。例如，当企业遭受行政处罚后，可以在当地监管部门的指导下，登录"信用中国"网站后，采用如下步骤进行在线申请信用修复，操作流程如下：

第一步，在网站首页，点击"行政处罚信用修复"。

第二步，点击"流程指引"，查看申请流程，并按要求准备相关材料。

第三步，准备好所有材料后，在首页依据企业名称查询，并进入处罚信息页面，查找到对应信息后点击"在线申请修复"。

第四步，按要求填写信息、上传资料后，点击最下方"提交"后，即完成申请。

7.2　商业信用融资模式

狭义的商业信用融资，是指企业在生产经营、销售服务的过程中，向客户或第三方进行融资的行为。其行为是企业之间直接发生的信用活动，具体种类包括收取客户预付款、押金、订金、赊销、开具商业汇票等。广义上的商业信用融资，还包括企业凭借企业或企业家的商誉或信用，所进行的一系列融资活动。

7.2.1　不抵押、不担保，灵活进行融资

商业信用融资，可谓成本较低的债务融资方式。它不需要企业抵押或担保，就能直接打开通向融资的大门。

大多数人会遇到类似情况：健身俱乐部的客户经理会向你兜售预付会员卡，预付之后，消费就能获得价格优惠。例如，非会员每次健身需要 88 元，而在支付 2000 元购买了会员卡后，可以直接获得 40 次健身机会，相当于每次优惠了 38 元。

这样的营销方式并非只有健身俱乐部会采用。中国移动、中国联通这样的大企业，同样会不断推出预存话费享受优惠的策略。

实际上，无论是大型国企还是小型健身俱乐部，采用上述营销方式并非仅仅为了营销，同样也是在进行商业信用融资。对于消费者而言，这种融资方法能带来优惠；对于经营者而言，获得的则是预付现金使用权。

商业信用的产生，来自企业的商业行为。绝大多数企业只要还处于生存发展的过程中，就会有一定的客户，在此供需关系的基础上，企业与客户之间形成了信用基础，而无须抵押、担保。例如，对大多数企业而言，自然、稳定的信贷形式，就是与客户、供应商之间的应付账款、预收账款等。

总体而言，商业信用融资有多种形式，按照融资时企业在商业流程中扮演的不同角色，主要分为以下两种。

1. 买方商业信用融资

买方商业信用融资，是指企业在购买交易中从卖方获得的资金使用权。这类商业信用融资，主要包括应付账款、应付票据等。

应付账款，指企业在向外采购中收到产品、服务后，尚未支付有关款项，而对销售方所形成的欠款。在企业对外签订采购协议过程中，付款方式决定了应付账款的内容特征。企业通常会在两方面对应付账款产生需求，首先是收货后需要有一定时间确认产品或服务能满足己方要求，其次是延期支付货款能带来部分资金在特定时间段的使用权。

卖方同样理解上述需求，但同时也明确由此会带给己方的压力和风险。因此，买方企业需要清楚表达意愿，并围绕己方融资需求，稳妥商议应付账款的数量和账期。

从表面上看，应付账款不需要抵押、担保，似乎没有融资成本。但在实际情况下，应付账款包含了相当重要的机会成本，这种成本可能会导致企业商誉的变化。如果一个企业能及时付清应付账款，在外界眼中的形象就是实力雄厚、管理规范、善于合作，否则就不会受到外界的欢迎。

应付票据是企业延期付款商品交易时开具的反映债权债务关系的规范票据。应付票据一般分为商业承兑票据和银行承兑汇票两种远期票据，支付期限最长为6个月。应付票据分为带利息和不带利息两种，其中不带利息的支付票据属于规范化的免息信用工具。由于应付票据融资的成本比同期银行借款成本低，所以也是企业商业信用融资的重要形式。

2. 卖方商业信用融资

卖方的商业信用融资，主要通过增加预收账款的方式进行。预收账款，是指企业在正式销售和服务前，收取客户部分或者全额款项所形成的负债。诸如健身俱乐部、电信等开展的储值优惠活动，就是卖方商业信用融资中的一种。

预收账款能使卖方获得一定时期内的更多资金的使用权，当然也给买方带来了一定机会成本。例如，买方无法改变原有决定、卖方违约风险（例如"跑路"的健身俱乐部）。如果想要买方愿意承担机会成本，卖方就必须提供具有特别优势的产品或服务，包括特殊的性能、品牌、质量等。

总体而言，商业信用融资的成本相对较低，对商业信用的管理也是企业对融资能力管理的重要内容。

7.2.2　商业信用融资的方法

商业信用是企业组织资源的一部分，受到企业的背景、规模、产品等因素的制约。商业信用融资与其他融资方式一样，具有独特优势和局限性。企业家应潜心研究商业信用融资的方法，做到扬长避短、运用自如。

在我国，率先走出世界级企业集团的行业并非互联网行业，而是家用电器行业。诸如海尔、格力、康佳等企业，不仅在企业经营管理上积极创新，在融资领域也有独到方法，这些确保它们能在激烈的市场竞争中占有一席之地。

以海尔集团为例，多年来，该企业利用商业信用资源为融资带来便利，其主要做法如下。

利用稳定的订单，吸引独立的零部件供应商，使用海尔的集中采购供应链购入原材料，但前提是必须利用现金支付货款。同时，海尔又以自己身为大客户的特殊条件，向原材料供应商提出延期付款要求。从零部件供应商付款，到原材料供应商的延期支付，在这一过程中，海尔获得了时间差带来的商业信用融资。

对供应商，海尔要求延付 3 个月，在结算时付出的则是期限为 6 个月的银行承兑商业汇票。这样，海尔实际上最多持有了 9 个月的客户资金使用权。

海尔通过正确的运作，充分利用其优良的商业信用资源，获得了强大的自我输血能力。其良好的信用融资能力，又让其经营规模更大、给予供应商更多订单，进一步带动了供应链整体的发展。海尔将企业的增长、商业信用的提升、盈利的增加组成了良性循环，其成功的关键，在于使用了正确的信用融资方法。

图 7.2-1 所示为商业信用融资的常见方法。

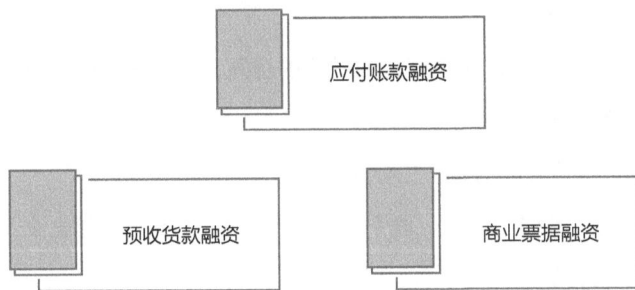

图 7.2-1　商业信用融资的常见方法

1. 应付账款融资

在商业信用融资过程中，供应商为控制应付账款，会向买方提出具体要求，即信用期、购买折扣和折扣期等方面的要求。例如，买方在 20 天内付款，即可享受 1.5% 的货款折扣；信用期不超过 40 天等。

买方想通过应付账款进行商业信用融资，就要充分重视上述三方面。一般而言，信用期是不可使用的，以避免破坏企业的信用形象。对购买折扣和折扣期，则应在谈判过程中综合衡量总成本。其计算公式是：应付账款融资的成本＝购买折扣／（1－购买折扣）×360／（信用期天数－折扣期天数）。

经过计算，如果应付账款融资的成本，低于企业从其他渠道融资的成本，则选择应付账款融资。反之，则可放弃应付账款融资。

2. 预收货款融资

预收货款相当于企业作为销售方时，事先向客户借入款项，再用产品或服务抵偿。对于紧缺产品或服务，客户往往乐于接受这样的形式，以此更顺利地得到所需产品或服务。此外，如果企业生产产品的成本较高、时间较长，如飞机生产制造、房地产开发建设等，也需要向客户分次预收货款，从而减轻融资环节项目资金的压力。

普通中小企业进行预收货款融资时，应注意以下几点。

（1）保证融资条件。其主要条件包括，企业自身应经营效益较好、信誉良好，有完整科学的生产计划、有充足的产品产量，有足够的原材料作为生产保证。同时，企业提供给客户的供货样品，质量应和实际产品一致，并确保广告宣传是真实有效的。

（2）预收货款融资，应签订详细具体的合同，从法律上确保双方的权益，强化客户提供融资的信心。

预收货款融资的合同内容，主要如下。

①交易双方的名称、地址、联系方式。交易双方都应是企业法人或能承担交易责任和义务的公民。

②产品或服务的数量、质量、价格、预交比例。

③交付产品或服务的时间、地点和方式。

④违约责任和担保、仲裁、诉讼机关。

3. 商业票据融资

金融机构或某些大型企业，可以签发商业票据，约定由自己或委托机构在特定时间期限内支付一定金额。这样的商业票据可流通、可转让，但通常不能向银行贴现。

　　企业利用商业票据融资，需要具备一系列条件，包括：有较好的信誉和雄厚实力；并非新设立的企业，而是有一定历史的企业；在银行享有充分优惠的借款利率和信用额度。

　　通常情况下，商业票据的发行有两种形式，或者是进入经纪人市场，委托经纪人出售，或者是通过发行公司出售。无论采用何种形式，都需要支付一定比例的佣金。

7.2.3　企业家个人商业信用融资

　　企业家的社会关系、人格魅力，是更广义的商业信用。企业发展关键时期，可以利用企业家个人信誉进行融资。事实上，在全面信息化的市场经济下，利用个人商业信用融资，已经成为中小企业筹集短期资金的重要补充方式。

　　1993 年 10 月，李兴浩创建了志高空调生产厂。到了 1994 年，空调积压，企业流动资金即将告罄。李兴浩将空调价格降到成本以下才让积压的空调被卖出。他拿着发货单联系各个供货厂商，压低了供货价格。

　　1995 年，李兴浩被骗了上千万元，导致合资方突然撤资，整个厂里人去楼空，只留下总工程师雷江杭。雷江杭认为，李兴浩的优势在于个人商业信用，因此他无论面对任何困难，都能利用个人商业信用融资，撬动隐藏在产业链上下游的资本。果然，1997 年，李兴浩重新创业。虽然他当时几乎身无分文，但依靠自己在珠三角地区的诚信，获得了几乎所有供应商支持。他特地将所有供应商邀请到粤北清远市开会。他说："只要你们努力支持我，我给大家的回报，就会像这里的温泉那样，源源不断、温暖人心！"

　　供应商被李兴浩的能力和毅力打动了。当时空调配件行业对资金款项要求严格，但这些供应商还是同意向他先发货，而李兴浩只需要开出 3 个月后支付的支票。后来，他开出的支票能转给其他供应商，甚至能在供应商手中直接进行相互交易。

1997 年，依靠李兴浩和供应商之间的个人商业信用融资，志高空调生产厂走出困境，走向发展壮大的道路。

企业家是企业经营发展的决策者、规划者，在小微企业中，他们同时也是执行者，他们的个人融资能力，取决于其所维系、运营和发展的社会关系网络，这一网络越是强大，就越是能为企业提供更多竞争力，对融资产生积极意义。

企业家应如何理解社会关系的重要性呢？

1. 企业家社会关系的本质

企业家的社会关系，是小微企业在新时代发展中的融资新渠道，其中具体包括企业家个人原始资本、企业家社会关系网、企业经营情况等。优质的社会关系，能有效降低融资门槛，还能搭建出更大的融资平台。

具体而言，企业家社会关系的内涵，包括以下两大方面。

（1）社会关系属于融资资源。从表面上看，企业家的社会关系只是人与人之间的交往，但没有这种交往，这一资源也就失去了价值。在企业经营过程中，企业家与合作者进行互动的同时，也在为融资积累资源。这一积累过程的最明显特征，在于企业家之间互惠共赢，彼此提供融资资源。尤其是在小微企业中，企业家几乎都会依托特定的关系网络去进行融资，其融资的规模大小、时间效率、成本投入等，都和关系网络质量有密切关系。

（2）社会关系能提供融资的机会。小微企业家的社会关系，能为他们提供发现融资的机会。如果企业家只会闭门造车，困守在自己的"一亩三分地"里，其自身资源就会同社会关系资源处于相互隔绝状态，难以找到融资渠道。

正是通过不断拓展社会关系，企业家才能从身边找到通往融资的道路。这些道路可以带来更多的新信息，便于企业家发现和把握机会。

2. 企业家社会关系的融资渠道

企业家社会关系，主要包括其个人的血缘关系、友谊关系与合作关系。对于刚起步不久的小微企业，更多地要依靠企业家成长的环境和背景，拓展融资渠道，获得可靠的资金。

图 7.2-2 所示为企业家社会关系的融资渠道。

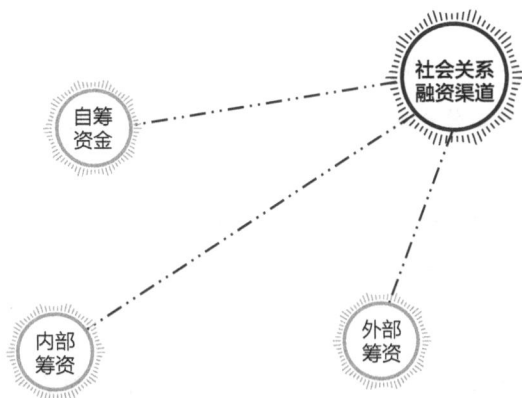

图 7.2-2　企业家社会关系的融资渠道

（1）自筹资金。实践证明，我国传统社会中的以血缘联系为基础的家族网络，能为发展初期的企业提供重要作用。很多企业建立在亲属关系基础上，家族成员能共同提供必需资金。

（2）内部筹资。企业家可借助自身的教育、工作经历，寻找合适的合伙人或员工，促进人才队伍的组织化，形成强大的引导力和凝聚力，建立共同愿景，从而实现企业内部筹资。

（3）外部筹资。中小企业同样希望能通过外部贷款，解决资金的短缺。企业家理应通过发展个人社会关系，尽量多接触从事金融机构或与投融资工作有关系的社会成员，借助其工作角色，积极提升个人信用，增强社会关系网的信任感，提高获得外部贷款的可能性。

7.2.4　让联系更紧密，融资先融心

人心，是世界上有力量、有价值的财富。企业家如果能融到人心，就融到了优势资源。融心，是融资的前提。

融资操作过程中，融心是值得企业家选择的途径。企业家首先应该将自己的"心"交给企业、交给合作方。

当年，张朝阳回国后，想要打造搜狐网站，但苦于无启动资金。他凭借自己热爱互联网的那颗真心，打动投资方，开启了搜狐的征程。

雷军在金山打造出传奇故事后，二度创业小米，获得巨大成功，其成功之道同样在于融心。

当时，雷军已有了上亿元的财富，是国内著名的天使投资人。对小米，他完全可以全力投资。但他却决定将融资和融心结合在一起，即拉上投资机构和自己共同投资。

雷军找到好友刘芹，和对方通过电话谈了一晚上，融到了 500 万美元。他后来说：“自己并不差这 500 万美元，因为自己就是投资人。但如果钱全是自己投的，就不会有相应的压力和动力，必须要让更多的人投钱。”

别人的资金进入了小米的项目，心也就跟着进了相应项目，这样，雷军的心和他们的心，才能紧紧联系在一起。

随后，雷军手下的创业团队听说了这件事，75 名员工被打动了。因为他们知道雷军是怎样的人。于是，他们纷纷表示也要投钱。

对此，雷军起初并不同意。他想，这等于让小米多了 75 个管理者，其中的任何一个人都能到自己的办公室询问工作进程。于是，他对其中某合伙人说：“大家如果真要投也可以，但亏了要算我的。”没想到，这句话更是打动了所有员工的心。员工都说：“雷总，你千万不要这样做，如果你替我们兜底了，我们就没有动力了。”雷军想通了，他发现让创业团队每个人都掏钱，是保证创业成功率的一种有效方式。因为只有当大家的心联系在一起，才不会浪费别人投资的钱，更不会浪费自己的血汗钱。只有这样，大家的认知才会一致。

随着心和资金融到一起，雷军带着小米团队，写下了国产手机发展历史上的故事。

企业家不要将融资看成自己去占投资方的便宜，也不应认为投资方只是想通过自己赚钱。在竞争越来越透明化的商业世界中，融资将变成资金使用权的公平交易，融资双方是相辅相成的关系。这段关系的起点，是让别人的心倾向于自己，理解这一点，企业家才能有正确的融资心态。反观近年来，一些企业总是在融资即将成功时遭遇瓶颈，原因往往是企业家太过注意工具、方法的使用，却没有理解融资的本质在于商业信用价值，而商业信用的内涵，则是融心而并非融钱。

　　企业家应深刻理解融资就要融心的道理。企业想做大需要资金投入，而资金从哪里来，就意味着企业同谁结为利益联盟。对此，企业需要重新想象和规划，不断付出思考和努力。只有这样，才能获得市场的垂青。

　　融自己的钱赚钱，是能力；融别人的钱赚钱，是本事；融别人的心赚钱，才是真正的经营。

第 8 章

项目融资：企业如何"画饼赊账"获得融资

项目融资模式里，项目是为人瞩目的"饼"，资金是被人惦念的"账"。谁能画出又圆又大的"饼"，谁就有权和投资者握手，筹得项目所需资金。本章将重点介绍项目融资模式的发展历程，各类项目的参与人、实施过程和融资风险，帮助企业走向胜利之路。

8.1　BOT 融资模式

BOT 融资模式，是指政府与私营企业达成协议并授予私营企业特许权，允许私营企业在一定时期内对基础设施建设项目进行投资、筹资和用资的融资建设方式。BOT 融资模式是项目融资方式之一，其实质是一种特许经营权模式。

8.1.1　BOT 融资模式的发展历程

自高校颁布扩招政策后，在校生规模不断扩大，为应对与日俱增的学生数量和增加师资，众多高校开始筹建新校区。新校区建设资金需求大，单靠财政拨款无法满足用资需求。如果通过固定资产贷款来筹资，将提高资产负债率，对于学校这类偿债能力较低的非营利组织来说，这一措施会增大高校的财务风险。因此，BOT 融资模式成为校企合作的热门方式之一。

除了高校这类主体外，铁路部门等拥有公共资产所有权的单位，使用 BOT 融资模式进行融资，也能带来显著的效益提升。

1. BOT 融资模式的优势

BOT 融资模式的优势，在于促成政府与私营企业之间资源互补与互利共赢，因此受到不少利益相关者追捧。对于政府而言，BOT 融资模式对内可以提高国有资产开发效率和利用率，减轻财政负担，特许经营权到期后，私营企业将基础设施全权交还政府；对外，则能通过引进民资激发市场活力。

对私营企业而言，首先，它们能在协议期间通过筹集资金、经营相关业务和销售对应商品来偿还债务、收回投资并获得利润；其次，由于这种融资模式是有有限追索权的，企业承担的风险较低；最后，BOT 融资项目所产生的债务与企业本身的资产负债并不挂钩，企业可以对多个项目进行投资而不受到限制。

2. BOT 融资模式发展历程

BOT 融资模式最早起源于英国灯塔建设，后来被一些国家引用进行基础建设，经过数百年发展取得一定成果，受世界范围内的投资者青睐。

由于条件不同和宏观环境变化，BOT 融资模式衍生出多种类型。

（1）BOT（Build-Operate-Transfer，建设、经营、移交）模式出现于 17 世纪，于 20 世纪 80 年代成为国际热门的项目融资方式，是项目融资的基本方式。1984 年，我国出现首例 BOT 项目试点——深圳沙角 B 电厂，其后到 1995 年，开展 3 个引入外资建设基础设施的 BOT 项目，如广西来宾 B 电厂。在这些项目中，投标方负责项目建设并拥有期限内的经营权，但不能获得项目所有权。

（2）BOOT（Build-Own-Operate-Transfer，建设、拥有、经营、移交）模式，是一种由私营企业或财团融资，在协议规定期限内完成建设设施项目，拥有其所有权并加以经营，期满后将项目移交的融资方式。

（3）BOO（Build-Own-Operate，建设、拥有、经营）模式是指私营企业根据政府所赋予的特许权，对某些设施加以建设经营，且基建项目建成后不做移交的融资方式。

（4）BOLT（Build-Own-Lease-Transfer，建设、拥有、租赁、移交）模式和 BRT（Build-Rent-Transfer，建设、出租、移交）模式。与前三种模式相同，在这两种模式下，也是由私营企业或财团融资建设项目，不同点是在这两种项目融资方式中投标方可以将建成后的基础设施经营权进行转移，进而达到收取利润的目的。

8.1.2　BOT 项目的参与人

BOT 项目的参与人是指参与融资项目发起、确立、筹资、设计建造和运营管理等过程的利益相关者。一般来说，项目发起人和项目经营者涉及项目的全过程，而其他利益相关者则是在特许协议签订后或明确达成交易意向后才加入项目的。

自 2007 年起，南京水杯子公司开始在大中小学校园建设直饮水项目，截至 2022 年，已投入运营的项目中有接近一百个采用 BOT 融资模式。

推广校园直饮水项目过程中，南京水杯子公司首先选定有建设需求的学校，经双方协商一致再签订协议。

特许协议规定：南京水杯子公司负责项目建设工作；当地政府或教育部门作为出资方进行出资，支付直饮水设备安装的费用；南京水杯子公司可以联合其他企业共同进行项目投资；建设工作完成后南京水杯子公司负责直饮水项目的运营管理和维修保障等工作，学校负责配合宣传等；协议期间南京水杯子公司可通过出售套餐、水费卡等获取利润，并在经营权到期之后，将设备转交给教育部门。

南京水杯子公司的案例告诉我们 BOT 融资模式并非只有大型基建项目才能用，只要用对方法，BOT 融资模式完全可以为中小企业所用。中小企业完全有能力扮演好部分项目的经营者角色，参与基础设施建设。

由于 BOT 项目资产规模很大，通常情况下，单独一家项目公司无法承担全部项目建设职责，或一家银行无法完全承担贷款的资金收回风险。因此，出现了越来越多的 BOT 项目参与人。目前，除贷款银行或银团外，BOT 项目参与人有多种角色。其中，主要角色有项目发起人、项目经营者，以及为之服务的角色如产品购买商或接受服务商、债权人、保险公司等。实际操作中，一家法人企业还可以同时扮演多个角色。以下主要介绍几类 BOT 项目参与人。

（1）项目发起人和项目经营者。项目发起人主要指东道国政府、政府机构或政府指定集团（一般是国企），其在项目全过程中承担监督与支持职能，与项目经营者签订特许协议，授予其特许权并在期满之后收回项目所有权与经营权。项目经营者是项目执行的主体，全权参与投标、中标、筹资、外包、经营及最后转移的全过程。项目（经营）企业还负责与多个参与人签订合同，共同参与项目建设。

（2）服务角色主要如下。

①产品购买商或接受服务商。当项目发起人与项目（经营）企业签订特许协议后，项目（经营）企业可以与产品购买商或接受服务商签订购买合同，进而收回股本、支付债券和赚取利润。

②债权人。BOT 融资模式的债权人主要是一家银行或一组特定银行。由于项目发起人所支持的资金无法满足项目建设和经营的需求，大多数 BOT 项目都会申请固定资产贷款。通常，BOT 项目的资产负债率达 70% 以上，贷款是项目经营资金的最大来源，但由于 BOT 项目具有有限追索权，债权人将非常关注项目本身的偿债能力。项目（经营）企业应在申请贷款时明确发起人对项目给予的支持，包括免税、盈利担保等。

③保险公司。由于融资风险的不可预见性，项目（经营）企业可与保险公司签订保险合同，由保险公司承担业务中断风险、政治风险等带来的部分后果。

8.1.3　BOT 融资流程

BOT 融资流程是指项目从发起到特许权期满的全过程，也有人认为 BOT 融资在项目发起人主动联系相关部门进行需求立项时就已经开始了。前者是政府作为项目发起人主动发起，后者是项目（经营）企业主动出击，寻求与政府合作的机会。

2019 年，根据《中共中央国务院关于支持河北雄安新区全面深化改革和扩大开放的指导意见》：在河北雄安新区构建新型住房供给体系；完善多元化土地利用和供应模式；创新投融资机制，通过 BOT 融资模式引入社会资本参与基础设施建设。在这一项目中，政府作为项目发起人发布项目，采取市场竞标的方式确定项目（经营）企业。

雄安新区的新型住房融资项目拓展了我国 BOT 融资的应用领域范畴，让投资者对 BOT 融资的特点有了新的了解，并且加深了对 BOT 融资前期准备的理解。

1. BOT 融资的特点

首先，BOT 融资在我国法律上具有有限追索权；其次，需要采用 BOT 融资模式的项目大多需要较多的资金，经营期限长，资金回收风险大，因此能否通过投标方式吸引到投资者具有较大的不确定性；最后，BOT 融资项目的参与人较多，众多参与人往往都与项目核心参与人，即项目（经营）企业签订合同。

2. BOT 融资的流程

绝大多数投资者认为，完整的 BOT 融资流程分成 5 个步骤，即立项、招标、投标、谈判和履约。

（1）立项。除了在政府设立项目后参与招标，企业还可以向政府或公益组织寻求立项可能，立项的项目具体包括新建和改建项目。我国的主要立项方式为前者，国外通常采取后者。如果有立项清单，企业还可以根据清单中的项目联系本企业发展方向做出合理的计划，编制相应的可行性分析报告，然后向政府或公益组织提出具体建议，并申请投标。

（2）招标。当项目确定使用 BOT 融资模式融资后，政府将成立招标委员会或委托机构发布招标广告，并根据招标标准对报名企业进行资格预审。具体的评定标准有投资人的财务状况、商业信用等。当然，这一系列流程开始的前提是企业必须被选择为投标人参加招标。如果企业的实力够强，也可以不采用公开招标方式直接和对方协商。

（3）投标。参与招标的企业通过资格初审后，便进入下一轮，包括撰写投标书、评定投标书和定标流程。BOT 项目投标书的准备时间长达 6 个月，在此期间，企业应随时向政府提出相关问题，并将答案体现在投标书中。在规定日期之前，企业还应主动向政府或委托机构提交投标书，并等待对方开标、评标和排序。

（4）谈判。招标方会依次与排序靠前的 2~3 家企业进行特许协议谈判，一旦有一家谈判成功就直接定标。在我国，特许协议具有法律效力，既规定了双方的权利和义务，也决定了双方的责任。因此，能否抓住谈判重点，是影响谈判成败的关键。

（5）履约。履约步骤可以分成 3 个阶段，即建设阶段、经营阶段和移交阶段，企业必须承担履行合同的义务。

8.1.4　如何防范 BOT 项目风险

BOT 项目资金需求量较大、期限长，由于现实条件不同，BOT 项目没有前例可以遵循，因此往往存在很大风险，企业对 BOT 项目风险的防范措施直接影响着项目成败。因此，对风险的规避和分担显得格外重要。

为科学管理高速公路项目融资风险，A 公司将风险管理分为项目融资前、建设期和运营期三个阶段，分别对融资风险进行管理。A 公司认为，前期的最大风险是项目"流产"，为此必须要确保项目获得融资；建设期的风险主要是无法在保证质量合格的情况下通过项目发起人的验收和竣工；而运营期的最大风险则是项目无法获得预期营收。

风险识别只是风险分析的开始，要想做出更符合市场规律的决策，投资者还应完整地分析 BOT 项目风险。图 8.1-1 所示为分析防范 BOT 项目风险的方法。

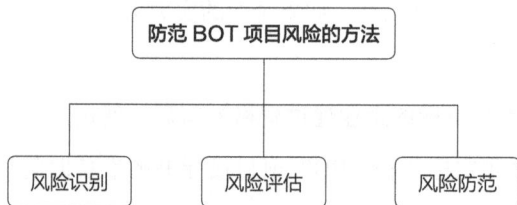

图 8.1-1　分析防范 BOT 项目风险的方法

1. 识别 BOT 项目风险

通过 BOT 项目融资，对所有参与人来说都有一定的风险，例如，银行作为贷款人必须面对资金回收风险。此处所分析的项目风险，主要针对项目公司而言。

从宏观上看，BOT 项目的典型风险有以下 3 种。

（1）政策风险。企业家必须要考虑宏观政策变化是否给 BOT 项目带来风险，并制定多个合理的应对方案。

（2）市场风险。在 BOT 项目特许期限内，市场价格和供求关系经常会发生变化，当 BOT 项目并没有完全实现利润目标时，如果市场上出现提供廉价商品的竞争者抢占市场份额，有可能造成 BOT 项目的失败。企业家必须预防此风险。

（3）技术风险。BOT 项目的期限较长，通常为 10 ~ 30 年，有的项目甚至还会出现延期现象。技术风险是指技术或执行缺陷带来的细节问题有可能造成开发或经营项目不当，也有可能导致项目失败的风险。

2. BOT 项目风险评估

BOT 项目风险评估的常用方法有两种：第一种是评估风险等级，根据对项目影响程度和发生概率两个指标，将风险划分为低、中、高、灾难性风险；第二种是专家评估法，即汇总 10 位以上专家对项目风险程度的看法。

3. 防范 BOT 项目风险的方式

经济学认为风险并不等于不确定，企业可以用合理规避或分担的机制来应对风险。防范 BOT 项目风险的方式有两种，一是在投资前极力降低风险出现的可能性，二是在风险发生后尽可能地减少其对投资人的不利影响。也有人提出，防范风险应根据所涉及的特定风险类型进行分析，例如，市场风险应由项目发起人来承担主要责任。

规避风险分为风险控制和完全规避风险。其中，风险控制是指项目公司清楚各种风险的发生概率或概率区间，它们使用事前、事中或事后控制的方法，减小某一高风险的发生概率。完全规避风险则是完全放弃某个可能获益的机会，使风险发生概率为零。事实上，绝对的完全规避并不存在，风险不可能被杜绝，项目公司应对环境中能产生不利影响的因素保持警惕。

分担，则是指事先和合作企业或政府、机构方等在招投标和合同谈判过程中约定在不利情况下对损失如何分担。这些内容，都是 BOT 项目合同不可或缺的部分。

8.2 TOT 融资模式

作为 BOT 融资模式的新发展，TOT 融资模式也是国际市场较为流行的项目融资方式，值得企业家认真了解研究。

8.2.1 TOT 融资模式的发展历程

TOT 融资模式是指政府或国有企业将已建成的项目交给投资人运营，投资人在规定期间收回投资并赚取利润，期满后将项目交还相关单位的融资方式。采用 TOT 融资模式的投资人可以获得特许经营权，而对于标的是否包括产权，目前学术界还存在争议，实践中，融资企业应在签订特许协议前根据项目本身加以协商。

从我国公路建设融资发展历程看，公路建设最开始使用财政拨款方式，其后由于资金占用太大，增加了建设基金和贷款筹资。为了吸引外资和激发国民经济活力，我国通过了公路收取通行费政策，并自 1993 年起尝试多元融资方式。例如，1994 年山东省在交通运输领域使用 TOT 融资模式引入外资，当时，山东省交通投资开发公司将四车道一级汽车专用公路经营权移交给天津天瑞公司（外商独资公司），合同规定天津天瑞公司需要一次性支付 12 亿元人民币并在 30 年后将资产归还给政府。

自 20 世纪 90 年代起，TOT 融资模式在我国成为水电厂、公路等基础设施建设项目的热门融资方式。由于移交的项目是已建设完的，采用 TOT 融资模式不用考虑建设期所带来的各种风险，因此被认为是 BOT 融资模式的新发展。

1. TOT 融资模式的优势

对项目发起人而言，TOT 融资模式存在多种好处。

（1）TOT 融资模式能引进现金管理方式，为项目市场化发展打下坚实基础。

（2）TOT 融资模式有利于引入国外先进技术盘活存量资产，提升国家竞争力。

（3）TOT 融资模式免去了项目建设任务，更易于吸引项目融资并与投资人达成合作协议。

对投资人而言，TOT 融资模式能很好地规避 BOT 融资模式中的风险隐患，即建设期过长，因此，TOT 融资模式具备期限相对较短、前期工作和费用少、能很快获得收益等优点。

2. TOT 融资模式发展历程

TOT 融资模式最早由国际市场提出，我国引入 TOT 融资模式进行项目融资主要是为了盘活存量资产、引入外资和外国先进技术，目前，这种模式大多应用于存量项目融资。

经过在交易市场多年的实践与发展，TOT 融资模式形成了 TOT、ROT、TBT 和 TOO 4 种类型。

（1）TOT（Transfer-Operate-Transfer，移交—经营—移交）是 TOT 融资模式的基本形式，政府或国有企业将存量项目经营权有偿发给项目公司或投资人，项目公司或投资人期满后将经营权归还。如果投资人中标，还需成立项目公司承接项目经营。

（2）ROT（Renovate-Operate-Transfer，改建—运营—移交）模式是在 TOT 融资模式上增加了改建内容的项目融资方式。特许经营者对旧的存量资产进行改扩建或重新设计项目，使其产品和服务更贴切大众需求，提高项目盈利水平。

（3）TBT 模式是指将 TOT 和 BOT 结合使用的项目融资方式，以 BOT 为主、TOT 为辅。这种模式主要在外国使用，其实质是项目发起人将已建项目和待建项目打包融资，投资人负责组建待建项目，并经营已建的项目。

（4）TOO（Transfer-Own-Operate，移交—拥有—经营）模式是指投资人获得已建成项目的产权，并按照合同对项目进行运营、维护等工作。

目前，国内对 TOO 模式的应用和相关研究很少，常用的是 TOT 和 ROT 模式。

8.2.2　TOT 项目的参与人

TOT 项目的参与人是指参与融资项目特许经营权移交、筹资、设计建造、运营管理和再移交过程的利益相关者。自参与人签订相应协议或合同之日起，参与人就算正式参与项目，除了依照相应规定承担项目的某部分工作职责，签约双方还应该保持经常联系，及时跟进项目进展情况。

兰州安宁区污水处理厂使用 TOT 融资模式进行融资，先后招标 4 次，在最后一次招标中确定了 3 家中标公司。根据项目特许经营权协议，中标公司 A 投资了另外一家业务相似的公司，为获得运营所需的技术、业务等打下基础；而中标公司 B 则成立全资子公司负责某地污水处理厂运营工作。此外，为增加资金来源，中标公司 A 还以委托贷款方式向中标公司 A 的控股股东借款 1 亿元。

上述案例中，TOT 项目的参与人既包括项目发起人、投资者和贷款方，还包括投资人根据协议设立的全资子公司。

1. TOT 项目参与人分类

一般来说，TOT 项目的参与人有多种分类。图 8.2-1 所示为 TOT 项目参与人分类。

图 8.2-1　TOT 项目参与人分类

TOT 项目参与人主要包括项目发起人、投资者、承建商、运营商、项目使用者和政府机构 6 类，具体的参与人角色还应该根据项目实际情况进行划分。企业通常需要了解项目发起人和投资者这两大角色。

（1）项目发起人。项目发起人应首先识别项目的必要性，包括组建相关小组或邀请专家分析项目执行的可行性，根据科学的方法做相应的风险分析。项目发起人一般会关心的问题包括：宏观环境变化、投资方承接项目能力、运营方是否会提出项目支撑条件、项目运营过程能否保障公众利益、特许期结束后归还的项目能否达到保养良好和可持续运营的状态等。

（2）投资者。投资者是使用私人资本或资金对项目出资的私营企业或个人。从工商登记上看，投资者既可以是法人单位，也可以是自然人；从资金地域来源上看，投资者可以是外商独资企业，也可以是内资企业。如果是个人作为投资者中标，还需成立项目企业主体承接运营工作。

（3）承建商。有的项目企业偏于轻资产运营，会与承建商签订分包合同，由承建商承接项目企业的外包业务，负责建设项目工程。常用的工程承包模式有EPC 模式、EPCM 模式和 FEED 模式 3 种。

对项目企业而言，与承建商的合作存在技术风险，项目企业应在分包合同中规定工程延期、工程缺陷等处理办法，并准备一笔项目施工后保障金，用于应对承建商无法按时完工等导致的项目进展迟滞风险。

2. 划分参与人的必要性

划分参与人，除了用于划定项目过程中协议双方的权利与义务，更好地形成约束双方的法律文件，减小合同风险外，还能为收益分配提供依据。学术研究中，常以 Shapely 模型确定项目参与人收益分配机制，该模型主要根据参与人投资比例、风险分担、努力程度等因素，确定各个参与人的贡献度，最终分配项目参与人的收益。

8.2.3　TOT 项目实施过程

TOT 项目实施过程与 BOT 项目实施过程大体相同，区别主要表现在三方面。首先，BOT 项目的履约阶段包括了项目建设，而 TOT 项目一经移交就已有成熟项目。其次，TOT 项目发起人会设立单独机构，并将项目所有权移交给这些机构，由其全权负责项目管理、转让等工作，而 BOT 项目不会。最后，BOT 项目一般以项目经济强度做担保（例如项目的还款现金流和资产），而 TOT 项目则以项目盈利能力做担保。

除了外商独资企业参与我国基础设施建设外，我国企业也有使用 TOT 模式参与外国基建项目的例子。

2001 年，我国加入世界贸易组织，越来越多外资涌入我国的同时，国内资本也开始寻求新的投资领域。例如，我国企业采用 TOT 项目方式参与澜沧江——湄公河次区域基础设施建设，收获了良好效益。

20 世纪末，国际上多使用 TOT 融资模式进行跨国合作，TOT 项目被多次实践。因此，也有人认为这一模式主要是专门为外商独资企业的跨境投资设立的。

1. 项目发起人和政府的区别

一些人错误地认为，在 TOT 融资模式中，项目发起人与政府可以画等号，然而，企业家必须了解二者之间的本质区别。TOT 融资模式里，项目发起人是提出项目立项文件的相关方，项目发起人会对项目公司进行出资，并与项目公司签订合资合同；而因为特许权只有政府才能发放，所以政府除了为项目公司提供基础设施，还会与项目公司签订特许协议。

2. TOT 项目全过程

一般来说，TOT 项目从提出到政府收回转让项目，大体可以分成以下 7 个步骤。

（1）转让方撰写 TOT 项目建议书（也称立项申报书），向上级行业主管部门提出并征求认可，最后根据相关程序获得相关部门审核与批准。

（2）项目发起人成立载体公司 SPV 或 SPC 机构。SPV 拥有项目所有权，全权负责管理项目、转让项目和建造工程，并且还会对实际问题参与协调。

（3）邀请投标及招标。邀请通过资格初审的投标者投标，投标者接受邀请后上交标书及相关文件。招标步骤与 BOT 项目主要流程类似，都有前期准备、预审资格、准备文件和评标等。绝大多数评标标准包括项目公司资金是否充沛、技术和管理能力如何、以往经营项目是否符合环境保护标准、收费定价是否合理、项目公司能否维修和保养设备、能否保证特许期限结束后上交的项目能正常运营等。

（4）SPV 与投资者进行商务谈判，签订特许协议和经营权转让意向书，并取得经营资金。

（5）转让方将融资金额用于建设新项目。中标者与 SPV 成立项目公司，成立的项目公司负责日常运营与维护，而政府将得到的资金用于其他项目的建设。

（6）项目建成并投入使用。

（7）期满后收回项目。担保资产应在无债务、未设定担保和设施状况完好的情况下向转让方移交，也可以先收回项目，再将新项目投入使用。

8.2.4　如何防范 TOT 项目风险

TOT 融资模式没有建设过程的投入，且交付项目已建成并运营一段时间，基本体系已经建立，对项目公司的管理能力要求相对较低。此外，TOT 融资模式的风险比 BOT 融资模式的风险更低，使用 TOT 融资模式的引资成功率高，TOT 融资模式由此得到国际市场的青睐。

然而，这并不意味着可以完全不用考虑风险，企业在大展拳脚的同时，也应该特别关注潜在的风险。

TOT 融资模式将政府的项目资产与原有负债打包，移交至项目公司，有效地降低了政府债务和杠杆风险，但是，这在一定程度上减弱了项目的融资能力，还有可能减弱项目盈利能力。

融资风险就像是天平，当一边的参与方通过谈判或文书降低自身风险，另一边的风险就会随着上升。

企业在对 BOT 项目进行风险分析时，为便于理解，主要根据宏观投资环境风险进行定性分析，而在对 TOT 项目进行风险分析时，可以侧重考虑项目的具体风险。

1. 宏观投资环境风险

撰写项目建议书时，项目发起人一般会结合宏观投资环境，对项目进行初步风险分析。

图 8.2-2 所示为宏观投资环境风险。

图 8.2-2 宏观投资环境风险

宏观投资环境风险，主要包括政治风险、金融风险、法律风险、自然环境风险和不可抗力风险 5 种。其中，常见的是金融风险和自然环境风险。

金融风险属于经济风险中的一种，是指金融机构决策错误等原因导致资产遭受损失。一个国家金融风险管理不当，甚至会引起全球金融体系的动荡。

自然环境风险主要是指生产产品的工序不当、排污处理不当或技术问题导致的对自然环境造成污染的风险，特别是近年来相关法律文件的相继出台，政府将特别关注项目公司对自然环境风险的管理能力。

2. 项目具体风险

在 TOT 投融资实践中，会根据各参与方承担的主要风险对项目具体风险进行分析，例如，项目发起人风险包括建设风险、损耗风险、项目监管风险和选择经营者风险等；而投资人面临的风险主要是融资风险、经营风险、管理风险和政治风险等。

（1）建设风险主要由融资企业承担主要责任，包括项目管理和竣工验收等。当因进度拖延、预算超支等问题导致无法建成项目或建设有误时，建设风险就会出现，进而导致融资、运营不及时，使整个项目"夭折"。

（2）损耗风险是政府在整个风险管理中的关注重点。少数投资人为在特许期内完成利益最大化目标，倾向于短期收益，快速消耗项目寿命与相关资产，导致交付后项目运营出现问题。

（3）经营风险与前期融资方的可行性研究有密切联系，若前期可行性研究有误或预测不当，后期运营将无法达到预定收益。经营风险包括市场需求变化风险、技术风险和供应风险等。

3. 防范 TOT 项目风险的方法

TOT 项目的风险防范方法主要有风险规避和风险分担两种。风险规避，是通过签订各种类型合同，将原本属于企业的风险，转到其他企业。而通过风险分担，企业可以通过选择政府、项目发起人或承包商等，联合分担风险。例如，政府可承担政治风险、法律风险、部分不可抗力风险和政府造成的市场一级风险等；项目发起人可承担开发风险、工程建设风险、经营风险和供应风险等，比如将部分建设风险转移到工程承包商处，将部分经营和供应风险转到运营企业和供应商处。

8.3 PPP 融资模式

PPP 融资模式即 Public-Private Partnership，是指政府与社会资本合作共同运作社会公共基础设施建设项目的一种项目运作模式。政府与社会资本通过特许协议的方式，在项目运作中形成"共同出资、风险共担、利益共享"的合作关系，有效缓解了政府在公共项目投资中的财政支出压力，提高了公共基础设施的建设效率。PPP 融资模式发展到今天，已经成为较为成熟且被广泛接受的融资模式。

8.3.1 PPP 融资模式的发展历程

PPP 融资模式最早起源于 20 世纪 90 年代的英国，随后在全球发达国家率先得到大范围推广。我国的 PPP 融资模式起步较晚但发展速度较快，经历了从试点到推广再到普及的三个阶段。

1. 试点阶段（2003 年之前）

当 PPP 融资模式在国外兴起的时候，我国的经济体制和政治体制改革正逐渐走向深入。在 20 世纪 80 年代之前，我国并没有 PPP 这种融资模式，反倒是 BOT 融资模式已经陆续有一些项目试点。实际上，BOT 融资模式与 PPP 融资模式有相同之处，但二者并不能完全等同。运用 BOT 融资模式建设的一些项目，多是地方政府自发完成的。在当时，我国并没有相应的法律法规或政策予以规制。

我国的 PPP 融资模式试点开始于"十四大"以后。随后，关于 PPP 融资模式的相关研究在学术界逐渐兴起，在多个地区的公共基础设施建设中展开 PPP 模式的试点，如成都第六水厂项目、广东电白高速公路项目等均运用了该模式，为其后 PPP 融资模式的广泛运用积累了经验。

2. 推广阶段（2003—2013）

进入 21 世纪，尤其是我国加入世界贸易组织后，对基础设施建设的需求变大，相应的融资需求也急剧增长，国家适时推出了相应的鼓励政策支持 PPP 融资模式的发展。这一过程主要分为两大阶段。

（1）第一阶段（2003—2008）。这个阶段是 PPP 融资模式在我国快速发展的阶段。2002 年出台的《大力推进市政公用市场化指导意见》和 2004 年出台的《市政公用事业特许经营管理办法》等指导性文件，为 PPP 融资模式在公用基础设施建设领域的应用提供了基本法律依据。由此，民间资本甚至外国资本纷纷涌进供水供暖、公共交通等风险较低、收益稳定的项目。

2008 年，北京奥运会场馆建设就是 PPP 融资模式的集中运用案例，当时超过三分之二的奥运场馆采取 PPP 融资模式开发。其中，鸟巢体育馆成为我国第一个以 PPP 融资模式兴建的大型体育馆。

PPP 融资模式加剧了公用基础设施建设领域的竞争，加快了相关领域的改革进程。当然，PPP 融资模式在建设工程中也出现过失败案例，加重了地方政府的财务负担，如何对 PPP 融资模式正确运用，也引起了人们的思考。

（2）第二阶段（2009—2013）。2008 年以后，为应对金融危机的冲击，提高国内经济发展速度，我国出台了"四万亿"经济刺激政策。银行加大了对市场的信贷支持力度，地方政府开始将地方城市的投融资平台（如城投公司、城建公司等）作为城市公用设施的建设投资主体。

3. 普及阶段（2014 年至今）

2013 年以后，我国经济开始由高速度转向高质量发展，经济增速放缓，加之前一阶段风险的积累，地方政府的债务风险开始暴露，传统的土地财政难以维系，急需转变发展模式。在某些地区，为了预防地方政府的财务危机，地方政府一方面通过发行债券等方式缓解债务压力，另一方面大力推动 PPP 融资模式作为补充城市基础设施建设资金的主要方式。各级地方政府也出台了相应的配套措施，PPP 融资模式随之开始了在我国的普及和推广应用。

8.3.2 PPP 项目的参与人

PPP 项目属于系统的投融资工程，其中涉及的参与主体有政府、社会资本方、项目的建设方和运营方等多方主体。其中，政府与社会资本方的权利义务关系是整个 PPP 项目的核心。

1. 政府

PPP 项目兼具行政及民事的双重属性，政府作为参与主体之一，扮演着参与人、管理者、监督者等多重角色。政府既在宏观方面负责加强调控，又在微观方面参与建设。

（1）政府具有监管职能。传统理论中，政府作为公共服务的提供者，主要承担的是公共服务职能，但 PPP 融资模式的建设项目多为涉及公共利益的社会项目，政府监管职能就显得尤为重要。

政府在 PPP 项目中的监管职能的来源有二：一是行政法等公法赋予政府作为社会管理者所应当具备的管理职权，二是政府与社会资本方等主体签订的协议中所约定的管理权限。

（2）政府具有项目股东的权利。PPP 项目的运作方式多为政府作为"公"方与"私"方资本共同出资成立项目公司，政府作为项目公司的出资人，当然具有股东的权利。政府作为项目公司的股东之一，除享有分红、剩余财产索取权等股东财产性权益外，还享有参与公司管理等身份权利。

政府作为特殊的参与方，在协议中还可以约定一些特殊的单方权利，比如为了公益单方终止合同的权利。当然，这种特殊的权利应该被严格约束，只有在提供的公共产品不再符合社会需要的情况下政府才能单方终止合同，并且要给予社会资本方一定的补偿。

2. 社会资本方

作为 PPP 项目的另一重要参与方，社会资本方的权利主要来源于合同的约定。

（1）特许经营权。既然是"特许"，该项权利就具有排他性，政府在授予特许经营权的时候应该慎之又慎。政府可通过招标投标的方式，为特许经营权的授予设置一系列的条件，只有满足所有限制性条件的社会资本方才有机会取得特许经营权。而社会资本方一旦获得这种权利，就享有占有、使用和收益的"垄断地位"。

（2）项目收益权。该项权利是社会资本方参与 PPP 项目的主要动力和核心权利。社会资本方参与 PPP 项目，主要通过占有项目并让使用者付费的方式回收投资和获取收益，例如，采用 PPP 融资模式建设的旅游景区向游客收取门票、高速公路收取过路费等。

（3）获取救济的权利。法律上，获取救济的权利是指当某一方的权益遭受不法侵害时，其有寻求法律帮助阻止侵害的继续发生或者获得赔偿的权利。PPP 项目合同的另一方为具有公共行政权力的政府，双方的地位处于不对等的状态，且 PPP 项目大多历时较长、复杂性较高，社会资本遭受侵害的概率也较大。赋予社会资本获得救济的权利，这既是法治社会的必然要求，也是推进 PPP 项目建设和发展的应有之义。

除此之外，PPP 项目的其他参与主体，如项目的具体建设方、运营方等，其权利义务依据法律规定和合同约定进行约束。

8.3.3　PPP 项目实施过程

PPP 项目从识别到最终完成，大致要经历四个阶段。图 8.3-1 所示为 PPP 项目实施过程。

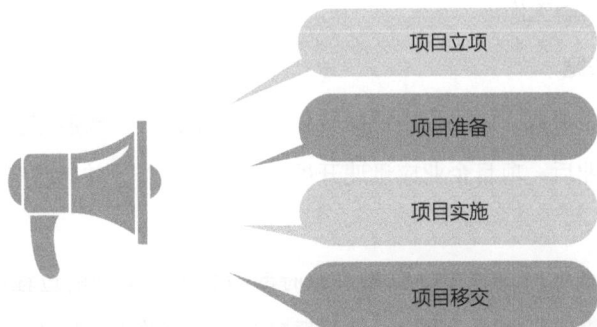

图 8.3-1　PPP 项目实施过程

1. 项目立项

项目立项阶段解决的主要问题，是该项公共基础工程是否需要采取 PPP 融资模式。一般而言，评价标准为项目投资规模是否较大、使用周期是否较长、市场化程度是否较高、收益回报机制是否灵活可控等。

在立项过程中，政府财政部门会同行业主管部门，对项目的可行性和必要性进行评价，筛选出备选项目纳入政府的工作计划中。对于纳入年度或者中期开发计划的项目，发起方应提交相应的可行性研究报告、初步实施方案等材料。随后，政府主管部门从定性和定量两个方面对项目的价值进行审定。定性，主要是评价 PPP 融资模式是否比传统模式更具性价比。定量，主要是评价 PPP 融资模式对项目建设周期等量化指标的影响作用。

2. 项目准备

项目准备阶段是启动项目的前端过程，政府方面应成立专门的筹备小组和协调机构，主要工作任务是负责项目的评审以及和各投资单位的协调组织工作，目的是提高效率以推进各项工作的开展。随后，还应成立相应的项目实施机构，负责项目的准备、采购等一系列工作。

在该阶段中，最重要的工作是政府通过招投标选定合适的社会资本方。招投标工作应严格按照相关的法律法规进行，防止腐败行为的产生。选中社会资本方后，项目实施机构还需负责与社会资本方的具体谈判，就项目建设中的各方面达成一致意向。等所有的准备工作做完之后，双方可以成立相应的项目企业负责下一阶段的项目实施工作。

3. 项目实施

项目实施是将双方的协议由纸面转化为实际的过程。政府与社会资本方成立相应的项目企业后，项目企业应迅速开展项目融资工作，并与政府做好相关材料的交接与交割。

项目企业在运行过程中，应建议政府部门在项目实施的过程中做好相应的监管，不仅监管项目的建设进展、建设质量等，还要监管项目企业的财务运营状况。因为 PPP 项目的建设周期较长、建设过程中的变数较多，政府应及时与社会资本方进行沟通，对发现的问题积极整改，对新的建设要求与社会资本方协商变更。政府也应定期对项目的合规性、合理性进行审查，对社会资本方投资中可能出现的违法违规行为依法依规进行处置，维护项目的健康运行和社会公众的利益。

4. 项目移交

待双方协议约定的周期届满时，项目企业要向政府移交相应的项目。在前期合同中，项目企业就应当与政府部门就社会资本移交的期限、方式、标准以及补偿的标准、方式等进行约定，防止后期纠纷的产生。

当项目企业依法移交项目时，政府会负责对项目的性能是否达到移交标准进行检验。性能达标的，及时接收；项目性能不达标的，政府还会要求项目企业及时整改或者支付相应的维修赔偿金。

图 8.3-2 所示为 PPP 项目实施流程。

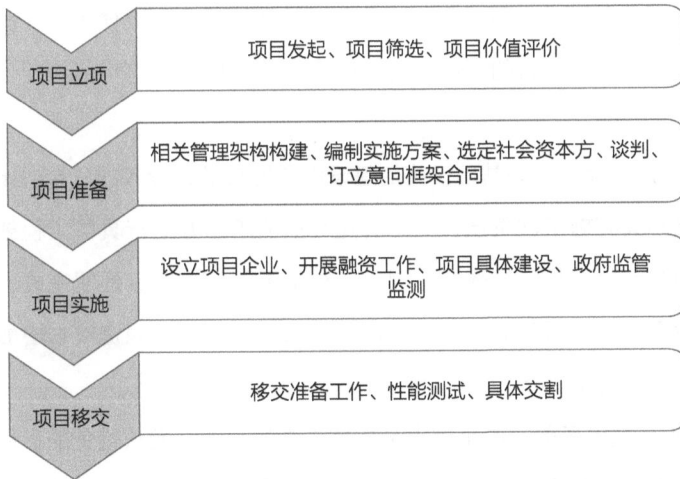

项目立项	项目发起、项目筛选、项目价值评价
项目准备	相关管理架构构建、编制实施方案、选定社会资本方、谈判、订立意向框架合同
项目实施	设立项目企业、开展融资工作、项目具体建设、政府监管监测
项目移交	移交准备工作、性能测试、具体交割

图 8.3-2 PPP 项目实施流程

整套流程看似简单，但在实际实施中遇到的问题却相当复杂，如何协调平衡 PPP 项目各参与方的利益，提高项目的质量，降低相应的风险，是各方主体应当考虑的重要问题。

8.3.4　如何防范 PPP 项目风险

在讨论如何防范 PPP 项目风险之前，我们有必要了解 PPP 项目存在哪些风险。

1. PPP 项目的风险

PPP 项目涉及的主体多、范围广、周期长，因此 PPP 项目可能产生的风险也很多。

（1）金融风险。PPP 项目本质上属于股权融资项目，以未来的股权收益（项目收益）来弥补投资人的投资，并给投资人相当可观的收益。实际上，PPP 项目的建设周期长，对资金的需求量大，一旦社会资本融资跟不上建设需求，很可能产生资金链断裂的风险。此外，金融市场的其他风险，如汇率波动、利率上涨、货币贬值或者通货膨胀等，也会带来相应的金融风险。

（2）政治风险。PPP 项目的一方主体为政府，投资项目为公共基础设施，因此，PPP 项目受到公共行政权力干预的风险就比较大，具体表现在国家和地方法律、法规、政策对项目的不同态度。很小的政治风险都有可能给项目带来较大影响。

（3）建设风险。公共基础设施的建设周期比较长，投入的资金也比较大，项目公司一般不具有施工的资质，而是委托其他的承办方进行具体工程施工，其对施工质量的控制也就相对减弱了。因此，在施工阶段，项目延期完成、无法完成或者完工后不达标的风险始终存在，可能带来的后果就是融资成本增加、贷款利息增加、项目不能按期投产使用的违约责任加大。

（4）不可抗力风险。不可抗力是指事先无法预知、无法避免的事件。尽管各类项目都有不可抗力的风险，但 PPP 项目投资周期长，一旦遇到地震、战争等不可抗力，项目停工、延期带来的经济效益损失和社会效益损失都会相对较大。

2. 防范 PPP 项目风险的方法

为防范 PPP 项目可能产生的风险，应当从以下几点入手。

（1）合理选择 PPP 项目，在源头进行风险管理。企业在筛选 PPP 项目时要坚持"技术上可行、经济上合理、财务上可续、风险上可控"的原则。

企业应通过科学严谨的评价体系筛选出适合采取 PPP 融资模式的项目，做好可行性研究分析和财务负担能力分析，量力而行、科学统筹，防止 PPP 项目的泛化。

（2）加大对社会资本方的审核力度。社会资本方是否具有一定的资金实力和融资能力，对 PPP 项目是否成功具有重要作用，政府在审核社会资本方时要"揭开资金背后的面纱"，防止社会资本方以贷款等债务性资产或其他违规资产出资。

（3）拓宽融资的渠道，保障资金结构的合理性。传统的 PPP 项目对社会资本和银行贷款的依赖性较高，资金结构单一，一旦出现不可控的风险，极易导致资金链的断裂。企业应当提请政府，积极拓宽项目的融资渠道，让基金、保险、信托等其他金融工具加入项目的资金链条中，以保障融资能力和资金安全。

（4）加强地方政府的信用制度建设。某种程度上，政府在 PPP 项目建设中起着重要的主导作用，在融资过程中也扮演重要角色。但地方政府政策变动频繁，一定程度上增加了政府违约的风险。地方政府要坚守诚信原则和契约精神，认真履行自己在 PPP 项目中的职责和义务。对于违约侵害社会资本方利益的，应当依法追究经济责任和相关责任人的法律责任。

项目初期，各参与主体要尽可能地考虑到各种因素，合理分配各方的权利义务。各参与主体对项目实施中的财务风险等要加强监管，对建设风险和不可抗力风险等可以采取保险的方式分担风险。

总之，PPP 项目涉及的利益主体众多，各参与主体应在合法合规的框架下，加大协调协商力度，各司其职，共同担负起保障项目如期按质按量完工的责任。

8.4　ABS 融资模式

ABS 融资模式，同样是当下大中型企业的主流融资手段之一，本节将主要介绍 ABS 融资模式的发展历程，ABS 项目参与人、实施过程以及防范 ABS 项目风险的方法等。

8.4.1　ABS 融资模式的发展历程

ABS 是英文 Asset Backed Securitization 的缩写，中文名字为资产证券化。

ABS 融资和其他融资方法不同，它并非以贷款企业为主体承担还款义务，而是企业剥离出一部分资产，将这些资产未来产生的现金流用来还款。同时，企业还可以通过结构化和组合化的方式，为 ABS 金融产品做信用增级，以此加强产品的流动性。

资产证券化是全球成长速度数一数二的金融工具。国际上，第一笔资产证券化交易是 1970 年在美国推行的，美国政府将当时的民众的房产抵押贷款加以整合，发行了房贷转付证券。

在我国，资产证券化起步较晚，起步于 1992 年。起步初期，该金融工具在国内影响力有限，也没有特定的法律规范从业人员的具体行为。直到 1997 年，中国人民银行才颁布《特种金融债券托管回购办法》。

1998 年，中国重庆市实施了第一个以城市为基础的 ABS 金融产品，并且成功融得了国际资金。

2005 年，资产证券化在我国进入了加速车道，国家颁布了《信贷资产证券化试点管理办法》以及《金融机构信贷资产证券化试点监督管理办法》。同年，国家开发银行发行第一支资产证券化债券供大家购买。

2012 年，资产证券化在我国的发展愈发完善，试点范围扩大。同年 11 月，我国第一个资产证券化金融产品在上交所发行，这家具有里程碑意义的发行企业名为工银租赁，当年的发行规模约 16 亿元。

2015 年，资产证券化在我国发展成熟，投资人对该产品高度认同。这一年，我国发行了 1386 只 ABS 产品，总净额超过 5900 亿元。

今天，资产证券化帮助企业盘活应收账款，提高资金利用效率，为中小企业降低融资成本，是证监会推崇的融资方式。

8.4.2　ABS 项目的参与人

发展至今，ABS 项目的推行已形成一套系统流程，其中参与方可以分为 8 个部分。

1. 原始权益人

原始权益人是资产证券化的发起人，通常需要剥离出其企业资产用来进行 ABS 融资。许多工业企业、金融公司以及租赁公司都担任过原始权益人。原始权益人必须对剥离出来的资产具有合法权益。

2. 发行人

发行人即向原始权益人购买资产进行打包并发行 ABS 产品的企业。发行人既可以是第三方中介，也可以是原始权益人的子公司。

发行人信用不等于资产信用，原始权益人一般会成立特殊目的载体（Special Purpose Vehicle，SPV）作为发行人。

3. 管理者

管理者是 ABS 产品的服务组织，一般由指定银行担任这个角色。管理者的工作贯穿证券发行到资产处理完毕的整个周期。管理者收取资产产生的本息以监管资金，并定期向投资人和受托人提供资产的财务报告。

4. 受托人

一般情况下，受托人是金融机构，如证券公司。受托人可以是管理者与投资人的中间人，也可以是投资人和信用强化机构的中间人，负责托管资产的一切合法权益，主要工作包括管理资产的现金流。

5. 承销商

承销商一般由投资银行来担任，帮助企业发行证券，然后承销证券。承销商的工作内容包括尽职调查、现金流预算、撰写文件、路演、销售安排、发行证券以及一系列存续期内的后续工作。

6. 信用强化机构

信用评级增级是资产证券化进程中的关键一环，分为内部信用增级和外部信用增级。

（1）内部信用增级的形式有企业的超额担保以及直接追索权。

（2）外部信用增级指的是与资产没有关联的独立第三方，以设立基金或提供保险的手段，为资产证券化项目增加信用级别的方法。

7. 信用评级机构

信用评级机构为专门评定 ABS 产品级别的机构。投资人根据信用评级机构出具的评级报告，判断投资风险。

8. 投资人

投资人是在市场上认购 ABS 产品的组织或个人。

8.4.3 ABS 项目实施过程

通过发行 ABS 金融产品募集资金，企业需要完成以下流程。

1. 确定资产证券化的目标资产

当目标资产满足条件，即在未来可创造稳定且可靠的现金流，就可以进行 ABS 融资。为此，企业应首先分析自身的资产证券化融资要求，对自己拥有的能够产生未来现金收入的资产进行清理、估算和考核，将应收和可预见现金流资产进行组合，并根据证券化目标确定资产数。

2. 建立特殊目的载体（SPV）

想要通过发行 ABS 金融产品募集资金，就需要建立特殊目的载体。特殊目的载体由在国际上有威望的投资银行、信用担保公司和信托公司等金融机构构成。

奥林皮亚迈德兰公司以抵押不动产为条件，向所罗门金融公司取得贷款，用来修建一栋在美国纽约的办公楼，该笔贷款于 1985 年底到期。奥林皮亚迈德兰公司虽然取得了贷款，但仍面临资金紧缺的难题，负责人想到了到期抵押贷款再融资的方法，即发行 ABS 金融产品。这样一来，公司就能节约资金成本，从证券市场筹措资金，将募集到的资金再还给所罗门金融公司。随后，奥林皮亚迈德兰公司设立迈德兰财务公司，将其作为这次资产证券化的特殊目的载体。

从奥林皮亚迈德兰公司的案例可以看到，建立特殊目的载体是资产证券化的重要一步。

3. 达成真实交易

特殊目的载体成立后，需和原始权益人签订资产买卖合同，让资产转移到特殊目的载体名下。采取这种做法的目的集中在破产隔离保护上，即便原始权益人破产，在真实交易的前提下，ABS 金融产品也不会受到影响。

真实交易的渠道有三种。

（1）更新企业债务。

（2）直接转让。

（3）从属参与。

4. 项目评级

投资人通常依据评级报告估算投资风险。因此，特殊目的载体要为项目争取尽可能高的评级。评级报告通常由国际上高威望的评级机构出具，AA 和 AAA 都属于相当高的级别。

迈德兰财务公司信用等级由标准普尔公司评定，结果为 AA，原因有以下三点。

（1）公司有能力为发行的债券按时支付本息。

（2）项目资产，也就是办公楼位于纽约金融街，该地办公楼的出租率高达99%，可以满足为公司带来稳定的现金流这一条件。

（3）一家第三方保险公司为迈德兰财务公司提供 3038 万美元的保险，并将之作为外部信用增级。

迈德兰财务公司的案例，清楚地说明了项目评级关注的内容。

5. 销售证券、支付对价

由承销商按流程撰写、申报材料，着手证券销售。证券发行成功后，特殊目的载体获取证券发行收入，并向原始权益人支付资产买价。

6. 管理资产

管理者需在 ABS 金融产品到期前做好项目资产管理。

7. 还本付息

ABS 项目到期时，企业应按照约定向投资人归还本息，同时向聘用的机构支付服务费用。

8.4.4 如何防范 ABS 项目风险

ABS 融资过程中，任一参与人都在承受失败的风险，应如何防范 ABS 项目风险呢？

1. 确保基础资产真实合法

特殊目的载体应做好尽职调查，要求原始权益人拥有的资产合法、真实，对应收账款的收取有控制权。

2. 以公允价格交易

特殊目的载体应依照公允价格从原始权益人处购买资产，确保交易的公正性。

3. 确定应收账款归属权

ABS 融资模式以资产未来的现金流向投资人还本付息，因此需要明确资产应收账款的归属权，并确定款项的收取时间，对资产的销售合同及其他原始资料一一核查，确保资金安全。

4. 对特殊项目资产其他属性的解除

特殊项目资产不得带抵押、担保和质押等属性，如果这些属性已经存在，在和原始权益人交易时，应当提前通过合法渠道转移资产或解除上述属性。

5. 深入尽职调查

尽职调查应落到实处，避免留下隐患。相关从业企业可以根据尽职调查职责做好准备工作。

（1）基础资产合法、真实，应收账款可预测、可收回，基础资产可转让。

（2）原始权益人的主体资格合法，企业章程、内部控制制度健全，无重大经营风险，无违法行为。

（3）企业的主要债务人偿债能力和意愿强。

（4）为项目提供信用增级的企业无违法行为，经营状况正常。

（5）对企业基础资产进行抽样调查。

6. 现金流管理

特殊项目资产创造的现金流应直接通过专项监管账户转账，不经其他账户，方便监管资金。

7. 信用触发机制

信用触发机制能帮助项目管理人在问题出现初始做出反应，最大限度地减少损失。该机制包括如下内容。

（1）要求原始权益人赎回不合格资产。

（2）为避免风险加大，发行人有权在证券收益低于应支付的服务费用时选择赎回。

（3）定期披露相关信息。

第 9 章
股权融资：企业如何通过股权融资获得资金

长期以来，不少人都认为股权融资主要是大企业的事，与中小企业没有太大关系，但实际情况并非如此。资金对于企业，就像血液对于人体，中小企业缺乏资金，将寸步难行。

因此，中小企业家需要重视股权融资。股权融资属于直接融资的一种，它不是上市企业或大企业的专利，是中小企业也可选择的重要融资工具。对中小企业而言，选择股权融资这种既现实又便捷的方式，是其发展壮大的必由之路。

9.1　股权融资的运营模式与方法

在我国，绝大多数企业都是中小企业，急需资金来促进自身转型升级和发展壮大。股权融资作为企业解决资金问题的有力措施，能有效地解决企业所需的资金、客户、社会关系等资源问题。那么，企业一般通过何种方式进行股权融资呢？本节主要围绕股权质押、股权交易、增资扩股、引进风投基金融资和引进战略投资者融资五种模式进行阐述。

9.1.1　股权质押融资

股权质押，通常也称作股权质权，是指企业股东将其所拥有的企业股权作为担保，向债权人进行融资。

正常情况下，股东将其企业股权作为质押担保物后，拥有质押股权的债权人只是拥有担保物的财产性权利，而非等同于拥有企业股东的全部权利，在涉及企业经营发展的重大战略决策、产业结构调整等权利时，仍由出质股权的企业股东行使。

应该如何正确理解股权质押概念？下面这则案例，能帮我们更全面深入地了解。

江苏南京有一家注册资金 1500 万元、以生产新能源汽车锂电池核心配件为主的高科技企业。2020 年以后，面对新能源汽车产业想象空间巨大的前景，该企业决定进一步扩大生产规模，并对外融资获得大量资金支持。

此时，这家成长型的企业还未利用高集中度和附加值的实物做抵押，于是企业做了一个大胆的决定，即将企业第一大股东的 60% 股权作为担保抵押给一家投资公司，成功融到800万元人民币。一年半以后，该锂电池企业的主要股东发生变故，需要变更法定代表人和股东，该企业股权调整完毕后，需重新办理股权质押。

企业进行股权质押融资，需要准确把握相关原则。图9.1-1所示为企业股权质押融资的原则。

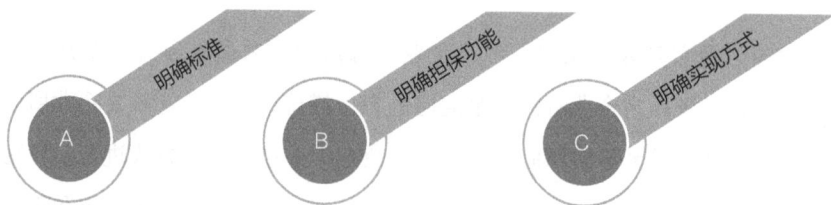

图9.1-1　企业股权质押融资的原则

1. 明确股权作为质押物的标准

一般而言，明确质押标的物的标准，需要从以下两个方面进行。

（1）股权作为质押标的物，是一种看不见、摸不着的无形资产，为此，股权质押只能通过或登记或转移凭证来确定出质的权利。

（2）股权质押一旦成功，能为企业带来可观利润，同时，也可为出质人带来丰厚回报，相反，若股权质押失败，损失就会转嫁给质权人。为此，质权人必须考虑出质人无力偿还债务时的质权执行问题。根据《中华人民共和国民法典》等法律法规规定，在出质人出现违约行为后，质权人可以与出质人协商依法拍卖、变卖质押标的物等方式进行清偿。

2. 明确股权作为质押物的担保功能

将企业股权作为质押担保物，其担保力将直接决定质权人的债务安全，影响着他们的切实利益。为此，对质权人而言，积极研究分析股权作为质押物的担保功能，就显得尤为重要。

（1）需分析出质人出质股权的实际价值。按常理而言，股权作为质押物的担保功能，必然建立在企业股权的实际价值上，股权实际价值的高低直接决定了质押物的担保力。如果是上市企业，股票交易市场行情决定了股权价值；如果是非上市企业，企业在市场中的经营产值、产品占比、分配红利等往往直接影响着股权价值。

（2）需分析出质人出质股权的交换价值。按常理而言，在股权质押的过程中，股权的交换价值直接反映了转移时期的股票价格，而股票价格通常是衡量股权作为质押物的担保功能的直接表现形式，也是衡量股权的实际价值的外在表现。

3. 明确股权作为质押物的实现方式

按股权质押的协议或合同，当质权人的债权已到清偿阶段并准备清偿时，质权人相比其他债权人，享有优先清偿或者处分质权进而优先得到赔偿的权利，这也是设立股权质权的目的。一般而言，股权作为质押物的实现方式，即对质押物处理清偿的方法，与动产质权的实现方法相同。

9.1.2　股权交易融资

早些年，中小微企业想获得资金支持，一般通过民间借贷、银行借款等方式来进行。然而，从维系企业成长发展的角度看，这些方式难以与现代企业管理机制相匹配，其中高额利息、还款期限等相关条件，都在一定程度上制约着企业的规模性发展。相比之下，股权交易融资是能为企业发展提供资金的快速、直接、有效的方式，在推动企业扩张发展，提高资本流动度、增值度等方面，具有很重要的现实意义。

股权交易融资，通常是指企业股东将拥有的股权依据国家法律法规交易给他人，以此筹得企业经营发展所需资金的融资手段。这种融资方式的本质是交易方与受让方产生的物权交易。交易后，企业将股权所联系的权利义务关系全部交付给受让人，受让人因此获得股权，成为企业股东。

福建宁德有一家专门从事生产综合性空气压缩机整机以及配套设备的企业，该企业于 2015 年 8 月成立，由三位股东出资组建，其中 A 股东出资 300 万元，占出资额的 55%，并担任企业法定代表人。

为进一步募集资金、吸引人才，推动企业进一步发展壮大，2017 年 4 月，A 股东将手中的 20% 股权交易给东莞的一家空压机有限公司，并约定交易价格为 100 万元，于 2017 年 10 日前支付完股权交易款。

1. 股权交易融资的类型

股权交易融资分为直接交易融资和间接交易融资。

直接交易融资是指普通股权交易，即企业股东通过有偿方式转让股权来获得资金，其实质就是直接进行股权的买卖。

间接交易融资是指企业股东的股权因企业并购重组、婚姻关系变更、继承和执行等因素而导致的交易行为，一般通过合同协议等契约形式表现。

2. 股权交易融资的影响

股权交易后，会对企业经营发展产生影响，具体表现在以下三个方面。

（1）改变股权结构。企业股东交易部分股权后，会对原有股权进行稀释，在超过一定比例后，原有控制人可能会失去对企业的直接控制权，丧失管理决策地位。

（2）改变发展战略。随着股权结构的调整，企业管理权随之变化，新介入的受让人可能变成企业经营管理的主导者，其发展理念可能与原股东的发展理念不相一致。

（3）改变收益方式。新来的股东往往会提供丰厚的资金支持，但要求的收益回报也高，通常不太会注重企业的长远发展，而比较专注于通过改变企业的经营目标、管理模式来获取短期收益。

9.1.3 增资扩股融资

为有效解决中小企业的融资问题，增资扩股融资作为股权融资的独特运营模式应运而生，在这一模式中，企业采取发行股票、向社会募集股份、原股东后续增资的措施，使资本金得以增加，进而实现扩大规模。

增资扩股融资引入的资金为自由资金，不会像借入资金那样降低企业的借款能力。同时，企业应支付给投资者的报酬，视企业的具体经营情况而定，具有一定的自由度，企业承担的支付压力会减轻和财务风险会大大降低。

增资扩股也可以用于调节各股东的持股占比和权重，增资扩股能让某些股东所持的股份占比上升，使其他股东的权益比重随之下降，以实现企业对法人结构的有效治理。

2004 年 1 月 13 日，沙河实业股份有限企业与英联置业签署《股权转让协议》，协议约定郭建波转让 25% 的股权给沙河实业股份有限企业，宋彗星转让 3% 的股权给沙河实业股份有限企业。

2004 年 1 月 13 日，沙河实业股份有限企业、郭建波、李江、郭秋宁、刘小松及王晓生等 6 名出资人（法人 1 名，自然人 5 名）签署《出资人协议书》。依照协议，各出资人一致赞成将英联置业注册资本由人民币 200 万元增至人民币 600 万元，增资额为 400 万元，依照持股比例，沙河实业股份有限企业需支付增资额 112 万元（400×28%）。

在这一案例中，通过股权转让和增资扩股，英联置业实现了对内部产权结构的调整，这将随之影响整个企业的管理方式。

1. 增资扩股的分类

增资扩股有多种方式。图 9.1-2 所示为增资扩股的分类。

图 9.1-2　增资扩股的分类

增资扩股的分类，主要包括原股东认购、吸收新股东、公积金转增注册资本和未分配利润转增注册资本四种。

（1）根据资金来源，可将增资扩股分为内源融资和外源融资两种。企业内部融通的资金为内源融资，它来自企业原有资金，企业对其的控制权更强，经董事会或股东大会通过便能够使用，外界条件对其的作用很小。外源融资是向企业以外其他主体筹集资金，资金来源更广泛，方式更多样。

通过外源融资，资金盈余者和资金短缺者有机地联系起来，金融市场得以运作，企业也能获得自由。

（2）根据扩大股权的价格与股权原账面价格的关系，可将增资扩股分为溢价股权扩张融资和平价股权扩张融资两种。所谓的溢价股权扩张融资，是新进股东每一股中要多投入超过股权原账面价格的资金，才能和原股东一样享受相关权益的融资。而平价股权扩张融资，指所支付的实际金额等于股票面值而取得的融资。折价股权扩张融资会损害原股东的利益，一般不被考虑运用。

2. 增资扩股的过程

企业增资扩股的过程一般分为以下三个阶段。

（1）关系人（企业和投资人）签订有关增资 / 投资的协议。

（2）投资人向企业依法缴纳出资。

（3）企业为投资人依法完成吸纳、认可新股东的法定程序。

需要注意的是，上市企业只有在符合发行条件的情况下才能进行增资扩股。相关法律对上市企业增资扩股的条件做出严格规定，包括三年内持续正收益、三年内财务档案中没有失实信息和错报、企业的预期收益率至少为同一时期银行的存款利率（基准收益率）、募集资本用于法律列出的相关事项等。

非上市的中小企业采用增资扩股融资方式筹集资本，主要发生在企业快速成长期和发展期，本质上是为了吸收直接投资人，扩大资本本源。投资人可以用现金、实物、工业产权、无形资产等多种方式向企业投资。

9.1.4 引进风投基金融资

引进风投基金融资，是指向风投基金获取资金的融资方式。风投基金是股权融资的特殊种类，风险管理单位通过不同形式募集到一定量的资金，其运作人负责到处寻找好机会投资并获得股权，通过项目不断发展，以分红、上市等方式获得理想收益。

我们耳熟能详的阿里巴巴、腾讯、百度等公司，在创业初期都获得了巨额的融资，从而把握住了时代的机遇，取得了飞速的发展，公司上市后，它们背后的风投基金也因此赚得盆满钵满。

对于需要资金注入的企业来说，引进风投基金融资，相比银行贷款和别的融资方式是十分有益的。

对企业而言，获得风投基金需要哪些步骤并且需要注意什么呢？

1. 风投基金融资的优势

风投基金无须企业的资产做抵押担保，无须企业承担创业失败带来的风险，手续相对简单。风投基金机构往往拥有初创企业成长发展的完整经验，能给企业带来更为有效的管理方式和上市指导。

2. 风投基金融资的流程

企业融资困难，不是因为企业缺乏竞争力，而很可能是因为企业对风投基金不够了解，不清楚风投基金具体如何运作、如何判断项目。此外，风投基金融资所需时间较长，企业即便被风投基金看好，也要准备好至少六个月的现金流。为此，企业更应提前了解风投基金融资的流程。

（1）确定目标风投基金。风投基金与企业需要相互匹配，才能实现成功融资。企业应该主动寻找那些与自身有相同特质的风投基金，从而有更大可能碰到真正会投资企业的风投基金。

（2）准备融资文件。企业向风投基金递交融资文件时，传统看法是应准备类似于商业计划书的文本，用 E-mail 发送或直接邮寄给风投基金。但目前其实不必这样做，原因如下。

①风投基金很少去看那些冗长、泛泛而谈的商业计划书。

②首次交谈，商业计划书很难取得让人满意的效果。

③大多数商业计划书都是泛泛而谈，没有确定目标风投基金。

相比之下，企业在先联系风投基金相关人员后再提供详细文件，能发挥更加精准、有效的效果。

（3）联系风投基金。仅靠发送文件可能没有多大用处，不如直接与风投基金相关人员取得联系。在此流程中，企业的问题集中在三方面，即与谁联系、怎么联系、什么时候联系。

①与谁联系。风投基金通常是多人合伙制的，每个人都会去寻找相应的项目，然后集体决定是否投资某一个项目，所以企业家要先寻找风投基金中的一个项目合作者。

②怎么联系。企业家不妨看看自己的圈子里有没有与自己相熟的人，或者寻求融资顾问公司帮助。另外，多关注风投基金投资的会议、论坛也可以认识一些风投基金。

③何时联系。平时，企业家要尽可能联系多家风投基金，然后展示融资材料，不断提高吸引力。一旦与风投基金相关人员认识后，要在短期内迅速联系，这样企业家就可以选出条件更为丰厚的风投基金。

（4）风投基金融资展示。许多人认为，企业只要向风投基金演示得足够完美，就会拿到投资。其实，这种观点不可取，因为风投基金相关人员从 PPT 中发现问题的能力，要比想象得厉害。专业的风投基金见识过各种形式的演示，听过各种各样的介绍。所以，演示形式其实不那么重要，最重要的是"干货"，其中包括 PPT 每一页的主题、背景、目的、内容和价值，其次才是演示者的演示方式和诠释角度。

记住，"干货"才是关键，它能让风投基金相关人员确信企业将获得规模巨大的市场，能打造出完美的产品，拥有独特高效的团队、诱人的财务状况以及不断增长的利润。而这一切都是建立在现有条件的高效利用基础上的。只有这样，风投基金才有可能对企业的项目产生兴趣。

风投基金融资是企业股权价值的体现，对于企业来说，这很可能是走向繁荣的第一步，也是关键的一步。

9.1.5　引进战略投资者融资

企业想在激烈的市场竞争中立于不败之地，就有必要为自己引进战略投资者，而不能只是依靠短期合作者。

引进战略投资者融资，顾名思义，指通过股权转让等方式，为企业引进具备优质实力的股东而获取资金支持的一种行为。

引进战略投资者，可为企业带来先进技术、优质管理经验、市场人才等资源。通常情况下，战略投资者的眼光一般都较长远，注重实现长期价值利益，能大幅度提高企业的融资质效。

近年来，国内不少"专精特新"企业，为增强核心技术竞争力，进一步发展壮大，都引入了战略投资者进行融资。

国内一家知名的快递物流综合服务企业，于 2013 年 8 月引进了来自招商集团、元禾控股、中信资本等战略投资者的联合投资，这是该企业成立 20 年来的首次引入外部战略投资者投资，标志着该企业从初创阶段已逐步迈向成熟壮大的发展阶段，也是企业经营思路里程碑式的开放跨越。

该企业在此次战略投资者引进后，获得了 80 亿元总投资额，主要用于加速优化企业内部管理，完善队伍建设，健全信息系统、优化中转环节及航空枢纽等硬件设施，有助于创造更高的品牌价值。

一般而言，引进战略投资者融资的过程，可以分为三个阶段。

（1）第一阶段，选择意向战略投资者。

①有意向的融资企业与投资公司签订服务协议，委托投行等投资公司为融资企业引进战略投资者提供专业化服务。

②投行等投资公司接受委托后，成立专业服务项目组，并准备为融资企业引进战略投资者的相关资料。

③融资企业与投行等投资公司进行洽谈，共同设立目标估值。

④投行等投资公司与私募等战略投资机构沟通，并将相关资料发送给多家战

略投资者。

⑤融资企业与投行等投资公司研究确定哪一家战略投资者对融资企业有足够兴趣，并能给融资企业最大的支持帮助，然后筛选出最契合的战略投资者。

（2）第二阶段，会面战略投资者。

①投行等投资公司安排战略投资者与融资企业进行会谈，并委派相关人员参与洽谈。

②组织战略投资者进行实地考察，并在考察过程中，帮助融资企业解答战略投资者的提问，并获得战略投资意向书。

③投行等投资公司和融资企业共同与意向战略投资者进行谈判，以帮助融资企业获得最优质的资金扶持，并确立相关条款。

④融资企业最终决定接受哪家战略投资者的投资，并签订投资意向书。

（3）第三阶段，开展尽职调查并签订合作协议。

①着手开展尽职调查。

②向战略投资者发放相关尽职调查材料。

③投行等投资公司对尽职调查过程进行日常阶段管理，保证战略投资者所有问题都被解答。

④尽职调查完后，投行等投资公司和融资企业一起与战略投资者进行谈判，并签署最终合同。

⑤合同签署成功后，战略投资者进行实际投资后，正常情况下，会向融资企业要求至少一个董事会席位。

⑥融资企业与战略投资者应认真履行协议，资金必须按时到位，并依照计划使用，严格落实重大事件及时通报、每月或每季度将企业财务报表送交审查等规范化程序。战略投资者作为企业股东，也可能直接参加企业董事会或直接参与管理。

9.2 股权融资中风投机构的运营模式

风险投资是私人股权投资的一种方式，也是现代企业成长初期较为常见的融资方式。风险投资者通过高风险的投入来获取高收益，于投资者、企业、市场而言都是多赢的利好局面。当然，高收益的诱惑，很容易让投资者产生投资冲动，忽视风险控制，从而引发投资失败。

正因如此，风险投资者在项目选择、投资决策、权利保障、退出方式等方面都要遵循一定的原则。

9.2.1 风险投资者的分类

风险投资者是风投资本的具体运作主体，也是风投回报的受益者，其主要功能和职责就是发现项目、投资项目、运营项目和退出项目。根据不同的标准可以将风险投资者做不同的分类。

从投资者主体的角度看，风险投资者可分为以下几类。

（1）个人投资者。有时也称个人投资者为高净值人群，是指具备一定资金实力，且依靠向其他企业进行风险投资而获取收益的投资者。

个人投资者的投资资金来自其个人，所得的收益也归于其个人。个人投资者具备一个人行动的特征，所以其必须有一双发现好项目的"慧眼"，才能在投资中立于不败之地。

具有"风投女王"之称的徐新曾说过，其在决定进行风投的时候首先关注的是行业，此次是企业家，最后才是价格。在这三个因素中，最难判断的就是企业家，但这也是决定投资是否能够成功的一个关键因素。

（2）专业风投企业。风险投资者往往会成立企业组织，对外进行风投。为提高决策效率和有效规避风险，多数风投企业都会选择有限合伙制组织形式，成立相应的风投基金。风投基金可以向个人投资者募集资金，让个人投资者成为风投基金的有限合伙人，风投基金的管理运营人员则为一般合伙人。目前，风投企业的组织形式呈现多样化的趋势，有限责任合伙制在美国已经成为风投基金的一种普遍适用形式。

（3）附属投资企业。附属投资企业通常是非金融行业的大型实体产业，为满足多元化发展战略或构筑竞争壁垒而设立的独立投资企业。其主要任务不单是获取利润，还有为母公司发展战略服务。

附属投资企业通常将投资业务投入特定的行业中，比如母公司的上下游产业，以此来保障母公司供应链的稳定和拓展母公司产品的销路。附属投资企业也可能投资跟母公司具有竞争关系的潜在对象，以期控制对方，减轻母公司的市场竞争压力。

（4）天使投资人。天使投资人只针对初创企业进行投资，大多是在企业的经营模式和产品体系还未定型情况下，就投入资金，因此承担的风险较大。

天使投资人对企业创业者的能力、企业的未来都极度看好，之所以能建立这种信任关系，可能是因为天使投资人与创业者具有亲戚、朋友、同学等某种社会联系，也可能是创业者在圈内的口碑较好，被大多数天使投资人认可。

9.2.2　风投机构运营的四个阶段

从风险投资的决策到退出，风投机构基本要经历融资（募集资金）、投资、管理、退出四个阶段。

（1）融资阶段。风投机构投入的是资金，所以首先要解决资金从哪来的问题。不同类型的投资者其资金来源和募集方式不同。个人投资者其资金为其自有资金，附属投资企业的资金多来自母公司的注资等。此外，风投基金的资金募集渠道是多样的，包括但不限于个人投资者、银行、信托机构、其他金融机构等。

（2）投资阶段。投资阶段解决的是将钱投向何处的问题，这是风投机构运营的核心问题，直接决定了风投的成败和未来的收益。风投机构要经历项目筛选、可行性评估、尽职调查等前置程序，将那些真正有成长潜力和投资价值的企业和创业者挑选出来。在该过程中，太过激进的话，可能会让投资失败，太过保守则可能会与好的项目擦肩而过。因此，风投机构要在投资和收益之间做好权衡。

选出好的项目后，风投机构还要与被投资企业进行谈判，签订详细的投资协议以保障自身的权益。最后，风投机构将资金投入企业中。风投机构一般都是根据需要分批分次投入资金的，并对资金的使用予以监管，最大程度上保障资金安全和使用的效率。

（3）管理阶段。管理，既包括对资金的管理，也包括对企业组织运营的管理。该阶段主要解决资金安全和资金增值的问题。

如果是机构投入的资金，机构有权利根据协议约定进行监管，通过对企业治理结构的改组、运营方式的改善，有效促使资金增值。此外，风投机构可以派人介入企业，也可以聘请专门的管理公司介入企业。

企业股权融资，融到的不仅是钱，还有经验、先进的管理方式等，风投机构在项目运营管理方面有着丰富经验，经常能给初创企业成熟且合理的建议，弥补初创企业在项目运营上面的不足。

奈雪的茶在选择投资人的时候，就选择了对茶饮类消费运营模式颇有经验的天图资本。事实证明，奈雪的茶的选择是明智的，在天图资本的帮助下，奈雪的茶取得了巨大成功。

（4）退出阶段。退出阶段，是风投机构收获胜利果实的阶段。IPO 上市退出，能使风投机构收益最大化，也成为多数风投机构的较佳选择。不过，根据收益情况和企业运营的具体情况，风投机构退出方式也是多元化的。风投机构可以采取股权转让方式，让其他投资人接手；也可以由企业对风投机构的股份进行回购；还可以由企业进行清算，风投机构被动退出等。

图 9.2-1 所示为风投机构运营的四个阶段及主要内容。

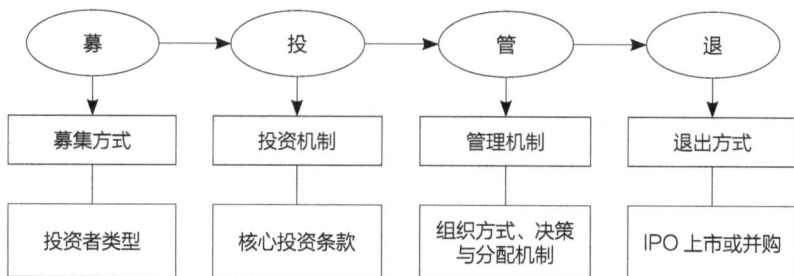

图 9.2-1　风投机构运营的四个阶段及主要内容

风投机构运营主要有"募""投""管""退"四个阶段，每个阶段都有着各自的任务和职责，对投资成功有着重要影响，投资者为了确保投资安全和高回报，不能有一丝的侥幸和马虎。

9.2.3　投资者的投资决策原则

今天，为使被投资企业能迅速抢占市场，拉开与竞争者的差距，风投机构投资数额相当大，动辄达到千万元甚至更多。如果凭借投资者的个人好恶就做投资决策，虽然可能会侥幸投中好项目，但这绝不是投资者在资本市场内的长久生存之道。

投资者的投资决策，必须建立在科学缜密的市场调查研究基础之上，在适当超前投资基础上，还要遵循应有的原则。图 9.2-2 所示为投资决策的原则。

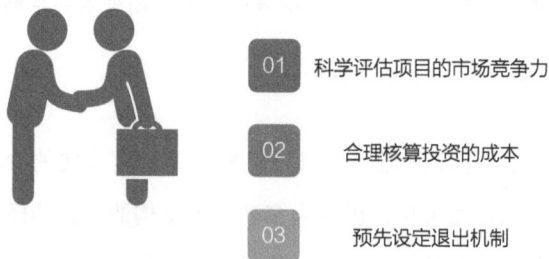

01　科学评估项目的市场竞争力

02　合理核算投资的成本

03　预先设定退出机制

图 9.2-2　投资决策的原则

（1）科学评估项目的市场竞争力。投资者关注的是企业在未来是否具有更高竞争力，从而能否给企业和投资者带来丰厚的回报。因此，风投机构在决定是否投资企业时，主要考察该企业是否拥有创新产品或者技术、是否有能力出众的团队、是否有运行良好的商业模式。

富有投资经验的风投机构，会从多方面入手，评价技术、产品、团队、模式等能否共同为企业带来具有竞争力的产品，而该产品是否能被市场充分接受等。

即便有了出色的产品，也不代表企业就能在激烈的市场竞争中脱颖而出，风投机构还需要考察产品的市场竞争激烈程度。如果已有同类产品在市场上保持一定的占有率，那么风投机构的投资意愿可能就会相对比较弱。只有那些市场上比较少见的或者远胜于同类产品的创新产品，才会被风投机构认为具有潜在投资价值。

管理团队也是重要的评价因素。能否拥有一支把技术转化为产品并销售出去的研发、营销和管理团队，是投资者判断企业是否具备强大市场竞争力的重要标准。实践中，那些具有强烈的创业愿景和高度成就欲的团队，更受投资者青睐。

（2）合理核算投资的成本。风险投资的收益率高，但其成功率不高。因此，投资者要审慎对待所投资项目的成本，其中包括资金成本，也包括投入的时间成本、人力资源成本等。

计算出的投入的成本，要在较长的时间内（三五年，甚至更长）进行分摊核算。通常而言，初创企业需要大量资金，但不一定立马能够实现盈利。所以，投资者要尤其重视计算初创阶段企业所需资金、扭亏为盈的时间、项目成功后一段时间内的盈利水平等，以便研判投资收益目标是否能如期达到。

（3）预先设定退出机制。投资者获得回报的基础是安全退出企业。大部分投资者对是否能控制企业不感兴趣，其主要目的是将投入的资金变现以获得高额收益。因此，投资者在做投资决策的时候，就应提前想好退路，即想好未来以何种方式退出。

一般而言，投资者退出的途径有三种，包括 IPO 上市、股权转让、企业清算。不同的退出方式，意味着不同的收益。投资者要做的是在投资前研判最佳退出途径和由此带来的收益。当然，市场是变化万端的，对于可能出现的不可抗力导致企业清算等突发情况，投资者也要事先予以考虑并制定相应的预案。

9.2.4　投资者眼中的好项目

只有能让投资者挣钱的项目，才是好项目。项目具备哪些要素，才能让投资者挣钱呢？不同投资者可能会有不同答案，但好项目也有共同的特质。只有站在投资者角度看待问题，创业者在寻求风投融资时才能有的放矢。

ofo小黄车的戴威准确地发现了最后一公里的通行难题，创造性地提出了"无桩共享单车"的模式，一时间引爆资本市场的关注。各大资本纷纷找上门来，知名的风险投资者朱啸虎一出手就是1000万美元。据统计，在一年多时间内，小黄车收到了从A轮到E轮的共计几十亿美元风险资本，一时间风头无两。这是因为戴威找到了市场的痛点，提出了解决方案，才受到了资本的青睐。

在此之后，该模式被大量复制，五颜六色的共享单车纷纷涌现街头，开启资本混战的阶段。风险投资者们发现，小黄车的竞争优势逐渐消失，其管理团队激进的扩张策略与风险投资者的理念不合。戴威不顾风险投资者们的反对，拒绝了滴滴的收购，最终引发了风险投资者们与小黄车的决裂。小黄车的资金链断裂，使小黄车陷入了资不抵债、难以运营下去的绝境。

从好项目到坏项目，小黄车似乎走出了直线下坠的路线。实际上，主宰其命运的是背后的市场逻辑。

（1）好项目能解决社会的某一痛点问题。市场上永远有很多问题，需要被逐一解决。然而，大多数人发现不了痛点，或者对痛点习以为常，认为事情本来就是这样的。但实际上，有痛点就意味着有解决痛点的需求，有需求就意味着有市场，有市场就会带来收益。创业者敏锐地发现了痛点，也就打开了创业成功的密码锁。

但是，仅仅发现痛点问题，只是发现好项目的第一步，只有获得解决问题的方法才能使产品和服务落地生根，成为真正为社会带来效益、为投资者带来收益的好项目。

（2）好项目能设置一定的竞争壁垒。激烈的市场竞争中没有太多秘密，你能发现的好项目，其他企业也可能发现，那么，投资者为什么一定要投给你而不是其他人呢？除了你和他的私人交情外，更多是因为你的产品、服务或者其他商业模式，能与其他竞争者拉开差距。简而言之，你能设置一定的竞争壁垒，让其他竞争者无法在短时期内模仿或超越。

（3）好项目一定有好的管理团队。说到底，项目的完美呈现和市场转化还是要靠人推动的。优秀的管理团队，对项目的最终实现，有着至关重要的作用，这样的团队能带领企业少走弯路，能发挥资金的最大效用，从而为投资者节省相应成本。事实上，很多本身并不被投资者看好的项目，最终都是因为创业者或者管理团队的独特价值，才赢得投资者的青睐。

9.2.5　投资者的权利要求

投资者将资金投入成长中的企业后，如何确保自己的权利，是投资者关心的问题。一般而言，投资者会通过与被投资企业的谈判，将自身保障权利的要求纳入合同范围，利用法律手段维护自身权利。

通常而言，投资者权利包括被投资企业定期向投资者进行财务汇报、投资者在企业董事会占据一定席位、投资者有出售股份的权利等。在这些权利中，优先权利条款是保护投资者权利的核心条款之一。

优先权利条款，是投资者和企业约定的不涉及交易价格而对投资者权利做出的倾向性保护条款。图 9.2-3 所示为优先权利条款的内容。

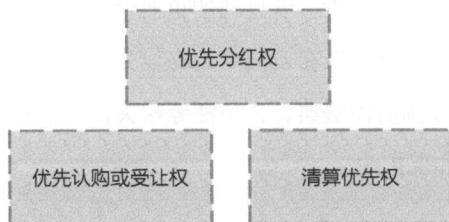

图 9.2-3　优先权利条款的内容

（1）优先分红权，是指被投资企业在进行股息分派时，投资者作为股东之一有按照投资比例优先获得固定股息的权利，目的在于确保投资者在收回初始投资时，还能获得一定的内部收益。

事实上，股息回报只是投资者所有股权权益回报中很小的一部分，投资者设置优先分红权的目的，并不在于优先获得股息，而是遏制创业者的分红冲动，促使其将更多的精力和资源用于企业的发展。如果创业者不断分红，可能会产生"套现离场"的态势，对企业造成严重的打击。

（2）优先认购或受让权。当企业的其他股东在出让自己的股权时，投资者在同等条件下有优先受让该部分股权的权利。这一权利，是对投资者利益的保障，一方面防止了因其他股东出让股权而摊薄投资者的股份，另一方面也保障了投资者优先增大股权比例的可能性。

优先认购权，是指当初创企业发行新股或者可转债时，投资者可根据其股权占比，优先于创业者获得一定比例的股份或可转债。这也是为了确保初创企业在进行总资本的扩大融资时，原先已经投资的投资者的股权不被摊薄。

（3）清算优先权。风险投资总是伴随着巨大的风险，被投资企业也可能因为经营不善、政策变更等各种因素而面临被解散、清算的境地，此时，清算优先权就能发挥作用了。

清算优先权，是企业在解散、破产、并购重组或者清算时，投资者可优先于其他股东和债权人对企业的资产进行分配的权利。该权利的主要作用之一，就是防止创业者在融得资本之后，并不真正用于企业发展，而是恶意侵占投资者的资金。

优先权利条款，作为保障投资者权利的重要合同条款，其表现形式和方式可以是多样化的。投融资双方可以在合同中约定优先权利条款，也可以将优先权利条款写入公司章程，我国的民法典、公司法等相关法律法规对优先权利条款的相关内容也是予以认可和保护的。

9.2.6　投资者的退出方式

合理的退出方式，对投资者顺利获得投资回报有重要意义。归纳起来，投资者的退出方式不外乎以下几种。一是 IPO 上市（这是较佳的投资者退出方式），二是股权转让（也包括企业回购股权和兼并重组），三是企业破产清算。

（1）IPO 上市。被投资的风险企业 IPO 上市（IPO 和上市是两个不同的概念和阶段，但我国企业首次公开发行股票和上市一般都是连在一起的），意味着投资者持有的股权可在公开市场上的流动，投资者能在获得高额回报的前提下安全撤离。当然，上市并不是那么容易实现的，其程序非常烦琐且严格，而且耗时较长，占用了企业家的大量精力和时间。此外，投资者在企业 IPO 上市的漫长准备过程中，也有可能错失其他退出的机会。

（2）股权转让。IPO 上市，固然是投资者退出的较佳方式，但并非所有企业都能成功上市。何况 IPO 上市耗费巨大、耗时过长，很多投资者难以花费这么多的时间成本和经济成本去推动企业上市。此种情形下，股权转让不失为投资者退出的另一种较佳的方式。

股权转让，可以是投资者主动将自己掌握的企业股权转让给其他人，从而收回投资成本和获得收益，也可以由企业通过股权回购的方式实现。

投资者将股权转让之后投资风险也就相应地转让到受让人，投资者则完全退出企业。

投资者还可以通过兼并与收购的方式，将自己持有的企业的股权卖出而退出。兼并与收购是一种重要的资本运营方式，也是投资者退出的常用方式之一。

（3）破产清算。在万不得已的情况下，企业不得不面临着被解散和清算的风险，此时，投资者也不得不被动退出。

尽管破产清算是投资者、创业者等各方都不愿看到的局面，但及时破产清算，有利于尽可能地减少投资人的损失。通过事先约定的清算优先条款，投资者能先于债权人和创始股东获得企业财产清算时的分配权，最大可能地保障自身在损失最小的情况下退出。

图 9.2-4 所示为投资者退出的三种方式。

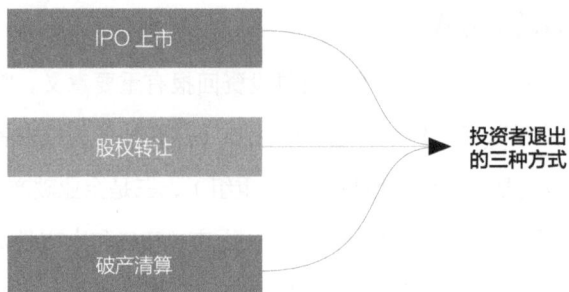

图 9.2-4　投资者退出的三种方式

　　不论投资者是通过 IPO 上市、股权转让退出，还是通过被动的企业破产清算方式退出，如何有效地保障投资者和企业、创业者的权益，都是值得各方去思考的重要问题。

第 10 章
路演：如何快速打动投资人的心

万事开头难。想打动投资人，勾起他们的好奇心是融资过程中的一个关键步骤。良好的第一印象，能为企业团队的后续表现加分。本章将重点介绍什么是路演、如何在投资人面前放大企业价值、路演过程中的陷阱，以及如何应对评委的提问。

10.1 路演的核心结构

路演的结构大致分为 4 部分，即项目概述、项目计划、核心竞争力和初创企业需要的支持。

10.1.1 项目概述

许多创业者口才很好，企业发展也可圈可点，但路演难以吸引投资者。其实，对路演深入了解，才有利于创业者抓住更多机会。

路演，指企业的创始团队向投资人现场讲解企业情况，以引起他们的关注，进而获取投资的行为。

路演按形式分为线上路演和线下路演。通常，线下路演的规模小而精。2020年后，很多企业都选择线上路演，这也方便邀请更多投资人同时参加。

无论是线上还是线下，企业路演的表现直接影响着企业是否能获取投资。路演并非只是单纯展示企业的产品、文化和发展规划，目的还有与投资人迅速建立有效沟通的渠道。

路演的灵魂在于主讲人和PPT。PPT越简洁，效果越好，力求每个字、每幅图都有具体意义。PPT的具体内容应根据企业的实际情况而定，但以下三点内容是投资人感兴趣的。

（1）介绍团队成员，而不是仅仅介绍主讲人自身。投资人需要先了解你们是谁。

（2）介绍企业产品，包括基于何种需求设计了该产品、产品如何帮助客户解决问题以及企业的商业模式等。这些介绍可以让投资人了解你们在做什么。

（3）介绍你们的独特优势，向投资人阐述选择你们而非其他人的理由。

企业需要通过路演来为投资人制造独特的体验，这样才有机会与投资人建立更深入的交流。当然，路演是建立合作关系的最初步骤，企业也不用着急阐述所有的信息，把重点内容简明扼要地讲清楚，就能吸引投资人。

10.1.2　项目计划

让投资人能在有限时间内了解企业项目计划，是创业团队的必修课。图 10.1-1 所示为项目计划的九大组成部分。

战略定位	市场情况	目标客户
服务及产品	商业模式	竞争优势
营运状况	团队优势	融资情况

图 10.1-1　项目计划的九大组成部分

1. 战略定位

战略是企业的指导方针，创业者需要向投资人阐述"我是谁"和"我要成为谁"。投资人会依据企业的战略发展规划，思考并判断企业是否能达成目标。

创业者要如何把战略定位一步一步地传达给投资人呢？

（1）明确企业的愿景、使命以及价值观。愿景代表企业发展的天花板，使命则可以被定义为企业的业务与服务范围，价值观则是企业文化和经营观念。这三点都是从企业宏观角度出发的。

伟大的企业起源于伟大的愿景。苹果公司史蒂夫·乔布斯是这样劝说百事可乐前副总裁约翰·斯卡利加入苹果公司的。

"你是想卖一辈子糖水呢，还是想抓住机会来改变世界？"

改变世界就是苹果公司的愿景，这个愿景也打动了约翰·斯卡利。他在 1983 年至 1993 年担任苹果公司 CEO。

虽然史蒂夫·乔布斯的这句话不是对投资人说的，但崇高的愿景的确更能吸引优秀的投资人。

（2）规划企业战略目标、战略方案和行动计划。战略目标可以看作预期取得的成果，战略方案是制定决策的框架，行动计划则可看作填充决策框架的具体安排。这三点都是从企业微观角度出发的。

想让企业战略成功，创业者不但要有好的想法，还要告诉投资人切实可行的项目落地方案。

2. 市场情况

企业应分析宏观环境、行业数据和产业数据，投资人也需要了解企业所在行业的市场情况，包括产品市场规模、市场增量以及市场瓜分现状等，这些都有助于投资人思考企业的盈利水平以及进一步发展的可能性。

3. 目标客户

企业应明确目标客户的属性，比如年龄、性别、社会阶层、收入水平和生活方式等，以此判断消费者的消费行为是否可持续、目标客户群体是否庞大。

4. 服务及产品

企业应向投资人介绍可提供的服务及产品对应的需求和解决方案，同时，还要向投资人阐述产品升级更新的方向。

5. 商业模式

商业模式是决定企业价值的重要部分。企业需明确自身的收入来源、成本构成、客户关系和供应商关系等。如果企业建立起成熟的商业模式，就成功了一半。

6. 竞争优势

同一产业链中的企业千千万万，投资人选择你的原因是什么？很大可能是因为具有强大的竞争力。成熟的行业容易形成马太效应，盈利能力强的企业会赚更多的钱，盈利能力弱的企业会慢慢失去生命力。

7. 营运状况

大多数初创企业没有造血能力。投资人不会特别看重企业现在赚了多少钱，但他们更在意企业未来能赚取多少收入。因此，创业者需要努力让投资人相信企业有前景。

8. 团队优势

对初创企业而言，团队是成功的基石。与已成功的企业相比，一群拥有创造力和生命力的初创团队成员，能带来更大的惊喜。

9. 融资情况

对没有盈利能力的初创企业而言，融资是家常便饭。融资的次数越多，投资人的股权就被稀释得越厉害。为此，企业需要向投资人披露历史融资情况，以及未来还需融多少资金。

10.1.3　核心竞争力

核心竞争力是企业制胜的关键，也是企业获得投资人青睐的关键。图 10.1-2 所示为核心竞争力的组成内容。

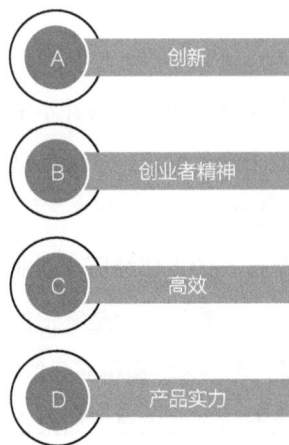

图 10.1-2　核心竞争力的组成内容

1. 创新

有人曾说："那些成功企业家的人生是可以复制的，但我复制了实在不知道往哪里粘贴，我只能待在家里从视频网站看他们的演讲，听他们讲是如何成功的。"这是一句带有真实色彩的玩笑话,靠复制而获得成功的人几乎没有,成功者在追求创新,一家企业想要永久存续,绝不能按部就班。

蒙牛作为牛奶产业里的龙头企业,也曾为缺乏创新能力苦恼。对于任何一家企业而言,低毛利率都是十分可怕的事,因为这意味着企业盈利能力不足。

2003 年到 2004 年,中国纯牛奶市场打响价格战,蒙牛的盈利水平跌到谷底。当时,像纯牛奶这样的大众消费品产业并不欢迎改变,能改变的空间似乎也很小,但蒙牛还是意识到没有创新就没有出路。2005 年底,蒙牛特仑苏横空出世,打开了高端纯牛奶市场,仅上海日平均销售量就达到了 1 万箱。低价纯牛奶的老式思维由此打破,并为蒙牛迎来生机。

蒙牛的创新产品特仑苏大获成功,提高了企业毛利率,也带动了产品改革创新的风气。即便成功如斯的上市企业都如此在意创新,更何况还是在蹒跚学步、寻求融资的初创企业呢?

2. 创业者精神

初创企业可供投资人了解情况的历史资料并不多,投资人往往会通过了解创业者的人品和精神,判断企业未来的发展。成功的创业者需要同时具备理想和抱负,还要有坚韧不拔的抵抗压力和挫折的能力。

创业者应该向投资人分享过去的工作经历、创业征程的得失。真正有眼光的投资人,并不担心创业者曾经犯过错误,而是害怕他们从未学习,创业者无须在投资人面前立完美人设,相反,坦诚才能赢得充分信任。

创业者的诚信,对投资人而言至关重要。如果企业家缺乏契约精神,或者向投资人说谎,那么这很可能会导致融资失败。

3. 高效

无论是从管理层生成想法到项目落地,还是从发现市场空位到成功抢占市场,创业者都是在和时间赛跑。谁能跑在前面,谁就会占领高地。企业成长的速度,取决于管理运营体系是否高效,其影响最大的因素包括问题解决的质量、对人才吸引的力度。

企业应该通过以下方法，提高员工工作效率。

（1）建立激励机制，避免员工有"小白兔"思维。

（2）增加产品研发的投入，减少研发阻碍，提高产品研发效率。

（3）鼓励员工发表意见，有话敢说。

4. 产品质量

产品是企业发展的根本要素，是企业占领市场的直接工具。产品品质，决定了企业能走多远。

10.1.4　初创企业需要的支持

企业不可能靠单枪匹马打拼，它需要社会各方的大力支持，才能实现良好发展。初创企业所需的支持，可以简单总结为几点，即资金支持、人力支持、市场资源支持和技术支持。

1. 资金支持

现金流是企业的血液，没有现金流，企业就无法运作，直到慢慢消亡。当企业没有造血能力时，只能依靠外部输血。路演的直接目的，就是获取投资人的资金。

正常情况下，如果企业未来发展顺利，确定能赚取利润，投资人就能取得丰厚的收益；但如果企业发展受挫，那么投资人也可能赔得血本无归。因此，支持初创企业是一件高风险、高收益的事情，投资方会仔细评估，选择少数企业进行投资。

2. 人力支持

优秀的投资人除了提供资金外，还会帮助企业聘请专业人士予以支持。

一家上海本地风险投资机构专注于投资科技领域的初创公司。在提供相应的资金之后，为了使被投公司更好地发展，这家风险投资机构还运用自身关系，帮助创始团队聘请工作经验丰富的 CFO，为公司提供财务问题的解决方案。

好的投资人会为企业发展提供有利的条件，为企业经营提供方便。

3. 市场资源支持

市场资源支持，可以简单地理解为渠道价值。企业通过可靠的渠道获取优质的客户，从而准确地营销产品和服务。

通常情况下，很少有投资人只投资某一家企业，大多数投资机构的投资组合，都由 10—15 家企业组成。那些有经验的投资机构更是在行业里闯荡多年，社会关系深不可测。如果企业路演成功，投资人会成为优质渠道，根据企业的资质，将被投企业的产品推荐给重要客户，为被投企业引流。

4. 技术支持

在如今的经济发展态势下，互联网化是大部分企业不得不面对的问题。哪怕是传统的消费产业，也无法避免互联网技术的影响。

喜茶在 2019 年已经成长为资本眼中的香饽饽，它已经不用担心是否会被资本挑选了，反而获取了挑选资本的地位。正是这一年，喜茶接受了腾讯的投资，但原因并不单纯。除了从腾讯获取门店扩张所需的资金外，喜茶还看上了腾讯的科技硬实力。随后，喜茶的微信点单小程序在腾讯的协助下研发成功，然后被推向了社会大众。

从喜茶案例可以看出，企业面对技术难题时，不妨找相关领域的投资人帮助，实现精准双赢。

一家初创企业的全方面、立体化的需求，远远大于单纯的资金需求。创业者有选择余地时，必须考虑能通过投资人获得哪些帮助。通常而言，企业发展越成功，投资收益就越丰厚，投资人也更乐于为企业的发展出力。

10.2　路演如何放大企业价值

企业想融到足够资金，就要向投资人充分展现企业价值。为此，创业者应从企业愿景、企业核心故事、商业计划书等方面的表述出发，努力吸引投资人的目光。

10.2.1　放大企业愿景

企业的愿景，是全体成员奋斗的目标，也是组织存在的意义，还是组织能打动投资人的长远价值。愿景可以拆分为企业的信仰和前景。

人在社会中受到道德和法律的制约。法律是白纸黑字，不容违反的，但道德得靠个人自身意愿来维持。企业的愿景，可以看作商业组织的内部道德规范，是企业成员之间的黏合剂，能在无形中提高员工团结合作的积极性。

前景，是企业未来 10 年、20 年乃至 30 年计划达成的目标。

企业的愿景理应被尊重和推崇，但企业在向投资人阐述愿景时，也应避免空谈。企业在路演时，应从多个角度放大愿景的价值。

图 10.2-1 所示为企业愿景的放大角度。

图 10.2-1　企业愿景的放大角度

1. 从员工层面体现

如今，企业仅仅努力提升组织整体价值已不够了，员工同样重视自身的成长。越来越多的国内企业，意识到员工和企业之间的联系，在制定企业愿景时，更强调员工目标和企业目标的一致性。当员工个人利益和企业利益相符合时，员工就会自发调动工作积极性，促成企业的成功，实现个人价值的提升。这种放大路径，正是投资人想看到的。因为虽然全企业上下一条心创业未必成功，但如果企业内部有激烈的利益冲突，创业则注定会失败。

2. 从行业层面体现

企业要积极竞争行业内头部位置，这也是企业本职的工作、务实的愿景。

美国航空公司曾提出愿景——成为全球航空企业的领导者。海尔的企业愿景则是创中国的世界名牌，为民族争光。许多大公司都曾直言不讳地表示要成为行业内的领头羊。

无论投资人能力强弱、资源多少，无不希望自己投资的企业能做到位于行业内第一梯队。如果创业团队在路演中过于谦虚，显得缺乏野心，投资人很可能不会产生兴趣。当然，投资人也不会光听创业者口头上的宏图大志，而是会进一步了解他们落地的策略和执行的能力。

3. 从社会层面体现

社会层面主要涉及企业为社会做贡献。企业将愿景与社会责任感相联系时，尤其需要注意以下原则。

（1）先明确企业适合的焦点，再为品牌增添影响力，避免过度曝光。

（2）善举要持之以恒，不可半途而废。

（3）具体做的事情要与企业的品牌和主张相结合，做到相辅相成。

（4）善举既是对社会的回报，也是高级的营销策略。要为善举取响亮的名字，以增强推广效果。

某品牌的 ×× 之家是一家非营利组织，专门为患病儿童和他们的家人提供临时居住的场所，随后其成立某品牌的 ×× 之家慈善基金会，为社会做贡献。

该品牌既做慈善，又为品牌做广告，可谓一箭双雕。客户会注意到自己消费的部分款项将作为善款，捐赠给需要帮助的人，从而更愿意在这样的企业消费。

10.2.2　如何讲好企业核心故事

创业者要珍惜每一次路演的机会，好的路演虽不代表能立刻成功获取资金，但却是获取投资的一个必要步骤。在这一步中，创业者应对的挑战，就是能否准备好引人入胜的 PPT 和企业核心故事。

讲好企业核心故事，需要注意以下几点。

1.　演示文稿言简意赅

演示文稿无须长篇大论，而是应该提炼成精简的短句，再配上内容丰富的图表和图片。

很多投资人会在路演前要求企业先提供 PPT，以便提前阅读。据统计，专业投资人翻阅 PPT 的平均用时是 3 分 44 秒，且大部分是在手机上阅读的。这种情况下，PPT 页数保持在 10—15 页最佳。

2.　带给投资人视觉体验

制作 PPT 时应多用图表代替文字。图表比较直观，能体现出更多的信息，也有助于集中投资人的注意力。例如，创业者往往会将自身经历展现其中，此时就可以配上几张图片，引发好奇心。

创业者不宜在 PPT 上放过多文字。因为当投资人忙着读文字的时候，注意力就不在演讲者身上了，即便读完了，也不想听演讲者讲重复内容。

3.　一张 PPT 只讲一件事情

不要浪费任何一张 PPT，做到一张 PPT 只讲一件事情。避免灌输给投资人太多信息，否则会让他们没有时间消化，甚至容易听睡着。

路演中，更多的时间可以用于留白，让投资人提问。正是在想问题的过程中，投资人才会更用心地思考你的企业做什么、发展前景如何。投资人也不想显得自己缺乏专业能力，在他们认真提问时，一定会比单纯听你讲故事更用心，这样也有利于你进一步开展与投资人的互动。

4. 展示独特的见解

投资人喜欢看到与众不同的创业者，他们会觉得与其他人相比，与众不同的创业者更有探索精神。为此，创业者有必要尝试打破老旧思想，在讲企业核心故事时传递自己的创新思维，而这将是重要的加分项和记忆点。

10.2.3　如何进行企业估值

想要进行企业的估值，创业者就要先了解估值是如何计算的。

1. 计算估值所需的数据

企业的估值当然不是拍脑袋想出来的，而是根据实际数据计算得出的。完成估值步骤，需要以下材料。

（1）企业最近 5 年的财务报告，如果经营期限不足 5 年，则从成立第一年的财务报告开始计算。

（2）企业最近 3 个季度的季报。

（3）同行业可比企业近期的财务报告。

（4）企业现金流、收益水平、成长速度和财务健康状况的真实情况，虽然财务报告在一般情况下相对可信，但投资者还是会进行鉴别。

（5）明确企业的行业地位。

2. 估值方法

不同企业使用不同的估值方法。

（1）与其他估值方法相比，资产法非常简单，将所有资产价值加在一起得出的数字，即企业的估值。但资产法不能代表企业运营的实际情况，初创企业通常都没有太多资产，该方法也不能体现企业盈利水平和成长速度。

（2）与资产法相比，收入法更加科学。收入法即根据企业现在以及未来预计能实现的收入，以及企业业务增长速度计算估值的一种方法。收入法与投资人关心的变量相关。

（3）成本法主要通过计算企业建立关键资产花费的成本，来确定企业的估值。

除了以上方法外，作为无形资产的商誉对估值也有很大影响。商誉可以看作企业的品牌竞争力。当然，初创企业拥有的商誉价值是有限的，所以企业想直接依靠商誉为估值加码的程度有限。

3. 影响估值的因素

企业估值主要受营业收入增长速度和其他同类型企业估值的影响。在初期阶段，企业估值未必是越高越好。如果这一阶段的企业估值高出同行太多，那下一阶段的投资人可能会嫌投资价格过高，而认定企业不值得投资。这等同于目前融资的高估值会压榨未来的估值增长空间，不利于投资人赚取超额回报。当然，如果企业估值低于同行业其他企业太多，某些投资人可能会觉得便宜而投资，但更多情况下，这反而会被投资人看成企业竞争力差而拒绝买入。

预留的期权池，也会影响企业估值。期权池占总股权的比例越大，企业估值就越低。因此，企业一般只预留 10%—20% 的期权池。

10.2.4 如何赢得投资人关注

吸引投资人目光是创业者融资的关键一步，普通创业者应放弃"酒香不怕巷子深"的传统想法，拥抱新思维、寻找新路径。

1. 获取投资人资源

获取投资人资源的渠道多种多样，和其他方式相比，朋友直接推荐较为高效。如果创业者可以用自己的社会关系牵线搭桥，则更容易融得资金，此外，有些企业会把项目信息放到第三方募资平台，投资人也会通过这类平台筛选投资项目。另外，创业者也可以通过媒体曝光和通过投资公司官网来投递项目信息。

2. 打造优良"人设"

初创企业在初创阶段取得的成就可能微乎其微，而投资人大都会认为创业者的人品和能力将决定企业未来。

经营企业需要有计划，但实际情况在发生变化。创业者需要凭借丰富的经验、敏捷的思维和迅速的行动力，根据现实情况调整经营活动，而这没有足够强的个人能力是无法做到的。

当然，创业者的人品也是投资人需要考虑的重要方面。著名投资人大卫·史文森曾说过"到最后，都是人的风险"。投资人会对创业者做尽职调查，而这一结果会直接影响投资决策。

李彦宏曾在美国为百度寻找投资人。在交谈过程中，投资人乘去卫生间的时候给李彦宏之前的领导打电话了解情况。领导对李彦宏的能力表示高度肯定，声称如果世界上只有3个人懂搜索引擎，李彦宏就是其中之一。

从百度的案例可以看出创业者"人设"对初创企业的帮助。

3. 打造商业计划书

一份亮眼的商业计划书有助于企业从行业竞争者中脱颖而出。通常，一家投资机构在某行业中只会挑选一家企业进行投资和扶持，所以如何在商业计划书上下功夫以打败竞争对手很关键。如果企业不擅长做商业计划书，不妨通过咨询专业机构寻求外包服务来获得较好的效果。

10.2.5　如何撰写吸睛的商业计划书

路演中的商业计划书，有两个用途，即从自我角度厘清创业思路、从投资人角度把商业逻辑呈现出来。

商业计划书的具体内容包含以下方面。

1. 项目概况

企业需要将经营目标用精简的话语概括清楚，即企业在什么领域做什么产品解决什么问题。这样，投资人就能在第一时间了解企业及其项目的基本情况。

2. 市场痛点

企业应说明产品对应的市场痛点，即潜在用户在哪些方面有使用该产品的需求，这可以充分表明产品价值。

3.　行业分析

企业应将行业分析透彻，即分析行业在中国市场的表现和在全球市场的表现。为此，企业除应完全了解现阶段行业环境以外，还要对行业未来 10 年，乃至 20 年的发展做出判断，以供投资人思考，因为大多数投资人是投资企业的未来，而不是当下。

4.　产品竞争优势

企业在商业计划书中应具体描述产品竞争优势，向投资人阐述产品研发和生产阶段的特点，同时还应展示企业与竞争对手相比，赋予了产品怎样的核心功能，为什么消费者会选择企业的产品而非竞争对手的产品。

5.　商业模式

商业模式的具体运行大概可以看作企业从购买原材料到生产产品，再到销售产品获取利润的过程。企业对这部分内容，可以用图表展示，因为与单纯的文字叙述相比，图表会显得更加直观。

企业应重点告知投资人企业现阶段净利润是否为正。如果正常初创企业在这个阶段还没有实现盈利，那企业就应告知投资人何时可以实现盈利。当然，这个时间是预估出来的，不应完全保证会实现。

6.　企业营运

投资人需要了解企业的营运现状及发展规划，企业则可以披露产品的用户数量、日常交易额以及产销率等。

7.　团队成员

创始团队是影响投资人决策的重要因素。在该部分中，企业可以展示核心成员的简易版简历，以供投资人了解其从业背景。

8.　发展规划

企业可以向投资人适当讲述企业发展的规划，涉及的内容包括：产品营销手段、产品拓展、目标新市场和对外合作计划等。关于企业未来的发展规划，建议分为短期计划、中期计划和长期计划。

9. 融资计划

企业应和投资人明确具体融资金额，包括可以出让的股权额度、历史融资数据以及预计的融资轮数。

10. 联系方式

在商业计划书的最后，千万不要忘记留下联系方式，以便投资人联系。

如果能准确做到以上要点，就能写好一篇商业计划书。此外，商业计划书的排版应该简洁、美观，统一文档风格，页数不超过 20 页。文件最终应转化为PDF 格式，方便展示和阅读。

10.2.6　如何演绎出商业计划

路演的重要意义，在于向投资人演绎出企业的商业计划。通过了解计划，投资人才能判断企业是否值得投资。

1. 重要的 90 秒

杰瑞·魏斯曼说过："如果你在刚开始的 90 秒内没有引起听众的兴趣，那么你将永远失去他们。"商业计划的演绎需要有一个精彩的开头，可以是笑话、故事、质疑，但不应是千篇一律的"大家好，我是 ××× 公司的创业者"。

如果连商业计划的演绎都无法创新，投资人凭什么相信企业拥有真正的创新能力呢？

2. 直击痛点

路演中，需要在一开始就讲清楚企业从业领域、如何为客户解决问题、解决方法与竞争对手的差异在哪里，以及你所说的痛点与面向的投资人有什么联系。

路演听众都是投资人，投资人熟悉那些金融词汇。路演时，不妨多提及财务预测、收益率、净现值和产销率等金融领域专业词汇，投资人会对这些内容更感兴趣，因为其可以帮助他们分析项目的经营情况和可行性。

3. 富有感染力

路演并非演讲，也并非授课，其目的是打动投资人，让他们相信企业的愿景能够实现。路演时切忌照着演示文稿一字一句地念，也不适合用非常深奥、专业晦涩的词语。投资人对某一行业的了解程度远不及从业者。因此，创业者要竭尽所能用通俗易懂的语句解释对行业未来的看法、企业未来的发展方向。

创业者应该具备 100% 的自信，这样才能将内心的能量传递给投资人。因此，千万不要小看个人魅力对路演效果的影响。

4. 投资人提问

投资人提问，意味着投资人想多了解企业的表现。路演时，不妨增加投资人提问环节的时间，并认真仔细地回答问题。

提问环节也是给投资人留下深刻印象的机会。如果投资人问到不熟悉的领域的问题，创业者不要着急给出答案。在这种情况下，创业者很可能给出错误信息，以使投资人发现创业者的认知不正确，那之前所有的努力都会付诸东流。

路演中，投资人提问通常都在最后一个环节。在提问结束之后，创业者应尝试与投资人约时间做深入探讨。

5. 积极向上

路演应传递出积极向上的心态和百折不挠的企业文化，不要传递出抱怨市场、环境的信号。无论如何，都要让投资人感受到企业不怕困难、迎难而上的精神。

6. 实施演习计划

创始团队在路演时出错，就很可能丢掉融资机会，但路演技巧需要建立在实战经验的基础上。想要提升路演能力，又不想因犯错付出代价，那就要频繁地演习。

创业者可以与朋友等开展练习，场地可以是在饭桌上，也可以是在会议室，还可以是在家中。这些人或许并不了解企业所在的行业，如果创业者能用语言让他们清楚企业的价值，那么就离融资成功更近一步了。

10.3 路演过程中的陷阱

路演是一场拉锯战，下面列出了创业者容易在路演时犯的错误，创业者应努力避免。

10.3.1 路演时常犯的沟通错误

路演时，创业者应避免常见的沟通错误，这样就能更接近成功融资的目标了。图 10.3-1 所示为常见的路演沟通错误。

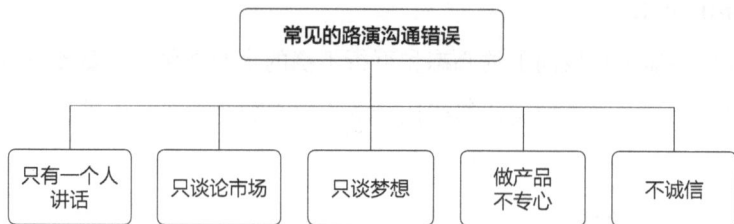

图 10.3-1 常见的路演沟通错误

1. 只有一个人讲话

投资人很看重企业创业者的个人能力，但这并不代表他们会忽视创业团队的整体水平。路演时，大多是创业者自己从开始讲到结束。尽管这体现了创业者对所有事情的掌控，但投资人还是无法了解到创业团队的整体能力。因此，在路演中，需要适当安排团队成员对内容进行补充，或者干脆由不同成员讲述不同板块的内容。

2. 只谈论市场

创业者往往喜欢用大篇幅介绍企业所在行业的市场情况，向投资人展示行业增长速度，显然创业者想借此表达市场很大，企业可以获取的客户很多。然而，市场越大，竞争者就可能越多。因此，创业者在充分谈及市场之外，还需要花更大的篇幅展示企业本身，让投资人知道企业的独特性，了解企业在竞争中存活下来的能力。

3. 只谈梦想

投资人不会为空有远大梦想的人投资，他们选择的是那些有能力把梦想变为现实的人。创业者在募集资金时，需要向投资人解释团队如何运作、如何实施计划。此外，创业者也可以向投资人讲述可能会遇到的挑战并将采取哪些措施克服困难。

4. 做产品不专心

投资人希望看到创业者能专心做好一件事情，然后再扩张业务。然而，很多创业者在路演时激动地发表想法，认为企业在短期或中期内可以同时提高多方面业务水平，以此来体现团队的雄心壮志。但现实是，投资人比创业者更清楚这有多难，他们反而会因此认为创业者不够聚焦，想要一口吃成一个胖子。

一家杭州的创业公司，目标是为宠物狗做一站式服务，贯穿狗狗的一生，从出生到葬礼通通包办。显然，这是非常复杂的商业模式，其中的业务线非常杂乱，并不利于管理，而且从短期内发展来看，企业亏钱的业务线比赚钱的多太多。

尽管创业者四处路演，但投资人依然认为团队过于力不从心，不看好公司发展。公司始终融不到资金，最后只能倒闭。

5. 不诚信

投资人非常看重创业团队的人品，如果发现团队成员撒谎，基本上会立刻终止投资谈判。诚信，永远是融资过程中的底线。

10.3.2 路演时"假大空"、无重点

有些创业者为了体现企业的高端，会说一些"假大空"的话。

"假"。即创业者对表达出的目标和价值观，自己并不认同，只是一味地追

随大流，知其然不知其所以然。

"大"。创业者为了激励人心，盲目绘制蓝图，制定的目的脱离企业自身能力范围。企业的愿景，与企业战略和日常工作内容无法匹配。

"空"。企业空有口号，缺乏具体的目标，这样的企业会丧失执行力。

创业者在路演时切记要避免"假""大""空"，因为即便创业者说得天花乱坠，但还是骗不过投资人，他们有一双火眼金睛能识别出企业项目的本质。

当然，绝大多数创业者并非有意"假""大""空"，而是在路演之前的准备中未能抓住重点。在路演之前，创业者应该如何做好准备，避免产生类似问题呢？

（1）要根据企业战略目标制定愿景，绘制蓝图。在思考企业愿景时，创业者需要考虑企业未来的方向，形成基于现实的画面。愿景的确应富有挑战性，但应是凭借团队的努力，克服重重困难有机会实现的，而非虚无缥缈的。

（2）创业者需要考虑战略的可执行性，将大目标划分为一个一个小的任务，确保能在一定时限内，一步一个脚印地实施。

（3）崇高的愿景离不开金钱的支持，创业者应把眼光放得更长远，做长期财务规划，确保人力、财力和物力一一匹配。

通过精心周全的准备，路演时就能向投资人传递更多真实有效的信息，从而避免让投资人觉得创业者在盲目画饼。

10.3.3　路演时一味讨好投资人

有些企业在短时间内需要资金急救，迫于压力，创业者会不自觉地讨好投资人，而这很容易让企业陷入被动地位，甚至会导致投资人因此看不上创业者。

创业者需要客观评价自身价值，同时也要想清楚投资人追求的是什么。创业者一旦把自己和投资人的供需关系想明白，事情就会变得简单，双方也形成了平衡。

一旦创业者的讨好言行让投资人意识到企业严重缺乏资金并陷入僵局，投资人就更容易在谈判中掌握主动权，要求创业者让出更多股份，这对企业管理和后续融资都是不利的。更常见的情况是，投资人发现企业急需用钱，那他们很可能会不考虑投资，因为投资人在追求和企业把蛋糕做大，然后赚取丰厚回报，而不是做慈善家。

创业者在路演时既要谦虚，也要不卑不亢，这样才能让投资人觉得企业有能力走到更远。

10.4　路演时如何回答评委的提问

路演时的评委提问环节，是企业很可能获得加分的环节。创业者应重视评委提的那些常见问题，并做好充分准备来应对刁钻问题。

10.4.1　评委常问的两类问题

创业者讲完 PPT 后，通常会设置提问环节，投资人代表（评委）会根据创业者讲的内容，提出自己的问题。此外，由于创业者讲解 PPT 的时间有限，有些内容无法充分呈现，如果评委对那些没有提到的内容存有疑惑，也会在提问环节提出。

相比其他内容而言，评委更容易问以下两类问题。

1. 企业运营类问题

运营类问题，事关企业当下实际情况，评委为更好地了解客观事实，主要会进一步询问有关下列内容的问题。

（1）财务端，包括产品的单价、月销售额、近几年的营业收入、净利润、盈亏平衡点。

（2）产品端，包括企业的生产技术水平、产品扩张方案实施细则。

（3）团队端，包括企业的专业人才队伍组成、内部关系。

（4）市场端，如市场规模大小、目标客户群体。

（5）营销端，如产品的推广方案、销售渠道。

2. 企业竞争力相关问题

企业是否能成为市场的优胜者，取决于其竞争力强弱，评委可能会围绕这一主题进行下列提问。

（1）企业的显著特点是什么？

（2）企业产品的核心竞争力是什么？

（3）团队的长期优势是什么？

（4）产品的技术壁垒和企业商业模式的有力保障是什么？

针对不同的问题，创业者应做好准备，这样才能在路演的时候游刃有余地回答。成熟、睿智、得体的回答内容，会给评委留下深刻印象。创业者值得为之好好准备。

10.4.2 如何回答评委的刁钻问题

评委不是创业者的创业导师，也不是和创业者有亲密关系的朋友，评委并没有义务友好地对待创业者。评委很可能会故意抛出一些可能激怒创业者的问题，以让自身可以更快地看清本质。因此，面对刁钻的问题是创业者无法避免的状况。

（1）当创业者碰到无法给出答案的问题时，切忌不懂装懂，可以承认之前没有考虑周全，会回去核实情况，随后会用邮件的形式向评委解答。大多数情况下，敢于承认不足的创业者要比不懂装懂的创业者更容易赢得评委的好感。

（2）有些评委提出的建议与企业的做法相违背。此时，创业者可以先肯定评委的想法，然后表达自己的想法。这样既能在想法上互通有无，也容易扩大随后的交流空间。

（3）如果评委的问题过于刁钻，难以回答，创业者也不要绕开话题，否则会让评委觉得创业者不在乎他的问题，或者创业者没有听懂他的问题。

回答问题后不要急于结束谈话，可以即兴发挥，谈谈新话题。如果评委能产生兴趣，他们可能会进一步了解企业所在行业，向创业者询问专业知识，而创业者将成为提问环节的主导者。

10.4.3 如何讲好商业计划书 PPT

路演的成功，通常归结为两部分原因，即亮眼的商业计划书 PPT 和优秀的演讲。讲好商业计划书 PPT，能为路演加分不少，能持续抓住投资人的注意力。那应如何做到这一点呢？

1. 不要依赖稿件

演讲者应将商业计划书的内容牢牢地印在自己的脑子里。演讲者是把自己消化完的内容以自己的语言向大家阐述，而不是背稿子。在日常工作中，虽然都是汇报，但可以明显感觉到有些人只是在念稿子，而有些人确实是在分享内容。同样，在讲解商业计划书 PPT 时，演讲者对内容的熟悉和领悟程度，也会自然地影响到投资人。

2. 眼神交流

演讲者与投资人的眼神交流，会让投资人体会到这场路演是为自身专设的，由此，投资人会更容易融入现场的氛围。同时，眼神交流也从侧面展示了演讲者的自信。

3. 合理的互动

路演至少需要耗费 1 小时，投资人难免会觉得疲惫，注意力会分散。这时，演讲者与投资人的互动就像早上起床的闹铃，会让投资人醒过来。演讲者可以准备几个无关紧要但有趣的问题，用于调节气氛。

4. 语速不要过快，语调要抑扬顿挫

当创业者在台上讲话时，难免会紧张，而一旦紧张，说话的速度就会变快，导致投资人需要在不断接收信息的同时消化信息，这是非常耗费精力的。演讲者的语速应平缓，语调要抑扬顿挫，避免让人困倦。

5. 准备和产品有关的故事

偶然情况下，路演现场的技术设备会突然出现问题，需要花时间调试。此时，演讲者一个人站在台上难免尴尬，为了避免引发更大的麻烦，建议演讲者准备和产品有关的笑话、故事等，以备不时之需。

第 11 章

预算估值：融资时如何做好企业财务预测和估值

　　企业的财务预测和估值，是融资中的重点工作内容。做好财务预测和估值，能让企业融资目标和计划更精准科学，更快完成与投资者的匹配和对接。

11.1 融资中的估值和财务预测

估值，是指评估企业或项目在资本交易市场上的经济价值。在融资中，可以直接将企业的估值，看成投资者购买股权所需的交易资金。

11.1.1 估值是融资的依据

企业需要对自身资产进行客观评估，并将估值作为企业对外转让股权的价格的依据。

某深耕于生产销售智能机器的非上市公司，由于股东转让股权需要，开始对公司进行估值。

2007 年，该公司以 1000 万元注册资本成立实体公司，经过 6 年才从亏损状态转为盈亏平衡状态，其间经过多轮融资。因此，这次股权转让必须要对公司进行估值，以重新分配股东享有的股权比例。

实际生活中，企业需要估值的情况大多是：国有资产划拨等导致的资产重组；企业发起并购战略；企业由于经营成本需要发出的融资需求；已成立公司新合伙人加入及发生股权转让；税务处理；企业面临清算；发布股权激励等计划。

其中，融资需求引发的估值很常见。没有估值，也就谈不上融资的开始。

1. 合理估值的重要性

估值的重要性不仅在于能为融资提供有效的参考数据，还在于让股东等利益相关者能认可企业的发展前景，并愿意为此进行融资交易。

（1）估值为持股比例的划分提供依据。以股权融资为例，投资人所拥有的股权比例，取决于企业估值和投资额。投资人按股权比例将部分投资额用于企业实收资本，剩余投资额则用于资本公积。

（2）低估和高估都不利于企业正常运营。高估，即估值过高，是指交易价格大于实际价值。不少企业都倾向于将企业估值做高，这样能保证即便持有股权被稀释后，创业者仍能保持对企业的实际控制权。然而，高估必然会增加企业财务支出，导致与投资人关系紧张、后续融资难度高，还有可能存在泡沫化风险，影响股票交易市场发展。低估，即估值过低，是指价格小于实际价值。低估会导致融资方基于未来经营成本提出的融资需求没有得到满足，企业运营发展会因此受限。

2. 估值的目的和对象

根据时间维度，估值可分成投资前估值和投资后估值；根据客体维度，估值又可分成企业估值和股票估值。对企业而言，估值的直接目的是为融资做准备，并计划控制未来一段时间的运营成本。对投资人而言，股票估值是为了寻找一家整体价值大于公平市场价值的企业，从而通过获得被严重低估的股权来获利。

从估值本身意义来看，估值的对象是指企业的整体经济价值，而企业经济价值的表现形式与测量标准并非唯一，不同产业和行业、不同生命周期内的企业，其估值方法各有不同。

S企业在进行融资前，需要完成估值。有人认为，企业经济价值的测量在于对企业资产做评估，因此需要对包括企业股东、债权人在内的所有投资人的投入资金额进行评估。也有人认为企业经济价值应该是其能够创造的自由现金流，主张直接将相关财务数据汇总的结果作为估值结果。

无论何种估值，其本质都是在买卖双方有意交易的情况下，在综合考虑企业市值、未来发展状况及同行企业的未来发展之后，提出的市场交易价格。这一价格应该比较合理，且对双方都有溢价空间。

11.1.2　财务预测如何做

财务预测，是指企业以过往几年的财务数据为基础，根据科学决策原理及数理统计方法，综合考虑宏观和微观的影响因素后建立起预测模型，预测出企业未来某一时期财务状况的量化数据。研究财务预测的方法，能帮助企业准确判断未来经营情况，也有助于提升企业风险管控能力。

财务预测的结果，多体现在商业计划书、融资募集说明书内容中，用于向投资人展示企业对资金的筹集及运用情况，为投资人做出投资决策提供参考数据。

1. 财务预测程序

随着财务预测方法的多元化、调研范围的广泛化，财务预测已成为程序化操作，各企业进行财务预测的流程已趋近一致。图 11.1-1 所示为财务预测程序。

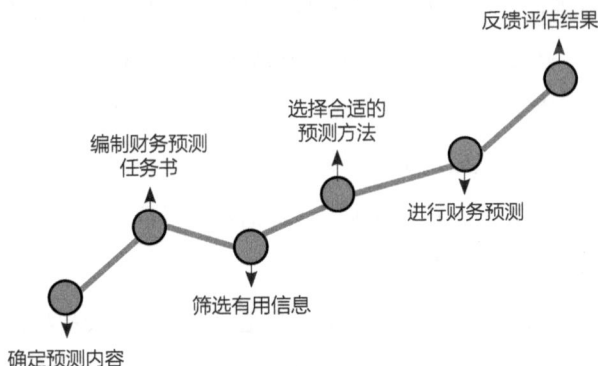

图 11.1-1　财务预测程序

6 个步骤的具体操作如下。

（1）企业实施融资战略目标前，需要进行财务预测，相关部门应提前确定财务预测内容，包括预测对象、目的和时间等。

（2）为保证财务预测结果可控且与战略目标方向保持一致，相关部门应编制财务预测任务书，书面筹划人员安排、工作进程和财务预算等，并告知下级工作要求与规范。

（3）相关人员通过多渠道获取内外资料并筛选出有用信息，包括企业内部最近且连续 5 年以上财务报表、最近 1~5 年的战略报告、适用的增值税税率及融资利率等。

（4）根据预测目的及数据材料特点，选择合适的预测方法。

（5）运用预测方法进行财务预测，为企业执行战略提供依据。

（6）通过反馈评估，分析预测结果出现误差的原因，将相关文件存档，为下一次财务预测提供优化方向。

2. 财务预测方法

财务预测方法的选取，必须符合企业的具体情况，选择哪种方法，主要看资料类型、研究对象与目的。一般而言，将定性与定量方法结合使用得到的预测结果更可信。

定性方法是依据经验判断和逻辑推理预测未来的财务状况，包括专家访谈法、经验判断法等；定量方法是依据数理统计方法，从以往财务数据中找到普遍规律与发展趋势，包括回归分析法、量本利法和投入产出法等。

无论是采用定性还是定量方法预测，都应综合考虑现实和过往状况。当市场状况发生较大变化时，只做定量分析就无法充分考虑外部影响带来的变化，得出的预测数据与实际数据会存在较大偏差。此时应多借鉴外部专家意见，综合多个影响因素的变化情况选择财务预测方案。

目前，由于寻求融资的企业以制造业为主，该类企业大都将销售收入作为营业收入的主要来源，因此我国企业较多采用销售百分比法预测融资需求。

使用销售百分比法预测融资需求的具体过程如下。

（1）充分整合以往资料后，确定营业净利率、留存利润率和预测期内销售增加量。

（2）将相应变量代入公式——外部融资需求量 = 资产增加 − 敏感负债增加 − 留存收益增加，得出企业预测期内是否有外部融资需求、需求量具体是多少。

（3）企业还能比较可持续增长率与销售增长率的高低，推测销售增长率的合理性。若前者远远低于后者，则说明企业预测的销售增长率不合理，应该重新设定。

11.2　企业估值的影响因素与计算方法

企业估值发展至今，学术界对其影响因素并没有达成一致意见，众多实践者还在不断摸索中，但本书列出了常见的影响因素。

11.2.1　企业估值的六大影响要素

企业所处的产业、行业或生命周期，都会影响评估方法的选取，最终影响估值高低。目标企业的估值高低，会受各种内外部因素的影响，如基本面、成长性、商业模式、资源、风险管理和企业文化等。

影响人们对一家企业估值产生变化的因素，除了重资产规模变化外，还包括研发人员占比、商业模式、汇率、行业竞争激烈程度等。

图 11.2-1 所示为影响企业估值的要素。

图 11.2-1　影响企业估值的要素

交易市场上普遍认为对企业估值造成影响的因素主要是基本面、成长性、商业模式、资源、风险管理和企业文化。

（1）基本面。基本面分析是对融资企业所处的宏观、中观、微观环境进行分析，以达到让投资者快速全面了解目标企业基本经营情况的目的。

宏观环境主要是国家层面的财政政策、货币政策。中观环境分析是对目标企业竞争环境进行分析，之前主要指同一行业的横纵向分析，随着潜在竞争者等概念的提出，现今主要指根据钻石模型进行综合分析。微观环境主要是目标企业经营数据，包括财务数据（市盈率、资产负债率和利润增长率等）、管理能力、技术能力、各板块营业收入占比及市场占有率等。

（2）成长性。目标企业的成长资源、能力（如营运能力、盈利能力、偿债能力、创新能力等）和环境也能影响企业估值，成长性越高，企业估值越高。相关测量方法有 AHP 分析法、因子分析法等。

（3）商业模式。商业模式能决定一家企业如何创造、分享和使用价值，大多数企业在展现商业模式时采用文字及逻辑流程图等形式。

实践中，分析企业商业模式价值时，应该根据加权相关指标，计算目标企业与竞争者的商业模式价值系数，最终为企业估值提供参考。

（4）资源。资源是企业经营必不可少的部分。估值过程中，投资者一般都比较重视目标企业的知识产权（如专利等）、人力资源（高端人才、研发人员占比等）、自然资源使用权等。

（5）风险管理。基本面、成长性，是评估目标企业产品属性的重要因素，对企业风险管理的研究，则相当于评估售后服务的好坏。目标企业的股权结构是否合理、出让股权比例、优先股和普通股占比、清算后现有资产的偿债能力等因素，都是投资者需要考虑。

（6）企业文化。企业文化更多表现为价值观，不少投资者认为企业文化对员工的满意度和绩效、管理者的管理能力和沟通效率存在正向影响作用，因此企业文化对高科技企业和初创企业至关重要。

11.2.2　企业的估值方法与选取策略

企业的估值，是通过科学方法对企业整体经济价值进行评估。不同产业、行业或者处于不同生命周期的企业，估值的方法和策略各有不同，得到的估值结果也不同。

由于估值结果具有不确定性，因此大多数企业都倾向于使用至少两种估值方法，得到估值结果区间。下面以国有企业 A 为维持与提升核心竞争力而并购同行业内 B 公司的案例进行分析。

该并购事件中，估值目标公司为 B 公司，由于 B 公司业务突出及处于成熟期，经营稳健，可采用现金流折现法。由于 B 公司独特的业态分布，在市场上无可参考上市公司，无法使用可比公司法估值。综合考虑下，最终决定使用现金流折现法和资产法两种方法对 B 公司做估值。

企业选择估值方法时，选取的方法的数量、类型应该由企业内外部因素决定。从内部因素上看，估值方法要符合所属产业和行业性质、企业所属生命周期。从外部因素上看，估值方法要符合国家政策并参考并购方和评估机构专家等的意见。

下面是企业估值方法的主要内容。

1. 估值方法

常用的估值方法有绝对估值法 [包括现金流折现法（DCF）等]、相对估值法、可比企业法和可比交易法。

（1）现金流折现法认为企业未来收益是确定的，一家企业或项目的价值在于未来其产生的现金流现值。因此，对估值结果起决定作用的是现金流和折现率。

随着研究方法的深入，有人指出使用现金流折现法得到的估值是静态的预期值，忽视了资产的内生增值性。

（2）相对估值法根据可比资产价格来估计企业价值，典型的测量指标有市盈率（PE）、市净率（PB）和企业价值倍数。不少投资人通过对不同产业和行业的企业的上述指标进行比较，来寻找盈利空间更大的投资对象。

（3）可比企业法是对国内外市场上同一行业的企业进行横向对比。目标企业与对比企业在业态分布、运营模式和资产规模等方面越是相似，估值就越是准确。

值得注意的是，不同估值方法采用的测量指标可能有重合之处，如该方法的测量指标亦包含市盈率、市净率、市销率、企业价值倍数等。

可比企业法，适用于目标企业无上市债券且在国内外同一行业可以找到有可交易债券的企业做对比的情况。

（4）可比交易法认为相似标的的交易价格相似，因此可以通过市场上相似企业的并购交易数据进行估值。

2. 估值方法选取策略

企业经营业务单一时，可选择一种估值方法。当企业业务繁多，则应该对不同事业部进行单独估值，最后合并数据进行统计分析。

从行业性质上看，现金流折现法假设未来收益可确定，这一估值方法并不适用于如初创企业这类现金流波动较大且难预测的企业，而适用于交通运输行业企业等企业。

现金流稳定的企业又可分成消费类或周期类企业，一般消费类企业用 PE 测量，周期类企业用 PB 测量。从商业模式上看，使用新型商业模式的企业一般用市销率和市售率测量，如互联网企业通常净利润较低或者处于亏损状态，因此不能用 PE 测量。此外，高科技企业产业融合程度及不确定性高，难以寻找一家相似企业，不适用于采用 PB 和 PE 测量。

11.2.3 六大估值方法

随着大批多产业融合的互联网企业出现，融资过程对企业价值评估的精准度与指标可量化提出了更多要求。

国内某集团总公司 A（以下简称 A 公司）为融资进行资产评估，其委托评估机构 B 公司的评估方法具有重大参考意义。

A 公司无经营业务，主要负责管理下级子公司，其下级子公司对不同领域进行股权投资，经营收入主要来源是投资收益。在了解上述情况的基础上，B 公司统计了 A 公司前三年度的净资产、单项资产和无形资产，作为估值用的财务数据。鉴于 A 公司的组织结构和资产可单独测量，B 公司最终决定采用资产法对 A 公司进行评估。

估值方法选取是否合理、估值结果是否科学，主要以其与目标企业是否契合为判断标准。将投融资市场上企业估值方法进行归类汇总，能得到六大估值方法。

1. 绝对估值法

绝对估值法假设资本的价值集中于未来产生的收益上，测量指标包括现金流折现模型（DCF 模型）和股利贴现模型（DDM）。

其中，DCF 模型计算在正常经营下企业能基于权益人获得的最大现金额，即自由现金流 = 税后净营业利润 + 折旧 − 支出 − 新增营运资本。当自由现金流充足时，权益人能保障自己的合法权益，但也要注意过大的自由现金流会导致企业再投资难度加大和成长率降低等负面影响。

2. 相对估值法

相对估值法主要采用乘数进行计算，测量指标包括市盈率、市净率、市销率、市售率、市盈率相对盈利增长比率、企业价值倍数等，使用较多的是前4 种。

其中，市盈率是测量目标企业每股收益的指标，可帮助确定企业盈利水平，相关计算公式为股价（P）= 每股盈余（EPS）× 市盈率。

使用该测量指标进行判断时并不是简单追求市盈率在行业内相对更高或更低，还应该参考分析目标企业每股盈余。

3. 可比交易法

可比交易法以一家相似规模、业态分布的企业在被并购时并购方支付的溢价水平为依据，并对相似企业相关财务指标进行加权计算，预测目标企业合理价值。

4. 可比企业法

在同行业中选取多家可比企业，参考其净资产和能力（如盈利能力、偿债能力和成长能力），使用德尔菲法对多家可比上市企业的多个指标比重进行加权，计算出目标企业的合理市盈率。

5. 用户价值估值法

用户价值估值法在互联网时代到来后才被提出，主要适用于包括高科技企业在内的互联网企业。

互联网企业在发展初期，需要较多资本投入来抢占市场，且经济规模不大，其净利润较少甚至为负值，但到了成熟期会迎来净利润高速增长这一现象，吸引了众多投资人。因此，投资人更倾向于使用用户价值这一资产要素对企业进行评估。

该方法的相关测量指标包括用户价值系数、用户增长率、活跃用户数等。测量企业用户价值的关键，是了解企业未来盈利能力。例如携程集团早期给大量职场年轻人免费送会员卡，让集团拥有一大批 C 端用户，为其后来的利润增长奠定坚实基础。

6. 资产法

资产法主要适用于包括房地产企业在内的重资产经营企业，测量指标包括重估净资产、净资产等。其中，采用净资产测量方法时应对目前在建和经营的所有项目未来现金流进行折现，扣除负债后就可得到净资产价值。资产法看到了企业重资产资源对企业经营的重要性，但在一定程度上忽视了企业偿债能力、品牌力和商业模式等要素的作用。

第 12 章
风险思维：融资时企业如何做好风险防范

　　随着全球经济一体化进程的加快，市场涌现出越来越多的创业机会，许多创业者为了抢占市场先机，都会选择通过融资的方式让项目或想法迅速落地或实现，这让投资市场的项目多如牛毛。一些不法投资人抓住创业者急需资金的心理，利用各种融资圈套使创业者落入陷阱，导致创业者遭受巨大的损失。更多的风险还来自各类偶然事件。

　　为了避免陷入融资陷阱，在创业路上少走弯路，做好企业风险防范成为创业者的必修课。

12.1 企业融资过程中的七类风险

随着全民创业的浪潮席卷而来，风险投资市场变得险象环生，创业者不仅要懂得如何将自己的项目"推"出去，还得不断提升自身的抗风险能力。创业者想要避开融资陷阱，必须对融资过程中可能遇到的风险有一定的认知，这样在融资谈判时才能心中有数，避免出现"被事情牵着鼻子走"的情况。

虽然融资风险层出不穷，但基本可以分为以下七类。

12.1.1 信用风险

信用风险是创业者常遇到的风险。一些投资机构在看中项目后，会按照正常的程序进行议价、考察，但在最终签署投资协议时，投资机构会以自己非常重视项目为由，要求创业者签署独家协议。部分创业者在创业初期资金压力比较大，认为投资机构这样的提议表现了对项目的重视，但如果签了独家协议，往往会中了投资机构的圈套。

在签署独家协议后，创业者准备启动项目时，投资机构会以"资金不足"等理由拖延资金入账时间。此时，创业者不仅无法正常开展项目，还因为签署了独家协议无法接受他人的投资，最终只能独自承担资金压力。当创业者无力承担资金压力，导致企业运营出现重大问题时，投资机构便会以此为由降低企业估值，进而要求创业者签订一系列不平等协议。

一旦创业者遭遇类似的信用风险，自身权益很容易受到极大的损害，甚至导致项目以失败告终。

除了恶意压价的投资机构以外，一些投资机构还会利用在高档写字楼办公和虚有其名的口号进行包装，以帮助创业者融资为噱头进行诈骗。

李先生毕业后与同学成立了一家环保科技公司，由于前期研发成本较高，李先生决定通过融资的方式来获得启动资金，于是李先生便在各个渠道发布融资信息。

没过几天，一家投资机构便联系上了李先生，邀请李先生在下周一参加为期3天的高档路演，并称到时候会有许多风险投资界的名人在场，李先生只需交5000元的报名费即可参与。投资机构补充说："当然，融资的成败最终还得看您的路演水平……"

李先生认为，几千元的报名费不算贵，即使最终没能融资成功，可以联系上一些业界的专业人士也不亏，便爽快地签订了协议、交了报名费。到了参会时间，李先生将项目简明扼要地讲给所有在场的人员听。讲解完毕后，自称是×投资公司负责人的王先生来找李先生交谈，他没有对项目进行提问，只是表示对项目十分感兴趣。交谈中，王先生进一步表示，这个项目没什么问题，可以考虑投资，而且之前他投的一些项目都取得了丰厚的回报，他相信自己的眼光。

李先生自然非常高兴，认为自己的项目得到了认可。接着王先生又表示，李先生这个项目，很多投资方实际上都感兴趣，但李先生的商业计划书有许多瑕疵，会影响融资的结果。为此，他给李先生推荐了一家长期合作机构帮忙梳理业务和做价值评估。李先生认为王先生说得在理，便在王先生的牵线下和该机构签订了20 000元的协议，重新制作商业计划书。

商业计划书制作完毕后，李先生多次联系王先生想探讨关于融资的事，但王先生都以出差为由进行推脱。而当李先生询问王先生其他投资方是否对此项目感兴趣时，王先生都表示，项目还没通过投资人的审核，所以无法投资。

后来，李先生发现所谓的合作机构其实和王先生是一伙的，李先生这才意识到自己早已进入了所谓的投资人的圈套。从那个邀请参加路演的电话开始，一切活动都是在诱使不明所以的创业者进入圈套。所谓的路演，其实真的是一场表演，在场的也根本不是投资人，而是为了让创业者交修改商业计划书费用的演员。

在这个案例中，李先生对信用风险的认知不足，导致自己遭受损失。在实际融资过程中，往往会存在像王先生一样的不法分子，以修改商业计划书或进行法务、财务咨询为由，骗取创业者交高额的费用。

为避免落入不法分子的圈套，创业者要提升防范信用风险的能力，以下为创业者在融资过程中需要注意的几个方面。

（1）多方位了解投资机构。创业者缺乏资金，迫切希望获得融资，若缺乏对投资机构的了解，则容易上当受骗。实际上，投融资市场目前已较为透明，创业者可以通过官网、论坛、新闻等公开的信息平台，了解投资机构的信用，收集其以往的成功投资案例，熟悉其投资偏好，这样不仅能够避免上当受骗，还能在融资谈判时掌握更多的话语权。

（2）避免与先收钱再融资的投资机构合作。真正对项目感兴趣的投资机构往往会以较快的速度联系上创业者，而一些不怀好意的投资机构则会以收取咨询费、美化项目、帮助项目过审的名义提前收钱。因此创业者遇到要先收钱才合作的投资机构时应该提高警惕。

（3）不要轻易相信主动上门的投资机构。投资机构找项目的方式有两种，一种是朋友引荐，另一种是外部渠道引荐。除非创业者的项目在投资圈内知名度已经较高，否则很少会有投资机构主动上门了解。对于主动上门的投资机构，创业者一定要多加小心。

融资陷阱五花八门，但最终都是为了骗钱。创业者在融资市场中获得的信息不充分、不透明、不对称，在与投资机构的博弈中经常处于劣势地位，只有不断提高风险防范意识，才能在融资过程中少走弯路。

12.1.2 完工风险

完工风险，是指投资机构投资后，融资方的项目在规定期限内无法正常投入生产运营的情况。完工风险多出现于建筑工程类的融资项目中，由于项目的开发需要经过勘查、设计、施工等多个环节，开发商往往会以外包的方式将建筑项目委托给建筑商，开发商可以和建筑商约定：如果建筑商未能按正常进度完工，建筑商必须对项目无法完工、延期完工或完工后无法达到约定执行标准造成的损失进行赔偿。

建筑工程类的融资项目涉及金额大、周期长。完工风险是建筑企业最常见的风险之一。投资方为了规避完工风险，常常会与融资方签订对赌条款或相关的补充协议。

融资方为避免因完工风险而造成的损失，需要充分了解完工风险的出现原因以及应对策略。

1. 完工风险产生的原因

导致建筑项目未能正常完工的因素较多，主要有：成本超支、技术力量不足和中途停建。

（1）成本超支。建筑工程类融资项目金额大、周期长，如果融资方未能对建设周期内资金做出妥善安排，很有可能会由于通货膨胀或货币贬值等因素出现超支的情况，导致项目完工时间延长甚至停建。

20 世纪 70 年代，全长 1288 千米，管径 1220 毫米的纵贯阿拉斯加管道就曾因环境保护、动物保护和技术问题多次停建，导致项目延期，最终美国政府以超出计划费用三倍的资金才完成了管道的建设。

（2）技术力量不足。大型建筑工程项目需要用到更为复杂和前沿的技术，如果建筑商技术力量不足，项目在建设期间需要经历多次调研和分析，完工时间较难把控，很容易导致项目延期。

（3）中途停建。建筑工程项目受技术、政治、经济方面的影响较大，当这些方面的偶然事件发生时，如果建筑商没有相应的补救措施或改进策略，项目往往会被强制要求中途停建。

2. 完工风险的应对策略

为避免产生完工风险，同样也为降低风险导致的损失，融资企业在项目启动之初需做好以下准备工作。

（1）签订固定价格的总承包合同。企业与建筑商签订固定价格的总承包合同，将勘察、设计、施工等费用一次性包干，这样项目在启动后不管发生怎样的意外都与企业无关，即使是周期较长的项目也不会对企业造成资金压力。

（2）提供债务担保。如果项目到期未能完工或未能达到执行标准，将由企业完全收购该项目，但企业可以选择与建筑商一起承担连带责任并提供债务担保。

（3）提供技术保证承诺。企业在投资协议中应明确项目的技术要求及执行标准，如果建筑商未按协议完成项目，导致投资方利益受损，企业可以要求建筑商赔偿相关损失。

（4）建立完工保证基金。建筑项目的周期长，受技术、政策、资金方面的影响较大，因此企业可以拿出一部分资金用作完工保证基金，便于灵活使用。但需要注意的是，投资方有权不承担超出完工保证基金的费用，因此企业在确定完工保证基金时要充分考虑市场、政策等多方面的因素。

（5）保险。购买保险对企业来说也是直接的保障措施。当出现不可抗力时，保险能给予企业直接的资金保障。

12.1.3　生产风险

产品是企业变现的基础，投资方在投资时会对企业的生产状况进行评估，其中生产风险是投资方关心的要素之一。

产品的生产往往需要原材料、设备、工艺等多个生产要素。产品的生产要素越复杂，生产出现问题的概率就越大，业界把生产过程中出现的障碍统称为生产风险。对于企业来说，避免生产风险不仅意味着可以提高产品质量，还能帮助企业找到更好的融资机会。

为避免生产风险导致融资失败，企业需要找出生产现场存在的问题并制定专门的应对措施。

图 12.1-1 所示为生产现场存在的问题。

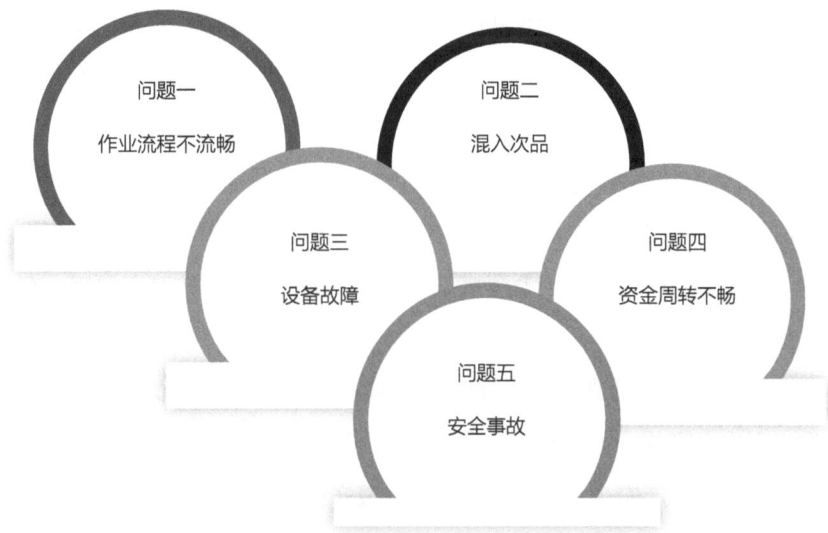

图 12.1-1　生产现场存在的问题

（1）作业流程不流畅。产品的生产需要经过多道工序，作业流程不流畅，直接的影响就是工时浪费情况严重、生产效率低下，最终导致产品到期无法完工，影响企业信誉。

当产品无法完工时，很多企业会认定是因为人手或者生产线不够，于是便盲目地扩招或新增生产线。这种解决方式不仅浪费生产成本，也无法解决生产效率低下问题。正确的解决方式应该是从提高作业流程的流畅性入手，例如重新设计作业流程或在部分环节增加人手。

（2）混入次品。评价企业生产水平的高低，一个重要标准便是次品率。检测不严格、漏检等现象都会导致次品的混入，如果现场生产秩序混乱，次品混入的情况将会更加严重。

次品的混入，会导致企业产生大量的重复或返工工作，严重降低生产效率。如果次品混入后未能被及时发现，对企业的声誉也会造成很大的影响，因此，企业需要保证生产秩序，减少并尽量避免次品混入，提高检验的密度，及时发现次品，防止次品流入市场。

（3）设备故障。设备是产品生产的基础。在企业的实际生产经营中，很多风险都是设备故障导致的，由于企业疏于对设备的保养和维修，设备的使用寿命缩短，严重影响了产品的正常生产。因此，生产企业要积极建立完善的设备维修和保养机制，让设备始终处于较优的运行状态，为高效生产提供保障。

（4）资金周转不畅。生产企业常常面临成品和半成品积压的问题，如果这些产品无法及时销售出去，企业将会面临库存积压和资金周转困难的双重压力。在发现资金周转问题时，企业应顺藤摸瓜，深入了解产品积压的真正原因，有的放矢地调整生产策略。

（5）安全事故。企业在生产过程中，环境、设备故障、人员操作不当等可能会导致出现安全事故，一旦发生安全事故，会给员工和企业带来极大的损失。作为生产方，要把生产安全放在第一位，严格遵守生产规定，及时排除安全隐患，确保安全生产。

12.1.4　市场风险

市场风险是指市场因素导致的产品质量、需求量、产量等方面的问题。市场风险是融资方与投资方所面临的风险中难对付的一种，它不仅难以预测，而且一旦发生就可能会给投融资双方造成极大的损失。

一般而言，市场风险主要表现为价格风险、需求风险和竞争风险，这三者并非相互独立的，而是联系紧密且同时出现的。

（1）价格风险。市场中十分频繁的活动是交易活动，而交易买卖又与价格紧密相关，因此价格风险很容易出现。由于企业受宏观环境、季节等因素的影响，原材料价格具有很高的不确定性，商品销售的价格波动较大。如果企业未能做出合理的价格预测，也没有部署风险防范措施，一旦发生价格波动，企业将面临巨大的经济损失，导致企业估值下降。不仅如此，如果企业难以达到投资协议约定的预期收益或利润目标，投资方很有可能会要求企业回购股份，企业会因此承受巨大的资金压力。

为了避免价格风险对企业造成的上述伤害，企业必须对市场供求现状及变化趋势保持敏锐的嗅觉，以确保产品的价格能被市场接受。

（2）需求风险。需求风险分为内外两个层面。内部层面指企业在产品迭代和设计上存在缺陷，导致产品销售业绩不佳。外部层面指消费者需求不断增加，现有产品难以满足消费需求，消费者不断流失，企业面临供给远远大于需求的局面。

需求风险考验企业的产品升级和用户调研能力。企业只有不断了解用户真正需要什么产品，才能有效避免需求风险。

（3）竞争风险。竞争风险是常见的市场风险，指竞争对手为了占领更大的市场份额，使用价格战或其他营销手段参与竞争。一般而言，良性竞争有利于行业发展，但恶性竞争则可能会给企业造成巨大的冲击。

无论竞争是良性的还是恶性的，如果企业没有做好充足的准备，都很容易在竞争中以失败收场。企业必须时刻保持竞争意识，提高产品质量与企业实力，始终保持较高的核心竞争力，才能在激烈的市场竞争中处于不败之地。

12.1.5　金融风险

大部分企业都是通过直接或间接方式从外部渠道获得资金。无论通过何种方式融资，对企业来说都存在金融风险。由于融资金额较大且存在一定的不稳定性，企业很容易遭受金融风险，尤其是国家政策、通货膨胀、汇率波动、利率调整等，都有可能引发金融风险。其中常见的为利率风险和汇率风险。

利率风险是指市场利率波动较大，导致融资方实际收益与预期收益差距较大，或实际成本与预期成本出现较大偏差，从而使融资方遭受了较大的损失。

汇率风险一般发生于境外业务，融资方在偿还外债时必须使用外币，如果人民币贬值，融资方的债务就会相应增加，给融资方造成巨大的资金压力。

李先生创业之初，由于缺乏资金，通过境外银行融得资金 100 万美元，约定两年后归还。融资时，人民币对美元的汇率为 100 美元 =619 元人民币，李先生相当于承担了 619 万元人民币的债务。两年后，人民币对美元的汇率为 100 美元 =729 元人民币，此时由于人民币贬值，李先生的债务增加为 729 万元人民币。

企业发展离不开资金的周转，企业必须要正确面对金融风险。企业通过采取以下方式，能降低金融风险对企业造成的危害。

（1）为政策风险投保。大部分保险公司和出口信贷机构都提供政策风险的担保服务，因此外汇债务金额较大的企业，可以选择合适的险种进行购买，转移未来可能产生的风险。

（2）项目国际化。境外业务较多的企业，可以利用多边金融组织或不同国家（或地区）的投资方进行融资，减小资金集中使用造成的汇率风险。

（3）优化融资利率结构。企业对融资要进行全盘规划，当市场供给不足导致利率上升时，对于融资贷款企业应选择固定利率。反之，当市场需求不足时，企业最好选择浮动利率。

（4）控制汇兑风险。国际金融市场汇率的波动往往会对企业债务造成不小的影响，企业在融资时要注重控制汇兑风险，尽量保持多种币种、多种比例的融资结构，减少汇率波动给企业造成的损失。

12.1.6 政策风险

融资，是资本市场运行的主要手段。资本市场的整体环境，决定了融资过程中的政策风险将一直存在。融资市场深受国家宏观政策的影响，当市场环境出现矛盾时，国家会通过货币政策、行业政策，甚至是地区发展政策进行监管和调控。因此，对于企业而言，虽无法预测政策的走向，但可以根据政策进行相应的防范。

根据政策导向对融资影响的差别，可以将政策风险分为反向性政策风险和突变性政策风险。反向性政策风险，指融资企业的发展方向与政策的导向不一致，企业在发展的过程中层层受阻的风险，其最终可能导致企业遭受巨大财产损失。突变性政策风险是由于经济形势发生变化，国家为调整市场环境、改变发展策略导致部分行业或企业难以适应的风险。

宏观环境的变化必然影响到企业的发展，企业作为重要的市场参与者，应时刻做好迎接政策风险的防备工作。融资时，如果企业和投资者能共同清醒地对市场做出正确的趋向性判断，就能有效地减少政策风险给企业带来的伤害。因此，对于大部分企业而言，做好政策风险的防备工作才是重中之重。

（1）反向性政策风险的防备工作。反向性政策的存在是相对的，国家在发布相关政策前会经过长时间的市场调研与试点工作，融资企业应善于发现行业内市场环境的变动，在发展方向上尽量与政策的导向保持一致。

反向性政策风险的防备取决于融资企业与投资者对市场的判断能力，因此企业在进行融资时，要充分考虑合作人员的综合素质以及工作经验。

（2）突发性政策风险的防备工作。大部分企业缺乏对突发性政策风险的防备，导致风险到来时遭受巨大的损失。

突发性政策深受国际形势与市场环境的影响，融资企业往往无法做出准确的预测。因此，正确的做法是防微杜渐，以平常心看待市场变化，不断提升企业的综合竞争力。这样，即使在突发性政策风险发生时，企业也能凭借灵活的供求结构迅速调整发展策略，少受或免受政策风险带来的冲击。

12.1.7　环境保护风险

随着全球生态环境的不断恶化，各国在发展经济的同时也加大了对生态环境的保护力度。"十四五"规划以来，为防止企业在发展过程中对生态环境造成严重破坏，我国将生态文明建设列为重点战略方向，并出台了多项环境保护政策。一些企业为了符合环保政策的规定，必须投入新的设备或使用新的技术进行生产，在该过程中，企业资金压力增大，项目常常被强迫中断。部分资金雄厚的企业即使能承受高成本投入，也会受环境保护风险的负面影响。

李先生在包装行业工作多年后，于2018年成立了一家新型环保材料制造公司，业内人士纷纷看好李先生的产品，李先生很快融得了300万元的启动资金。公司启动后的第一年，业绩节节攀升，但在第二年，大量排污导致公司附近的水源遭到严重的污染，政府责令公司进行整改。

为了公司能正常运营，李先生只能斥巨资购买国外先进的设备与更换新的生产线。由于缺少相关设备的资金预算，公司购入新型设备后，现金流出现严重问题，公司无法正常运转。李先生对此无可奈何，只能选择破产。投资人同样由于忽视了环境保护风险遭受了投资损失。

当融资企业因遭遇环境保护风险无法偿还债务时，投资人将取得融资项目的所有权和经营权，但仍需承担原有的债务。因此，融资项目一旦出现环境保护风险，大部分投资人就会对项目失去兴趣，从而导致项目本身的价值降低。

实际上，融资企业对环境保护风险，并非毫无识别和应付的能力。企业可以采取以下管理方法进行防范。

（1）项目启动前充分考虑环境因素。融资企业不仅要熟悉环境保护相关法律，还应在项目立项时就提前制订好环境保护计划，并将其作为融资计划的重要附件。

（2）投资协议应明确界定各方义务和责任。不少企业在进行融资时，将环境保护条款视为次要内容，甚至未能在协议中予以明确。结果，当项目启动后遇到环境保护风险时，融资企业和投资人的义务和责任界限非常模糊，常常产生纠纷。鉴于此，正确的做法应该是在签订投资协议时，就将环境保护风险作为主要条款进行讨论，并明确规定双方的义务、责任以及风险发生时采取的措施。

（3）购买环境保险。当前，国家对环境保护的管控越来越严格，因此一些商业保险公司开发了专门针对环境保护风险的环境保险。融资企业在项目成立时可以与投资人沟通，拿出一部分资金用于购买环境保险，以分担将来可能遭受的环境保护风险。需要注意的是，环境破坏造成的损失较难估计，但保险公司赔偿的资金是有固定限额的。对于可能引起重大环境破坏的项目，企业必须及时投入新的设备或使用新的技术，避免产生巨额赔偿费用，导致企业经营困难。

12.2　企业融资过程中的风险识别与管控

风险投资市场有句俗话是"成三败七"，这句话的意思是企业融资后大概有七成会失败，只有三成能成功。通常，融资风险是导致企业失败的重要因素。

为确保企业在融资后能顺利发展，企业应提前做好融资过程中的风险识别与管控，做到有备无患。

12.2.1　如何识别融资过程中的风险

企业的发展离不开对资金的有效使用。融资不仅能为企业注入大量的资金，还能通过引进投资人来优化企业的营销渠道、治理架构，使企业的发展方向更加明确。由于融资受政策、市场环境等因素的影响较大，因此常常隐藏着较多风险，企业家必须善于识别。

（1）债务融资风险识别。债务融资不仅具有流程简单、成本低、速度快等特点，还能为企业提供便利，因此债务融资常常是企业融资的首选方法。

债务融资也存在缺点，它强制要求融资方按期还本付息，这对于前期缺少资金的企业来说很可能会形成巨大的财务危机。如果企业营业收入不稳定，在选择债务融资时，必须充分考虑偿债能力。

A公司为了实现快速扩张，采用了债务融资的方式融得500万元。但扩张前期，各个渠道的营收较低，A公司的收入难以偿还每期的本金和利息，导致A公司内部出现财务危机。随着时间的推移，A公司无力偿还负债，最终只能宣告破产。

（2）股权融资风险识别。风险投资市场中，大部分股权融资的股本无须偿还，企业也无须定期支付利息，因此，融资企业无须承担定期还本付息的压力，这对于前期急缺资金的企业来说显然较为合适。然而，股权融资同样存在风险，创业者如果处理不当甚至会导致将企业拱手让人。

股权融资风险集中在如下方面：投资人投入资金后可获得股份，但原有股东的股权比例也会被相应稀释，如果企业经过多轮融资或股东之间进行股权转让，创业者的股权比例就会不断被稀释，最终导致创业者完全失去对企业的控制权。

（3）融资市场的咨询陷阱识别。随着融资渠道越来越丰富，融资市场出现了一批以投资为名的诈骗分子。这些人会假装对项目感兴趣，以修改商业计划书或进行财务咨询、法务咨询、项目评估等为名，要求创业者缴纳巨额的费用。创业者由于资金短缺，在遇到这些所谓的感兴趣的投资人时很容易上当受骗，因此创业者要十分小心融资市场中那些主动上门的投资人，以防陷入融资陷阱。

12.2.2 如何管控融资过程中的风险

融资可以让企业的价值链、供应链、生态链等重要组成部分更加完整和强大，提升企业抵御外部风险的能力，但由于信息不对称问题，融资方在融资时很容易遭受各种风险。鉴于此，融资方可以采用合适的防范策略，减小遭受融资风险的概率，以下为常见的防范融资风险的策略。

（1）建立有效的风险评估机制。为确保融资决策的科学性，企业在立项之初就应建立风险评估机制，结合融资环境与企业资金实力，对融资过程中可能出现的风险进行分析，确保融资风险最小化。

（2）确定合理的资金需求量。融得的资金不足会影响企业日常经营，但融资量过大又会给企业带来很大的偿还风险和资金压力，因此企业应制订合理的资金使用计划，合理估算企业发展所需的资金量，提高资金使用效率，避免产生资金不足或冗余的现象。

（3）合理选择融资方式，最大化降低资金成本。随着融资市场的不断发展，企业的融资渠道和融资方式越来越多。但不管通过哪种方式融资，对于企业来说都有一定的风险，因此，企业对融资方式的选择十分重要。合理的融资方式不仅能降低资金成本，还能降低融资风险。

（4）增强企业自身实力和完善管理制度。随着融资市场的竞争加剧，实力不足的企业很难在市场中站稳脚跟，即使这些企业成功融得资金，也会因经验和管理上的不足遭遇融资风险。近年来，国家对融资市场的管控更加严格，这对企业的财务管理制度以及内部控制制度提出了更高的要求。企业要想获得更多的融资机会，就要不断提升自身实力，完善内部管理制度。

（5）建立健全内部融资管理机制。融资虽有利于企业发展，但也隐藏着各类危机。建立健全内部融资管理机制，能有效防范企业生产、发展等各个环节的风险。

除了风险评估机制与内部融资管理机制外，企业还需重视重大风险报告机制的建立，通过董事会来规范融资行为。一旦建立了这三大必要的机制，企业的融资行为会更加高效，风险也会被有效降低。

（6）开拓企业信用担保渠道。担保是降低融资难度的重要方式，但目前我国的担保体系仍处于初级阶段。为获得更好的融资环境，企业应该借鉴发达国家的经验，积极开拓信用担保渠道，从而提高企业融资效率，降低融资风险。

（7）重视政策的影响，增强法律意识。我国融资市场受政策的影响较大，融资风险里的信用风险、完工风险、生产风险、市场风险、金融风险、环境保护风险或多或少都会受到政策的影响。为了实现更好地发展，企业应积极响应政策的号召，不断提升法律意识，拒绝任何违反法律的融资行为。

第 13 章
商业智慧：融资到底是在融什么

我国经济进入深度转型期，产能过剩、消费能力不足、人口老龄化等问题接踵而至。无论在哪个行业，企业家都感到生意普遍不如以前好做。这样的市场环境，不仅考验着企业家的融资能力，更考验着他们的融资眼光、谋略和智慧。

13.1　融资的时候，只需要融到钱吗

"资"意味着资金，融资离不开谈钱，但融资只是通向目标的过程，难道我们的目标只有钱吗？答案当然是否定的。

13.1.1　融到资金只是表面目的

融资前，企业家必须清楚，自己融资的目的何在。找准融资的真正目的，企业经营发展才会顺利。相反，企业家一味盯着资金本身，很可能使企业发展陷入停顿。

2014 年 10 月，王永在北京创建微微拼车。尽管企业只有不到 30 名的员工、不到 400 万元的资金，但还是在 50 多个城市打开了市场。产品市场评价最好时，投资人积极肯定，有人甚至估值 10 亿元。但王永希望有更高的估值，而不愿进行积极融资，不在乎融到的资金。结果，随着资本寒流来袭，微微拼车在花完 4000 多万元之后，无法再次成功融资，猝然倒下。

微微拼车的案例中，创业者简单地将融资和融钱等同起来，导致失去了和更大资本紧密联系和结盟的机会。这说明，他没有真正看懂融资的目的。

融资，首先是为了解决问题，但大多数情况下，融资解决的并不是当下问题。从企业发展战略层面来看，融资目的离不开生存和竞争；但从不同的融资方式来看，每一次融资都有其特别的用处。例如，当企业的业绩不断上升、市场份额不断扩大，需要增添新设备、开展新研发项目时，很可能需要融资；企业想要对外兼并其他企业时，更可能需要进行融资；如果企业的应收款迟迟不到位，而

债权人又要求还款时，也同样需要进行融资度过危机。但上述融资的价值是存在差别的，第三个案例的融资价值远不及前两个。

因此，融钱本身不是根本目的。抓住融资的时机，去提前抢占想要的资源，确保做好想做的事，才是企业家进行融资的根本目的。

13.1.2　融到资产是初步阶段

任何一次创业，都不只是创业者自己的事情，还是创业者和资本的合作。谁能获得资本的助力，让资产注入企业，谁就能占据发展的先机。一些原本竞争力并非最强的企业，融到资产后迅速崛起，这种情况在商业竞争中屡见不鲜。

更现实的问题是，企业不融资，就无法获得保障，就很可能输在起跑线上。

2009 年，张一鸣选择创业，成立了房产搜索网站"九九房"。随着项目小有所成，他将眼光放到了更大的商业模式：数字分发结构下的个性化图文信息推送。这一商业模式形成的项目，就是如今的今日头条。

彼时，张一鸣的企业没有什么资产，只有民宅中的几间办公室。他找到海纳亚洲创投基金负责人王琼，用咖啡厅的餐巾纸勾画结构图，讲明白了今日头条的信息分发原型。虽然王琼并没有全部听懂，但还是果断地为他拉来了第一笔融资。

其实，这个原型在张一鸣脑海中已酝酿了很久。当时，想利用这种新型互联网信息分发机制打造商业模式的也绝非只有他一个人。但张一鸣最先拿到了融资，将设想变成了现实，随后变成了资产。不久以后，搜狐、腾讯、新浪纷纷推出类似模式的产品，但张一鸣抗住了来自这些互联网头部企业的压力。

如果张一鸣不是抢先融资打造资产，字节跳动可能就不会拥有现在的成功。

创业者除了要有能力建立商业模式，摸清发展方向，组建人才团队，还要有能力通过融资让企业逐步发展起来。企业不仅要有技术、产品、服务，还要有充分的资产来保住其价值。市场资源永远都是稀缺的，没有任何一家企业敢说自己永远不缺钱。无论你是否能融到资产，你的对手都在不断行动，他们一旦开发了比你更大的资产版图，就会突破原有发展速度，开始大步发展，打乱你的发展节奏。

率先融资成功，企业才能抢先布局新的产业、项目，抢先打造商业模式，比对手更早一步完成变现、获得利润。商业竞争中，一步快或许就能换来步步快，而一步慢或许就会变成满盘皆输。利用融资方式，提前布局企业资产，比起慢慢地在白纸上涂画，显得更为紧迫、更加现实。

13.1.3　融到关系很重要

从狭义上看，融资是企业筹集资金的过程。从广义上看，融资是将各类资源融汇于企业。绝大多数创业者筹集资金已属不易，通过融资融到关系则更为困难。但创业者必须意识到，没有充沛资金的支持，企业纵然有再好的商业模式、产品质量、服务内容，也无法进行长期竞争，而如果没有员工、客户、合伙人，企业很可能连好的产品和服务也没有。

随着融资理念的普及和融资市场的发展，"融关系"是大多数创业者的必然选择。

某企业在 2010 年至 2015 年，先后实施了 5 次股权激励，都采用了免费赠予高管员工的方式，并附加了工作 5 年、业绩优秀等各类条件。尽管取得了一定的激励成果，但由于大多数员工并不满足相关条件，因此企业既没有从中获得融资成果，也没有同员工建立更为坚固的关系。直到 2018 年，该企业实施新一轮股权激励，允许员工按不同条件、以不同价格购买一定的股份，且不再附加过多条件。该轮股权激励，为企业带来了充沛的资金，同时也使员工与企业实现了更深层面的利益捆绑，建立了更为良好的组织内部关系。

通过融资不仅能凝聚企业内部的关系，也能对外布局，与合作方形成良好关系。企业家可以从如下角度，对"融关系"加以认识和解读。

（1）身份激励。从资本结构角度看，融资能体现企业所有者对资金来源的认可与尊重。当企业经营得当、效益良好，企业所有者就能将对内或对外的融资看成特殊激励，而非有求于人。这种融资，是向特定对象分享企业利润的过程，通过融资建立起双方的利益关系。

正因如此，与单一的合作关系或雇用关系相比，以合适方式开展的融资，能有效地赋予对方独特身份，从而促使对方主动追求，促进企业长远发展。

（2）约束价值。融资计划往往包括了一定的协议内容，无论是对内还是对外，都能在形成激励效果的同时产生一定的约束价值。例如，企业可以结合具体目标，和外部融资对象约定一定时间、一定条件的融资计划，从而与外部融资对象建立一定关系。企业也可以对内部融资对象做出限制，要求其达到一定绩效指标，才能获得约定的融资收益。

当然，企业也可以通过融资计划，增加合作对象或员工的离开成本，从另一层面达到稳定关系的效果。例如，一些股权激励计划形式的融资方式会对激励对象离开企业做出约定，如激励对象在融资期限内离开企业，将无法获得对应的融资收益。

由此看来，融资作为建立联系的机制，能让企业同组织内外特定对象达成共识，使他们主动积极地为企业贡献价值。

13.1.4　融到信用很关键

融资的道路千万条，但无论选择哪一条，企业的信用都很关键。尤其对于那些创新能力不足、技术含量低、成长前景不明朗的企业，如果信用不佳，很可能在融资之路上不断碰壁。

市场经济有典型的优胜劣汰规则。随着经济环境的发展变化，无论是政府监管部门、银行，还是民间融资机构，都会对企业信用格外重视。即便每家企业面临着同样恶劣的经济环境，政府出台精准扶持政策时，也会将信用优良的企业放在扶持名单的前列，更不用说银行或其他金融机构，它们因需要对资金负责，所以会更看重那些拥有优良信用的企业。

因此，一波又一波信用不良的企业，会由于难以融资而倒下去。

　　企业要未雨绸缪，在不缺少资金时，依然要重视信用的价值，通过有意识地行为来提高信用。这样，才能在危机到来时少碰壁而多获得支持。

　　一家药业集团有限公司，是行业内著名的科技研发企业，连续五年以很快的速度发展壮大。尽管这五年内，企业并没有遇到资金不足的问题，但创业者具有强烈的信用意识，不断通过有意识的行为提高信用。第六年，企业因为业务扩大而出现资金问题，一家仪器制造企业在调查其信用后，决定为其价值数百万元的仪器提供免息贷款，帮助该企业顺利度过危机。

　　当该创业者谈到这次成功融资时，他肯定地说道："企业都需要利润，关键看交易对象的信用实力。如果我们一直注意培养信用实力，就能吸引到帮助我们的人。"

　　越是困难时期，信用较高的企业越会受到投资方的宠爱。想要提升企业的综合竞争力，就要通过融资来增强信用。

　　图 13.1-1 所示为企业融信用的关键方法。

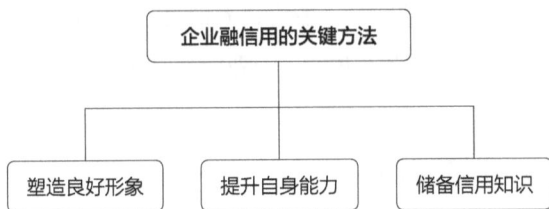

图 13.1-1　企业融信用的关键方法

　　（1）塑造良好形象。在大多数投资方看来，企业形象的代表不是研发能力、生产能力、服务对象，而是信用，甚至就是一串信用评分。银行是否会提供贷款，取决于企业的信用质量。中小企业想要抓住机会融得优质资金，就应遵守国家政策、法律法规，按时还款，从而不断积累信用。

　　（2）提升自身能力。中小企业借助融资获得资金后，要珍惜每一分钱，将之用于对自身能力的提升，包括优化管理结构、强化财务管理、更新换代产品、扩大营销渠道等。只有自身能力提升了，中小企业的长期信用才能得以提升。

（3）储备信用知识。中小企业的融资困境，很大程度上是缺乏融资意识导致的。各金融机构，都会针对信用优良的企业推出创新的信贷产品，而这些产品甚至并不需要这些企业通过抵押、担保获得。因此，中小企业必须不断储备信用知识，摸清创新信贷产品的推出规律，及时准确地向各金融机构咨询适合自身的信贷产品，赢得其支持。

融资是一个长期、完整、系统的循环，这个循环以企业获得资金开始，到企业提升信用结束，企业再凭借提升的信用进一步扩大资金源头。为把握这个循环，企业应从信用入手进行相关活动，以应对风险。

13.2　融资过程中企业如何进行资源整合

企业的发展壮大，离不开对内外资源的有效整合，更离不开融资带来的助推整合。无论企业家有怎样的背景、能力，无论企业在前期是否有充足的启动资金，如果不能找到适合的资源整合模式，企业就难以永久立足。

13.2.1　企业家应是懂金融的人

中华美食文化博大精深，"老干妈"绝对属于现象级品牌。这家起源于路边小店的企业，2020年收入已达到53亿元，但依然秉承了陶华碧的观点：不融资、不贷款、不上市。到2022年2月，新创的辣椒酱品牌企业已拿下超过6笔融资，其中"加点滋味"在2021年获得两次融资，"川娃子"获得3亿元融资。

"老干妈"真的是因为不缺钱而拒绝融资、贷款、上市吗？答案是未必。从资金角度分析，"老干妈"虽有现金流需求，但现有资金足以维持企业的正常发展，无须选择资本市场，这既可避免干扰和影响，也不用分享收益。从资源角度分析，

"老干妈"成名很早，完全可以利用企业品牌调动各类资源。此外，员工忠诚度高、企业组织架构简单且完善、企业内部运行良好等，都是"老干妈"坚持不融资的原因。

总之，"老干妈"并非不融资，更不是因为经营者不懂金融，而可能是因为无须利用对外融资来进行资源整合。只要这家企业依然能每年保持令人满意的收益率，它完全能用内部融资、商业信用融资等方式进行资源整合。

相比"老干妈"的资源整合优势，绝大多数企业并没有这样的底气，因此千万不能简单地将企业融资看成"替别人打工"。企业家在懂产品、懂技术、会管理的基础上，必须要有充足的金融知识储备，要有强烈的资源整合意识。

金融活动是现代企业经济活动的核心，企业家需要掌握对应知识、具备较强的观察力和判断力，结交金融界的朋友，熟悉金融机构的经营习惯，甚至能精通利率核算、把握政策窗口，这样才能在资金市场中灵活应对各种情况，主动运作，增加企业底气。

图 13.2-1 所示为企业家的金融知识版图。

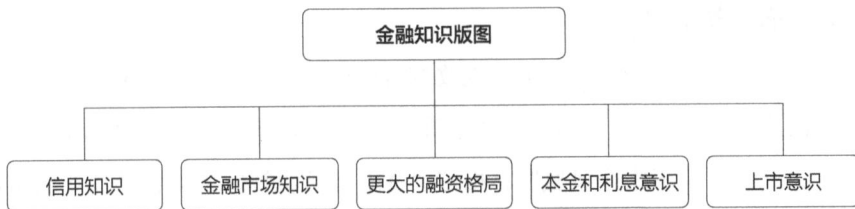

图 13.2-1　企业家的金融知识版图

（1）要积累与信用有关的知识。市场经济中，企业需要依靠信用打造资源链条。企业家则应积极塑造个人和企业的信用形象，提高信用等级，让信用变成资源。

（2）要积累金融市场知识。我国的金融市场已相当发达，融资手段多样化、金融机构多样化、金融工具复杂化，企业家应努力适应变化，灵活运用不同方法，进行多渠道融资，确保用于生产经营的资金正常流动。

具备一定的金融市场知识后，企业家可以适当利用资金的融入和融出获利，从而达到对资金充分利用以增值、保值的效果。

（3）要形成更大的融资格局。随着"双循环"经济体系建设的推进，企业家要形成更大的融资格局，具有更高的融资眼光。企业家不但要能在地区内融资，也要能打破地域限制，在交流中寻找资源整合的机会。

（4）要形成本金意识和利息意识。本金是企业的原始积累资金，其数额能体现企业的发展规模、竞争实力和抵抗风险的能力。为了保护本金，企业家应懂得如何利用信贷资金的流动性、安全性，保证资源融合的效益。企业家应尤其重视利率变化，通过及时了解利率变化情况，保证企业融入资金的数量和时间的合理性，做到对资金的充分利用。

（5）要形成上市意识。企业家不应满足于现状，而要设法将融资规模做得更大一点，设定更高远的目标。例如，企业不应等到机会完全成熟时才考虑上市，而是应该在规模、竞争力达到一定程度后，就思考上市路径，并以此为高标准要求自身。

13.2.2　融资要靠智慧

移动互联网时代带来新可能，也改变着旧逻辑。曾几何时，企业家大都相信"产品质量才是核心、服务水平才是重点"；相信"只要把事情做起来，种下梧桐树，就不愁引不来金凤凰"；相信"资本都是明智敏锐的，只要能做出名堂，自然会有资本来投石问路"；相信"不认真做事，反而埋头融资，是不务正业"……

然而，这些逻辑，在强调资源整合的时代，可能都是错的。

今天，对资源的整合，并不完全讲究逻辑，更非遵循既有规则，而是要随机应变，凝聚并运用智慧。企业家更要尝试先融资、再整合资源，先把事情做大，再把事情做好。没有这样的领先智慧，做企业可能会越来越难。

同样是做手机，雷军和许多人的创业完全不同。其中主要原因就在于雷军将融

资放在第一位。2010 年，雷军创办小米时，第一笔风投就拿到 500 万美元。而小米手机还没有正式上市销售，就又融到 4100 万美元。随着小米手机销量不断增加，企业估值不断提高，融到的钱也越来越多。2017 年，小米获得了 10 亿美元融资。如此迅速增加的资金，让小米走向了良性循环。

与此相反，虽然某些品牌的第一代产品工艺上佳，但限于资金却无法量产。客户在付完定金后，还要等数月才能拿到产品，这大大影响了企业的规模扩大和发展。

从上述案例可以看出，小米能成功，一部分原因是小米从一开始就在做资源整合，通过融资融到了现金，还融到了技术、人才。这，就是雷军的智慧，他和经营企业的旧思维告别，和新的整合智慧携手。

企业家要学会将企业本身作为产品来经营。那些估值较高的企业，才可能是好企业。这意味着企业家在观察和分析企业时，不能将目光停留在企业的产品工艺上，而应聚焦于企业的实体：这家企业将来是否能卖，是否能卖出好价钱，是否会有一堆人想要抢着买……

学会如此思考，说明企业家初步具备了融资智慧。因为只有当整个企业都被打造成"产品"，才不会缺少资源，也自然不会缺少优良产品。如果企业家无法做到如此思考，就要学会多问几个为什么，找到问题所在。

企业家要让企业带来财富，而不是产品。产品能赚钱固然是好事，但必须让人看到企业的价值。融资不只是单纯寻找资金，还要寻找市场、技术、渠道等重要资源并全部打包到融资过程中。

有了这样的智慧，即便企业起步时规模很小，也能通过融资茁壮成长。此时，企业已不再只是普通的商业组织，而是成为各类资源相互交换的枢纽和平台，在这里，企业家赋予这些资源相互成就的价值，而并非这些资源单方面养活了企业，更不是融来的资金养活了企业。

融资智慧，能让企业家更透彻地分析和解决问题。企业在融资时举步维艰，通常只会有两个原因：或者是企业家并不具备正确的融资思维，没有找准企业的真正价值；或者是企业家虽然对企业价值心知肚明，但不会进行合理展示，吸引不了其他资源进入。为此，企业家必须熟悉招商、路演、推广等做法，并将之用于融资。

融资智慧，是能帮助企业家凝聚、升级和展示企业长期价值的智慧，是非常好的经营智慧。

13.2.3 融资就是整合资源弥补短板的过程

创业初期，企业家如何发现和弥补短板，会直接改变企业发展的轨迹，决定企业是否成功。在该阶段，"是什么""为什么""怎样做"是不容易为人所理解和把握的，也是容易被忘记的问题。此时，融资带来的机会稍纵即逝，只有敏锐的企业家才能予以捕捉，并在适宜条件下抓紧发展企业。

融资过程中，企业家的确应积极拓宽获取资源的渠道，但他们不应仅仅将注意力放在数量增长上，还要看到融资过程是对不同经营资源重新整合、形成长期优势的过程。为此，企业家应将需要弥补的资源分成以下两大维度。

1. 间接资源

融资过程中，企业需要弥补的不只是直接资源，如资金、设备、人员等，也包括对融资前后所获得的间接资源的整合。

（1）政策资源。绝大多数成功的企业家，都是了解、解读、应用政策的好手。企业获得当地政府的大力支持，才有可能比别人走得更快、更高。每个地区的政府结合国家政策、领导意志和实际情形，会出台不同的扶持政策，谁能通过融资了解更多精准信息，谁就能从中受益。

（2）信息资源。企业在融资过程中，还要不断及时准确地收集信息，以争取获得更完整的经营要素资源。企业家应利用融资过程从市场中发掘和捕捉更多的宝贵的信息资源，为自身的决策提供有力参考。

（3）技术资源。企业在融资中不仅可以寻找资金，也可以寻找技术价值，通过融资前后的互动和联系，加强与高校等科研机构的合作，并利用资金推动技术引进和应用，弥补产品在技术层面上的不足。

2. 直接资源

融资能带来干货，即企业可从中获得的直接资源。这些直接资源将有利于提高企业的实力水平，并在很大程度上决定企业在市场竞争中的地位。

（1）资金资源。企业家无论选择怎样的项目，缺乏必要的资金做保障，终将举步维艰。资金资源是融资的主题，也是企业家始终都要格外关心的资源。

（2）管理资源。融资过程中，企业家应观察现有管理团队的人员素质、运行结构，通过调整、更换、弥补，让管理团队运行变得更为高效。

（3）人才资源。企业融资成功离不开人才，企业在融资过程中也会不断接触到新的人才。高素质人才团队，同样是融资过程中需要企业重点关注的建设内容。

企业拥有的资源越平衡、越丰富，创业过程中获得的保障就越全面、越有力。因此，融资就是有针对性地发现企业资源欠缺部分并加以弥补的重要过程。

13.3　融资后企业该怎么花钱

资金就好比是企业的血液，联通着企业生产的各个要素。融资后，该如何做好资金的分配，保护好资金呢？这值得每个企业家认真思考。

13.3.1　融资后更应该规范化管理财务

如何管好投资人的资金？规范化的财务管理是关键。须知，财务管理是企业管理的核心，财务管理又以资金管理为核心。通过对企业生产、采购、销售等各环节资金的调控，企业家能有效实现对企业的综合性财务管理。因此，规范化的财务管理对于发挥各要素的作用和体现融资价值具有重要意义。

图 13.3-1 所示为规范化财务管理的方法。

图 13.3-1　规范化财务管理的方法

规范企业的财务管理，要从以下几个方面入手。

（1）要严格编制企业的预算。如果花钱没有数，不知道把钱怎么花、花到哪儿，那么企业的财务管理制度必定是混乱的，浪费、无序甚至贪墨的现象就不可避免。

科学的企业预算制度能使企业财务更具预见性、可控性，使企业的运行更为规范。在编制企业预算的时候，首先要明确财务预算的目标，即企业的主要发展方向和需要资金投入的地方，并为突发事件预留部分资金；其次，编制预算时要加强各部门之间的沟通，了解和满足各部门的不同需求；最后，要严格按照预算控制开支。

（2）要规范企业的经费管理制度。建立制度才是控制私欲的最好办法，企业要制定科学的、规范的、成体系的经费管理制度，要做到权责分明和权责统一，明确每个部门、每个环节的岗位责任，建立相应的奖惩制度并严格考核和执行，杜绝恣意使用与报销经费。

（3）要规范企业的财务业务建设。在具体的财务业务上，要抓好财务的硬件建设，对财务管理软件、硬件设施及时更新；落实相关的登记制度，对财务账簿、票据等关键财务资料的领取和使用，严格按照财务工作规范进行登记；完善相关的财务资料管理制度，对相应的资料及时整理、及时归档；加强会计电算化应用和管理，通过科学有效的管理来保证会计电算化的健康发展。

（4）要加强日常内部审计工作。内部审计工作有利于及时发现企业财务运行中的漏洞，以及时处理，这有利于防止损失扩大，对企业财务健康运行意义重大。内部审计工作不能仅限于事后监督，还要将重点放在整个财务的运作过程中，加强对经营管理和业务过程的分析，提出合理化的建议。

融资属于企业的资金运作方式，当然属于企业的财务管理范畴，科学规范的企业财务管理，能够使企业进一步拓宽融资渠道，提升融资能力。另外，企业的财务管理制度比较规范，也能证明企业的运营比较健康，对于投资人就有更大的吸引力。规范化的企业财务管理有利于提高企业在融资后的资金使用效率，赢得投资人的信任，从而促进企业的快速发展。

13.3.2　如何设置合适的财务部门

融资的重要主题是融钱，企业内接触资金最多的部门莫过于财务部门。因此，财务部门的设置是否合理，会极大地影响企业融资成败和资金利用效率。

L 公司是一家小型教培类企业，在当地有四五家分店，企业创始团队均有教育领域背景，但缺乏足够的财务管理意识，企业主要依靠信任分配财务管理责任。虽然企业有财务部门，但财务主管、会计、出纳都和创始团队有千丝万缕的关系。一旦忙起来，往往会计可以做出纳的事情，出纳去做审核的事情，财务主管则成为救"火"队长。

由于 L 公司没有足够科学的财务部门设置，虽多次申请贷款，都未能通过。L 公司最终还是引入了职业管理人，调整了财务部门的内部组织结构，难题才得以解决。

融资的浅层目的是引入资金，企业必须要有合适的部门来接入现金流，为此，企业应如何设置合适的财务部门呢？

图 13.3-2 所示为设置合适财务部门的方法。

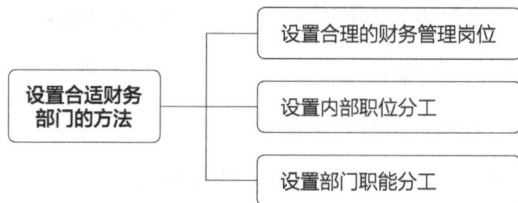

图 13.3-2　设置合适财务部门的方法

（1）设置合理的财务管理岗位。大中型企业内，财务部门的岗位包括财务机构负责人（CFO）或会计主管、出纳、核算（包括财产物资、工资、成本费用、资金、往来账、总账的核算和稽核）等。这些岗位可以结合工作量来设置人数。

（2）设置内部职位分工。为做好内部管理，企业应对财务部门加强控制，执行特定岗位分离责任，即对那些相互有关联的岗位进行人员分离。例如，无论具体业务多少、人员多少，出纳和会计都不应为同一人，登记和档案保管也不应为同一人。

（3）设置部门职能分工。在很多企业尤其是中小企业内，财务部门仅处理记账、收支核算和计算缴纳税费这些简单事务，并未真正发挥部门应有的作用。

例如，中小企业领导者习惯于自己全面管理财务，总感觉要把钱和账抓在手里才安心，这很容易造成职责不明、内容不清的问题。又如，初创企业通常将市场营销和产品研发作为工作重点，却忽视了对财务部门的管理，没有引进高素质的职业人才，造成部门内部职责不明、管理混乱，等融资时才发现财务部门的重要性。企业必须对这些问题加以积极整改，才能拥有合格的财务管理保障能力。

13.3.3　合理的财务管理制度

中小企业确实不能处处和大型、成熟的企业相比，但在融资进程中，也应有意识地从创业早期的鲁莽管理、应急管理，走向常态管理的正轨。这不仅是为了应对融资需要，也是为了确保融资不会被随意浪费，克服人为因素带来的随意性和偶然性，提高企业管理的效率。

实际上，很多中小企业的生存不是问题，难就难在发展上。企业家与其抱怨融资瓶颈，不如静下心来好好设计、执行一套内部财务管理制度，并将之看成重要的融资资源来建设。无论是争取银行贷款、民间融资，还是上市融资，具有合理的财务管理制度都是必不可少的重要条件。

1995 年，广东爱多电器公司成立。胡志标凭借一手开发的 VCD 技术，带领该公司在 1997 年创造了惊人的 16 亿元销售额，成为中国电子企业 50 强一员。然而，由于诸多问题，爱多的成功变成昙花一现，1999 年，爱多宣布破产。

在一堆导致公司破产的问题中，财务管理制度混乱是较显著的问题。爱多成立初期，连生产产品的钱都没有，胡志标采用了供应链内部融资方式，即通过签订高利润协议，换取对上游供货商延期付款、向下游经销商预先收款的权益。于是，爱多还没有生产，就先拿到了 2000 万元的融资，用于此后的天价营销。

然而，明眼人都知道，这种融资方式，只能应用于企业产品销售良好的情况。但 1998 年，爱多产品销量下滑，而一直担任公司董事长和总经理的胡志标，却还不知道账上到底有多少钱，经常将现金作为利润使用。此外，爱多的财务管理制度混乱，对经营成本很少控制，导致公司背负重债，走向倒闭。

爱多的案例告诉我们，即便创业者有眼光、有技术、有能力，能从市场上融到资金，如果没有完善的财务管理制度，拥有再多的资金也无济于事。

企业财务管理制度混乱，会导致财务管理信息失去真实凭据，难以产生能让投资方信任的融资需求额度。例如，财务管理混乱，导致书面业绩和实际业绩不符合，企业的资产、营收规模和盈利状况难以匹配，企业会计核算情况和实际不符，财务报表数据失真，企业的资产负债率不达标，进而导致企业在融资审核中屡屡碰壁。

大多数中小企业的财务管理能力不足，导致这些企业往往并非商业银行眼中的优质客户，而无法获得融资。因此，企业应重点从以下两大角度完善财务管理制度。

1. 会计核算办法

在制定会计核算办法时，企业应明确遵循的会计准则，并根据实际经营情况选用正确的核算方法，对企业各项会计核算工作进行规范，包括编制凭证、登记账簿等各项工作。

2. 财务管理办法

企业制定的财务管理办法，应对企业财务管理工作的组织领导、日常运营、业务办法等加以明确规定，从而对企业各类财产、资本、债务的管理和现金、成本、收入、税费、利润的管理加以规范。

财务管理办法的具体调整标准，应能有效限制特定岗位人员的权力边界。良好的财务管理办法，必须充分约束企业内部资金的审批权限。这一权限不能随意配置，否则就会导致责任不清。同样，企业也不能搞配额制度，否则就会出现随意浪费的情况。

在财务管理制度成熟的企业，除去重大资金的使用外，普通资金的使用都基于总经理的审核。因此，该类企业的日常财务管理和融资资金的财务管理有明确的权力界限，使得资金审批流程明晰。

13.3.4 合理的税收筹划

融资决策和税收筹划，是几乎每个企业都或多或少会面对的重要问题。融资决策需要考虑包括税收在内的众多因素，税收情况也会反过来影响企业应选择怎样的融资方式、融资条件。合理的税收筹划，可以保证企业在融资过程中实现收益的最大化。

税收筹划，是指企业从不同的纳税方案中，通过科学合理的预测规划，找到最佳方案，从而减轻企业税负。

1. 短期融资的税收筹划

短期融资时间通常不超过一年，主要包括商业信用融资和短期借贷。面对这两种融资方式，企业应通过计算实际税后利润加以选择。

A 公司想要利用商业票据方式融资 100 万元，期限为 6 个月，年利率为 5%，发行费用为 2000 元，同期银行借款利率为 8%。假定当年息税前利润为 50 万元，A 公司应选择哪一种融资方式呢？

如果 A 公司选择商业票据融资，需要支付利息 2.5 万元，加上发行费用 0.2 万元，总利润为 47.3 万元。按 25% 的企业所得税税率计算，税后利润为 47.3×（1-25%）=35.475（万元）。

如果 A 公司向银行借款，需要支付利息 4 万元，息后利润为 46 万元，税后利润为 46×（1-25%）=34.5（万元）。

可见，A 公司应选择商业票据融资，税后利润会更高。

2. 长期融资的税收筹划

长期融资是指企业向银行或其他金融机构借入超过一年的融资借款，该款项主要用于满足企业长期经营中的流动资金需求。

在长期融资中，债务利息能够抵减应税所得，减少应纳所得税。同时，企业也能通过财务杠杆，提高权益资本收益率。因此，如果从节税角度看，企业债务融资越多，节税效果越显著。但企业家也应考虑，如果债务融资导致负债比率升高，同样会导致未来的财务风险增加，并提高融资成本。

3. 融资税收筹划的基础工作

随着社会经济进一步发展，企业对融资进行税收筹划的价值不断增加。纳税方案的选择，很可能不仅关系到直接税款的多少，还关系到纳税人实际利益的多少。为此，企业要做好基础准备工作。

（1）选择合适的人才，进行税收筹划。业务熟练的财务人员，并不一定清楚如何进行税收筹划。企业应选择合适的人才，例如聘请专业能力强、资质过硬、经验丰富的税务专家团队参与决策。团队成员应精通与企业融资有关的国家法律、法规、政策，了解企业融资涉税的范围、项目，懂得如何利用税收优惠政策对企业的融资活动成本加以调节。在这些专业人员的建议的基础上，企业做出的融资和税收决策才会合法、高效。

（2）选择合适的会计政策。企业对同一融资事项，存在不同的会计政策选择空间，其中包括存货计价、固定资产管理、费用分摊等，企业应结合自身融资情况，选择合适的会计政策，便于进行税收筹划。

13.3.5 防范个人债务风险

从财务角度来看，企业融资在某种程度上是一把双刃剑。融资既能解决企业资金来源问题，也可能带来财务问题，甚至造成企业家个人的严重财务危机。因此，时刻防范债务风险，对企业家而言尤为重要。

程先生名下公司从事餐饮服务，经营连锁餐饮项目。由于项目需要，公司向银行贷款2亿元人民币。银行出于风控目的，要求程先生及其夫人以其个人资产，对公司借款2亿元进行担保。

在随后的还贷过程中，由于各种原因，加上原本财务管理制度混乱，公司未能按时归还利息，银行可以根据约定要求其提前还贷。这一消息传出后，影响了项目投资人的信心，投资人纷纷向法院提出诉讼，并要求对公司财产加以保全，项目资金链断裂。

程先生虽有多处房产，但一时销售不出，同时他过去也并未配置更多灵活资产。很快，由于企业无力归还贷款，程先生夫妻名下的房产、股权被查封，在国外留学的子女被迫回国……

融资看似是企业的事，但往往会和企业家个人财务、生活紧密联系在一起。企业家既要正视其中存在的风险，又要设法做好风险规避。

1. 做好资产隔离

在上述案例中，程先生在为公司进行贷款时，没有提前进行家庭资产的隔离。实际上，程先生完全可以提前将子女学习生活费用存入其个人账户，或者以其子女名义购买信托、基金等，建立资产防火墙。若未做好资产隔离，一旦遭遇融资危机，资金链极易断裂，企业家的家庭生活质量都无法保证。

2. 做好资产配置

在上述案例中，程先生的家庭资产配置比例，也存在失衡问题。他获取收益后，将大部分积蓄用来购买房产，而忽略了其他资产的配置。因此当融资风险发生时，不动产不仅难以变现，又很容易遭到查封。

企业家不仅应在企业管理方面做好对融资风险的规避，也应在收入稳定时，及时为家庭完成恰当的资产配置，如购买储蓄型保险、年金险等。这样即便发生融资危机，也能在一定程度上隔离债务，确保家庭的正常生活不会受到过大影响。